西方保守主义经典译丛
丛书主编 冯克利

法国大革命反思录

【英】埃德蒙·柏克 著　冯丽 译

Reflections on the
Revolution in France

江西人民出版社
Jiangxi People's Publishing House
全国百佳出版社

图书在版编目(CIP)数据

法国大革命反思录／(英)柏克著；冯丽译. —— 南昌：
江西人民出版社,2015.12(2023.11 重印)

(西方保守主义经典译丛／冯克利主编)

ISBN 978 - 7 - 210 - 07876 - 0

Ⅰ.①法… Ⅱ.①柏… ②冯… Ⅲ.①法国大革命－研究
Ⅳ.①K565.41

中国版本图书馆 CIP 数据核字(2015)第 239781 号

法国大革命反思录

(英)柏克著　冯丽译

江西人民出版社出版发行

长沙超峰印刷有限公司印刷　　新华书店经销

2015 年 12 月第 1 版　2023 年 11 月第 4 次印刷

开本:660 毫米×960 毫米　1/16　印张:23.25　字数:220 千字

ISBN 978 - 7 - 210 - 07876 - 0　定价:58.00 元

赣版权登字 - 01 - 2015 - 771

江西人民出版社　　地址:南昌市三经路 47 号附 1 号

邮编:330006　电话:0791 - 86898815

网址:www.jxpph.com

E - mail:jxpph@ tom.com　web@ jxpph.com

(赣人版图书凡属印刷、装订错误,请随时与江西人民出版社联系调换)

总　序

冯克利❶

在中国介绍西方保守主义，于今未必是一件能讨好人的事。首先是因为它引起的联想不佳。对于深受进步主义观念影响的读者来说，一提"保守"二字，往往会想到有碍"进步"的旧道统，想到特权和等级秩序，更直白地说，想到抵制变革的"反动势力"。

其次，还有一个更现实的原因。对于结构已然相对稳固、运转顺畅的社会来说，或许有很多东西值得保守。但是一个亟待转型的国家，如果好的旧事物留存下来的不多，体制依然尚无定式，这时人们便更愿意用变革来换取改进。倡导保守者于此不免自作多情，徒言往圣先贤而无"活着的"旧制可以依傍，会因缺乏所谓"建设性"和"前瞻性"而为人所诟病。与西方不同，中国人大多并不以保守主义者自居。

---

❶冯克利，山东大学政治学与公共管理学院教授、博士生导师，国内著名翻译家。主要译著有《民主新论》《乌合之众——大众心理研究》《致命的自负》《论公民》《宪政经济学》《哈耶克文选》《邓小平时代》等；发表论文有《柏克保守主义思想的法学来源》《政治学的史学转向——马基雅维里的现代意义刍议》等三十余篇；著有《尤利西斯的自缚：政治思想笔记》和《虽败犹荣的先知》。

这种理解可能没有错，但也忽略了保守主义的另一些特点。

首先，保守主义虽然尚古，但它本身并不是古董。就像社会主义、自由主义和民主主义一样，保守主义也是一种典型的现代思想。人们或许能从近代以前的思想家中找到类似保守主义的言论，如柏克之前的胡克（Richard Hooker, 1554—1600）和巴特勒（Joseph Butler, 1692—1752），但不能据此认为18世纪末之前便已有保守主义，因为那时人们并没有保守主义的自觉。保守主义是与现代世界同步发生的。1789年的法国大革命这一旷世巨变，才使保守主义真正成了一股强大的思想和政治势力。它所面对的不但是一个变化的世界，而且支持变化的观念和推动变化的技术手段，与民族国家的力量相结合，也使其规模与强度与往昔不可同日而语。它既清除陈旧的束缚与压迫，也能斩断一切凝聚社会的纽带。保守主义自觉与之对抗的便是"现代性"充满危险的一面，但它本身也是现代思想体系重要的一环。

其次，另一个常见的误解是，保守主义是一种专属于权贵或既得利益的意识形态。其实，保守主义自其诞生之日起，在西方便有着广泛的社会基础，支持保守主义政治势力的普通民众在欧美遍布各地，可见它并没有特定的阶层归属。厌恶频繁的变化乃人类的天性之一，大变革可以为英雄带来快感，但也能给生活的各个方面造成严重的不适。多数人并不希望自己的生活成为政客施展革新大业的舞台。保守主义所要维护的不是任何特定的利益，而是一种稳定的社会秩序模式。在保守主义看来，这种秩序的存在既是人的基本需求之一，也是文明成长的要件。

再次，保守主义多被喻为政治列车的刹车器，讽其抱残守缺，不知进取，缺少"行动能力"。在很多情况下确实如此。然而，姑不论阻止变革也需勇气和社会动员，即使从革除时弊的角度看，远有英国保守党首相罗伯特·皮尔（Robert Peel）和丘吉尔，近有美国总统里根和英国首相撒切尔夫人，皆表现出强大的行动力，其厉行鼎革的勇气丝毫不让于对手。可见在重新为社会定向的问题上，保守主义思想同样可以提供强大的动力来源。在国际关系领域更不待言，欧美的保守主义者通常比其他政党持更强硬的立场，更加倾向于"行动主义"。

不过，以上所述只涉及保守主义的形式特点。如果观察保守主义的思想内容，则会发现它并不是一个条理清晰的体系，而是有着十分复杂的成分。即以保守主义鼻祖柏克来说，他向不以理论家自居，其思想缺乏严谨一致的外表，法国的迈斯特与他相比，基督教宿命主义的倾向就要清晰得多。英美保守主义因柏克的缘故而与古典自由主义和法治传统结下不解之缘，同样受柏克影响的德国保守主义，则呈现出浪漫主义和民族主义的激情。在19世纪，黑格尔是普鲁士国家主义的辩护士，法国的贡斯当和托克维尔则为现代商业文明和民主趋势提供了理论支持。此后的保守主义思想同样成分复杂，有些甚至相互冲突。例如，同为德语文化圈的哈耶克和卡尔·施米特，大概除了可以共享保守主义之名外，两人的思想甚少相似之处。在英国的保守主义思想家中，奥克肖特的思想很世俗化，克里斯托弗·道森（Christopher Dawson）却是虔诚的天主教信徒。保守主义者在美国通常是小政府和地方主义的支持者，在法国则多是中央集权派。在经济学领域，政治光谱中偏保守的人多为市场至上派，但很多文化保守主义者对经济自由带来的物质主义有很大保留。施特劳斯对现代资本主义嗤之以鼻，可是在安·兰德看来，它是西方文明最珍贵的成果。有些保守主义者常常表现出民族主义甚至种族主义倾向，但也有不少保守主义者依然信守由基督教传统中演化出的普世主义。

所有这些难免给人一种印象，保守主义是一个混乱的概念。就如同哈耶克和亨廷顿所说，对于应当保守者为何，保守主义者并无统一的目标。它缺少清晰稳定的政治取向，因此不能提供一种实质性的理想。但是换一个角度看，思想色彩各不相同的人都愿意用"保守主义"自我或互相标榜，至少说明了它具有强大的工具性价值。保守主义本身可能无力提供一种完备的替代方案，但对于维护社会中某些既有的结构性成分，或避免某些政治方案的恶果，它却能发挥不可替代的作用。从这种工具角度来理解保守主义，使它与其他政治学说相比，拥有更多守护原则的实践技艺。所谓"道不自器，与之圆方"，它可以为变革与连续性之间的平衡提供一定的规范。从这个意义上说，保守主义不是政治哲学，而是一种古典意义上的"政策"理论；它不是无视现实的传统主义或文化原教旨主义，而是现实政治和伦理生活的有机组成部分。

保守主义虽然谈不上是一种严整的思想体系，勉强给出清晰的定义可能是费力不讨好的事，但还是可以为它归纳出一些基本特征。作为一个复杂的思想群体，这些特征不是表现在他们的共同主张上，而更多的是反映在他们的共同反对上。

第一，大体而言，保守主义者对于以现代技术理性为基础的进步主义持怀疑态度，他们不相信进步有无可争议的正面价值，认为眼前的经验并不足以为人的正确行为提供足够信息。无论观念还是技术革新给生活方式造成的改变，其长远后果不是立刻就能看清楚的，所以保守主义者都反对激进变革，对历史和信仰的传统持虔诚的敬畏态度。

第二，在保守主义者看来，社会不是外在于人类活动的客观事实，可以由人对其任意加以改造。社会最可贵之处，是通过特定群体长时间的实践活动而形成的内生秩序，它类似于一个复杂的有机体，其最好的、最自然的变化是演化与生长，这个过程不排除理性的作用，但由于人性天生并不完美，所以理性在引领变革中最重要的作用是审慎。

第三，社会的稳定性在很大程度上是由家庭伦理、风俗习惯和宗教信仰来维系，它们使人们在生活中感到惬意，形成真正的权威认同。如果这些因素受到破坏，恢复起来将极为困难。因此培育和守护这些因素，乃是维持社会健康的必要条件。

第四，保守主义者对政府权力一向保持戒备，不信任基于权利平等的现代民主政体具有至上价值。他们认为贤能政治（meritocracy）更有益于社会整合和道德风气的培养；肯定基于自然原因的不平等的正面意义。

第五，保守主义还有一个并非无关紧要的特点：它严重依靠历史和传统叙事，认为所谓科学思维提供的各种原理不具有道德和社会优势，因此排斥超越时空的理性批判。这使保守主义文献在话语风格上文学叙述多于逻辑分析，引经据典和释义成分多于体系建构，这也是保守主义缺乏系统性理论的一个重要原因。

自保守主义诞生二百多年来，相关文献汗牛充栋，由于产生的时代和区域背景不同，各派思想杂陈，良莠不齐，即或择其一支加以系统介绍，亦恐难以办到。编辑出版这样一套丛书，仅仅是着眼于过去西方保守主义在中国相对而言译介不多，如今反思百年革命者众，而对革命回应最有力的西方保守主义传统，却缺乏足够的文献可资借鉴，不免是一件憾事。在就民族未来亟须重建共识的时代，编者愿借这套丛书的出版，为中国读者提供一个机会，掬他山之水，浇灌我们的智慧。

是为序。

2015 年 8 月 20 日于济南历山雀巢居

目 录

埃德蒙·柏克年表

1729 年 1 月 12 日，出生于都柏林，父亲理查德·柏克是一名律师，母亲名字叫玛丽。

1744—1750 年，在都柏林三一学院接受教育。

1750 年，进入伦敦中殿（法学协会）学习。

1756 年，出版《为自然社会辩护》和《对崇高和美感之起源的哲学探源》。

1757 年，与简·纽金特结婚。

1759 年，创办《年鉴》。

1759—1764 年，担任威廉姆·杰拉德·汉密尔顿的私人秘书。

1765 年，担任罗金汉勋爵的私人秘书。

1765—1774 年，代表佛尔尼勋爵的利益当选温多佛市的下议院议员。

1768 年，在比肯斯菲尔德购置了一处房产和地产。

1770 年，出版《论当前不满情绪之根源》。

1773 年 2—3 月，到访法国。

1774—1780 年，当选布里斯托尔的下议院议员。

1775—1782 年，强烈支持美洲殖民地对乔治三世和诺斯勋爵政府的反抗。

1780—1794 年，代表罗金汉和菲茨威廉姆的利益担任米尔顿市的下议院议员。

1782 年 3—7 月，担任军队的军需主计长；1783 年 1—12 月，再次担任该职位。

1786—1794 年，身为辉格党内最伟大的印度专家，柏克在对沃伦·哈斯廷斯弹劾案中发挥了直接作用。

1790 年，发表《法国大革命反思录》。

1791 年，由于在法国事务上的分歧与福克斯分道扬镳，写下《致一名国民议会议员的信》《一个新辉格党人对老辉格党人的呼吁》和《法国事务之我见》。

1792 年，著《对当前国家事务的看法》。

1793 年，发表《少数派行为评述》和《论同盟政策》。

1796 年，发表《论弑君和平信札》。

1797 年，逝世于比肯斯菲尔德。

编者前言❶

　　《法国大革命反思录》（以下简称《反思录》）一书于 1790 年 11 月 1 日出版，随即成为畅销书，在短短 6 个月内售出了 19000 册，截至 1791 年 9 月便已发行了 11 版。鉴于其所展现的特定历史背景，该书成为政治理论家们必不可少的范本之一。想必柏克本人对此也深感欣慰，不过，他从来都不曾这样自诩——他的同代人会与后来人一样从他的书中受教。实际上，这部著作是对一封信的答复。1789 年 11 月 4 日，柏克家族一个年轻的法国朋友给这位伟人写了一封信，单纯地想要了解一下他对巴黎所发生的事件的看法。鲜有类似的询问会得到如此惊人的回答。柏克之所以如此严肃地对此给予了详尽的答复，是因为在革命协会

---

❶该前言是由原著的编者莱利斯·米奇尔所写。莱利斯·米奇尔是牛津大学近现代史研究员。他生于牛津并在此接受教育，在 18 世纪晚期到 19 世纪早期辉格党政治学方面有广泛的著述。同时，他也是《查尔斯·詹姆士·福克斯传》（牛津，1992年）的作者。

（Revolution Society）庆祝 1688 年光荣革命的晚宴上，一些与会者认为应该给巴黎的国民议会发送贺信，以祝贺他们新确立的自由。英法两国的政治就这样纠缠在一起了。柏克的书意在为英吉利海峡两岸的读者提供一个告诫。

柏克会就一个完全关于法国的主题写作，显得很不同寻常。与辉格党的绝大多数成员不同的是，柏克一向对不论是法国抑或是法国的政治都丝毫不感兴趣。他可能在 1757 年曾经穿越过英吉利海峡（到法国去）。可以肯定的是，他于 1773 年在那里待过两个月，不过这么一点可怜的记录，与那些作为他政治庇护人的辉格党的要员们相比是微不足道的。即便到了法国，他也是很不时髦地避开巴黎，宁愿到边远的奥塞尔，在那里的地方教士及乡绅之间打发时间。这些人就成了他关于法国事务的主要信息来源。当福克斯、罗金汉及格雷在与米拉波、塔列朗和拉斐特❶侃侃而谈时，柏克正在倾听那些在历史上几乎默默无闻的男男女女的观点。因此，他的信息经常被认为是带有偏见和瑕疵的。托马斯·潘恩认为柏克"对法国的事务知之甚少"。有时，柏克会声称，他对法国的了解程度，"对一个陌生人而言还算说得过去"。在一些更真诚的时刻，他实际上会为"我所说的那个糟糕得一塌糊涂的法国"而不安。总而言之，他是同意这种看法的人之一，

---

❶福克斯、罗金汉和格雷都是辉格党人，都曾担任过英国的首相。米拉波、塔列朗和拉斐特都是法国大革命中的风云人物，对革命的进程发挥过重要影响力。

即"从马盖特❶的桥洞"看到的法国可能是最好的。

如果本书最直接的目的就是给英国人一些警示，上述的这些就都显得无关紧要了。法国大革命如同一个地头里用来吓唬鸟雀的稻草人一样，不过是用来惊醒英国人政治意识的。如果对这个稻草人的破衣烂衫的描述有些不准确，那也没什么大不了的。柏克试图表述的政治要旨依然可能是有说服力的。不幸的是，事实并非如此。柏克对1789年至1790年法国所发生的事件的描述因为与现实情况出入太大，从而使他饱受羞辱和反对，从来没有哪本书在受到如此广泛的阅读的同时还受到如此之多的唾骂。该书中关于政治共同体及其安排的总体论述受到了忽视，对《反思录》做出回应的成百上千的小册子，多数都喋喋不休地指责书中细节的不准确以及该书写作风格的过度夸张。

柏克立刻遭到了政治各派的排斥。该书不受像托马斯·潘恩以及玛丽·沃尔斯通克拉夫特这样的激进主义者的喜欢是不可避免的，但是就连福克斯也认为该书"品位低下"，而皮特❷只看到"一些极妙的但是一个都不能予以认同的狂想"。当时的学者试图为这两个问题寻找答案。第一，为什么柏克对大革命采取完全相反的立场？按说他至少支持过美洲、爱尔兰、科西嘉以及波兰的国内革命。读完《反思录》之后，托马斯·杰弗逊认为，"发生

---

❶马盖特（Margate），是英国肯特郡东北角一个与法国隔海相望的海滨小镇。

❷威廉·皮特，此处应当是指小威廉·皮特，因为其父老皮特此时已经去世。这父子俩都曾担任英国首相。

在法国的革命并不比发生在柏克先生身上的革命更让我震惊"。第
二，柏克为何执意要如此不准确地描述法国的政治？1789 年至
1790 年发生的大事被广泛见证了，英国人所见的也为数不少。正
如柏克所写，法国大革命已经成为吸引游客的噱头。关于大革命
的信息和观点随处可得。因此，将赋税体系和当地政府体系混为
一谈，或者是将 1789 年 10 月 5—6 日攻占凡尔赛宫说成是一个纯
粹的闹剧是不可饶恕的。而且那个在玛丽·安托瓦内特寝宫外执
勤的守卫也没有被谋杀，而是通过讲述他的历险记来取悦到巴黎
来的英国游客。

　　这些问题太严重了，以至于很多人干脆就把书丢开了。本杰
明·沃恩，一个巴黎事件的见证者，认为柏克根本就不值一驳，
自己是"白白浪费了两个星期"的时间。法国出版界对此的反应
除了愤怒，更多的是傲慢。有那么一两个编辑则满足于将其定性
为"一个目空一切的小册子"，更多的人认为该书的反常正体现了
"作者的怪癖"。可以预知，英国人一定好奇地想知道，究竟是什
么原因促使这个当代最杰出的知识分子，如此恶劣地写书来歪曲
他的时代所发生的最伟大的政治事件。

　　一些观点简单地归因于柏克因为接受了乔治三世的养老金而
改变了政治立场。因为乔治三世是少数几个毫无保留地欣赏《反
思录》的人之一。另外一些人则笃定，关于柏克是个秘密的天主
教徒的谣传是真的。他的母亲就是一个天主教徒。而他也一直强
调宗教宽容的好处，并且，最重要的一点是，这样的解释正好能

够说明为什么会在他的书中，反常地出现大量的篇幅来为法国的教会及其神职人员辩护。在大革命时期的漫画中，柏克常常以耶稣会会士的形象出现，身着道袍，头戴四角帽，把他曾经在圣·奥美尔神学院接受过部分教育（的经历）作为一个永久的神话来顶礼膜拜。

不过另外一部分不愿意感情用事的读者得出这样的结论：柏克真的是疯了。在很长一段时间内，人们都在猜测柏克真实的精神状态。他们认为天才与疯子之间的分界线是非常细微的。脾气暴躁、对于自己被抛弃和被忽视的谴责、以超出合理界限的方式来讨论问题，长期以来已经被人们视作是柏克公共生活的特征。在 18 世纪 90 年代，人们发明了一个词"柏克主义"被用来特指言过其实的主张。批评小册子开始以"一个天才的疯子"来称呼柏克。漫画家们把他画成了堂吉诃德的形象，攻击着想象中的风车，火星从他发热的头脑中四散乱飞。关系密切的友人如福克斯开玩笑说，他很高兴柏克最终选择了反对法国大革命，因为如果他支持它的话，他的恣意一定会将他自己送上绞刑架。《反思录》中有些地方言辞激烈，把国民议会的议员说得软弱无能，笃信法国人嗜杀成性，这一切都说明了他的精神紊乱。真知灼见被夸张的言辞所遮蔽。书中的智慧只会被傻子偶尔提及。

那些最了解柏克的人也认为他的观点极端，他们给出了另外一个最终的解释。《反思录》是柏克为了重新在辉格党内施加知识权威的一个悲伤的尝试。自从他的政治庇护人罗金汉侯爵于 1782

年去世以后，柏克就发觉自己日益被冷落。在18世纪70年代，柏克是辉格党内公认的主宰者。但是到了80年代，这种情形发生了变化，先是福克斯（Fox），后来是谢里丹（Sheridan）来挑战他的角色。正如柏克所担心的，前者作为他的一个信徒，还可以通融，而后者是一个少廉寡耻且没有思想深度的人。被公然视作是一个日渐丧失政治影响力的人，这着实令人恼火。在长年对哈斯廷斯进行弹劾的过程中，柏克辛酸地抱怨说，这个案件的负责人中只有他一个人费心费力地定期出席审判并给该案件以应有的重视。在1788年到1789年的摄政危机❶期间，无人询问过柏克的建议，即便是他给出了建议也无人问津。他公开抱怨自己对这种"冷落"遭遇的厌恶。在这样的背景下，要对柏克为何写作《反思录》一书给出答案就变得轻而易举。这本书无非是柏克意在恢复其对辉格党的思想控制的个人宣言。与其说它是对法国的严肃评论，还不如说是针对英国政治的评述。

论及《反思录》的写作动机是源于英国而非法国的政治，当时的人意识到了这一点，却忽略了。的确，柏克是试图引导英国。但是如果说他的主要目的是重树自己的职业生涯，则与事实不符。他要阐述更为宏大的论题。从根本上说，柏克认为1789年在法国所发生的一切，有可能于90年代的某些时候在英国重演。《反思录》意在惊醒英国当时的政治精英们。他试图说服他们，法国并

---

❶当时英国国王乔治三世由于罹患精神疾病无法理政，从而引发两党关于国会召集和王储威尔士亲王摄政问题的激烈争议。

不仅仅只是简单地复制英国 1688 年那种克制的革命模式，而是为这个世界提供了一些全新的东西。柏克清楚地知道，在法国军队跨出国界之前，大革命的思想就已经在向外输出了。大革命把从未被欧洲政治所检验的假设作为理论前提，这使大陆文明的结构受到了被从根本上毁灭的威胁。英国人与其他国家的人一样，也处于危险之中。正如柏克坦诚地告诉他朋友的那样："我公布过这样一个观点：一个全新的、共和的、法国化的辉格主义原则在这个国家扎根了。"

柏克的理论前提是，促使法国大革命产生的所有因素，在 1789 年的英国都已经具备了。《反思录》的很多篇幅都意在证明这一点。首先，在英国，宗教上的非国教教徒不被授予公民权，从而产生了对政治当权派整体的不满。所以法国天主教徒和犹太教徒如此狂热地支持法国大革命，并猛烈地攻击天主教会就毫不奇怪了。当柏克在引用拉博·德·圣艾蒂安（Rabaut de St Etienne）的话时，他能意识到自己是在使用一个新教牧师的语言。这些情形与英国类似。非国教牧师们是英国 18 世纪 80 年代改革运动的主要发言人。在"革命协会"的晚宴上，牧师理查德·普赖斯（Richard Price）在餐前的充满挑衅意味的布道促使柏克要采取行动。理查德·普赖斯和他的朋友约瑟夫·普瑞斯特里（Joseph Priestley）在英国扮演的正好是拉博·德·圣艾蒂安和埃贝·西哀耶（Abbe Sieyes）在法国类似的角色。不论是抗议不授予选举权的非国教牧师，还是国教中为了从瓜分主教和教会财产而获得好处的叛教牧师，他们都意在兜售关于人权的胡言乱语。

18 世纪晚期的英国改革社团，被柏克称作是"宪政公开的敌人"。这些社团中一些激进的教士与另一类潜在的革命者，即"政治文人"有来往。柏克对英国那些半吊子的哲学家以及被他们视作楷模的那些更著名的法国作者的鄙视简直无以复加。依他之见，像卡博尔·洛夫特（Capel Loftt）、布鲁克·布思比（Brooke Boothby）爵士以及霍恩·图克（Horne Tooke）这样的蹩脚文人，是在模仿更有名但是同样误入歧途的孔多塞和卢梭的观点。对于卢梭，柏克怀有一种特别的敌意。将这些人团结在一起就是推销"一套与他们所生活的世界不相适应的政治设想"。他们的思想，从根本上就是有瑕疵的。他们的理论，不是从实证研究而是从第一原则出发，太热衷于人的权利而完全遗忘了人的本性。从这个角度来说，英吉利海峡并不能成为一个有效的屏障。这类哲学家既是英国现象，也是法国现象。在大革命之前，这类的哲学思想就一直在相互交流。而大革命之后，贺信和祝愿信在激进的社会团体之间往来。英法两国身陷于一个被颠覆的罗网之中，而这正是柏克意图揭示的。

除了激进的神职人员和半吊子哲学家，还有更危险和邪恶的人物存在。用柏克的话说就是"投机分子"或者是"股票经纪人"。或者整个群体可以称作为"金融利益"，这种人会为了在再分配中获得的一份财产而不惜去鼓励一场革命。而这种革命不可避免地会导致财产的重新分配。1789—1790 年对法国教会的洗劫和掠夺就是这类人的杰作。这些借钱给政府的人，为了确保其投资的安全，在政治上无所不用其极。公共的利益屈从于私人的利益。因此，国内私法人的财产、教会的财产，被掠夺去作为法国国债的抵押，以对国债债权人的贷款提供担保。数个世纪以来，被证明是极有价值的制度，被这些投机者、食利者以及赤贫者的急功近利牺牲了。同时，由于18世纪80年代英国的国债规模和偿付能力也是一个很让人担忧的问题，因而英国和法国一样，的的确确具有爆发革命的相似性。

所有这些因素表明了柏克所说的"古老的贵族土地与新兴的金融利益之间的冲突斗争"。一方面是建立在产权神圣基础上的政治制度，这套制度在英国一直都运行良好。产权所有制让一个人能够对保护其财产的社会的公共福利保持坚定不移的关注，同时也为个人享受教育和闲暇提供了保障，从而使其能够理性地从事政治事务，通达明礼地定期履行与其个人财产相适应的义务。另一方面，法国却把政治控制权交给了顾虑重重的投资者和贪婪的投机人，他们大谈自然权利，以掩饰其掠夺性的手段。

为了证明英国激进的非国教教徒、半吊子哲学家和投机分子之间关系密切并且相互支持，柏克为他的读者指出，在威尔特郡（Wiltshire）波伍德（Bowood）的兰斯唐（Lansdowne）勋爵的庇护下，就有一个经常聚会的朋党。在《反思录》的整本书中，没有比提及这群人时更为尖刻的文段了。兰斯唐本身就是一个深陷严重经济问题的失意的政客。这在柏克看来，他理所当然的与法国的奥尔良公爵（Duc d'Orleans）和米拉波伯爵（Comte de Mirabeau）是同类货色。而杰里米·边沁（Jeremy Bentham）呢，则是反传统的绝佳典型，他通过对绝大多数人最大幸福的不切实际的追求而彻底抛弃了那些长期以来存在的政治实践。至于理查德·普赖斯和约瑟夫·普瑞斯特里，这样的宗教异端在法国已经充分证明了自己是彻底的颠覆派。总而言之，这群人代表了"一个国家的雄心勃勃的天才对财产权的造反"，而这也是柏克对著名的"雅各宾主义"所下的定义。正如 J. G. A. 波考克（Pocock）所观察的那样，柏克所指的"恶人并不是指……老实巴交的手艺人，而是文化人、公债投机人、官僚以及技术专家"。波伍德的圈子几乎囊括了所有这些类型。正是由于这个圈子的存在使如下说法变得可信，即《反思录》不仅是写给法国的，也是用来警示英国的。从现实情况看来，该书起了这样一个书名是个遗憾。这将读者的注意力局限在一个国家的事件上，而柏克心里关注的是两套制度体系。

然而，将对《反思录》的讨论局限在 18 世纪 90 年代的背景中，对柏克来说是不利的。因为挑战在于，要对法国的这个大事件做出评论，他需要回到政治学的核心，解释清楚人类为什么以及在什么条件下要生活在政治共同体中这个核心问题。他的评论固然都是与历史事件相关的，但是除去这些，还有很多论点可以剥离出来，适用于任何时代的任何形态。《反思录》的历史维度使这个政治理论的文本的风格与众不同，毫无疑问这本书也确实风格独特。在对法国的罪行和错误进行了分门别类之后，柏克不能不对如何使一个政治共同体稳定、如何使其保持正义、如何使其行之有效等问题进行了反思。他注重实效的天性决定了他会选择一个重大历史事件作为范例入手，然后再得出总体性的主张，而不是相反。

柏克对革命者行为的主要批评在于，他否认对政治的讨论应该从对人权的讨论开始。追随多数与启蒙运动相关作者的做法，法国先是颁布了《人权宣言》这样先验的宣言，然后着力于构建一个能够提供这些权利的国家。在柏克看来，这是用疯狂的方法来追求进步。抽象的权利不过是"一个能在一次大爆炸中炸毁所有古老先例的地雷"，即便人类能够就什么是最基本的权利形成共识，国民议会也难于就此达成一致，至于这些权利在政治上又如何被尊重和保护，也是值得商榷的。对比而言，柏克引以为傲的是，他本人是"被自己内在的自然情感所支配的，而非被新近突发的一束现代之光所照亮的"。在《反思录》中对卢梭的恶意攻击可以视作是柏克对启蒙方法彻底疏离的一个标志。那些启蒙运动的倡导者往往是从理念出发，然后才回到实际。

柏克坚信考察政治的唯一可行方法是先搞清楚这门学科的原材料——人类自身。这个复杂的生物被法国的哲学家可笑地认为是有哲学倾向的，能够意识到自己让渡给社会的权利，也明了自己对邻人所负有的义务，同时还能肩负起自由、平等和博爱这样的重负。在柏克看来，这只说对了其中的一半，甚至连一半还不到。人自然是具有理性的，但并不仅限于此。一个人可以是具有七情六欲的和怀有偏见的。他也可以是迷信盲从和暴力的。习惯和生活常规对人的政治心理所产生的影响与广义的自由概念的影响是一样的。因此，如果按照法国人的说法，只能勾勒出人的单一的维度。如果以此为根据进行立法的话，可以断言，会产生混乱和不稳定。在1790年，柏克就预料到1792—1794年的恐怖主义，因为他确信大革命从一开始就有缺陷。

比较而言，柏克认为，鉴于人政治特性的多样化，任何现存的政治制度都应该受到尊崇。任何能够将人聚集在一起进行政治交流（不论时间长短）的实践活动，都应当受到尊敬。正如他在《反思录》中说的一样，"要冒险推倒一座大厦——特别是这座大厦在长时期内还能差强人意地满足社会的共同目的，或者是建造一座新的大厦，如果没有亲眼见到公认有效的模式可以依照的话，一定要万分小心"，由传统和习惯所确立的政治制度和实践，其有用性已经被时间证明了。任何经受住这种考验的政治制度都包含了生活于其中的公民的政治特性。在政治研究中，历史比哲学重要得多。离开历史，制度会任由每一个异想天开的奇思怪想所摆布。没有什么能够保持稳定。这样的话，"人比夏天的苍蝇好不了多少"。

从这个角度说，没有比英法各自切近其政治的方式更大的差异了。英国人的讨论是从其过去怎样开始，而法国人则是从它应该怎样开始。柏克非常清楚，他的祖国能在18世纪安享成功和稳定在于英国拥有传承了600年的议会制度。即便是霍恩·图克和卡博尔·洛夫特这样主张扩大选举权的激进人士也并没有以自然权利作为基础，因为他们相信其盎格鲁－撒克逊的祖先已经享有过这样的权利。换而言之，他们急于重申古老的权利，而不是发明新的。当一个改革者的团体在使用"革命协会"的名义时，它部分是在强调历史车轮的行进，是以一种古老的价值再一次做周而复始的移动。如柏克这样怀有保守本能的人士和他激烈的批评者都选择将他们的辩论置于历史而非理论的背景下。

相反，法国对他们的政治历史中积累起来的全部智慧和证据都表现出全然的鄙视态度。柏克固然也对法国古老政体的弊端了然于心。他自己宣称说，他本人"对被推翻的法国政府的缺陷和不足毫不陌生"。在他的私人通信中，与在《反思录》书中描述的相反，他也曾对玛丽·安托瓦内特和路易十六提出过严厉的批评。在任何政治制度中都必须容纳变革。必须要进行一些革除才能鼓励新的成长。但是法国却做得过了头，他们决定立刻改变所有的东西，并且完全违背了法国的历史传统和政治特征。君主制也没有被改造成中立的。高等法院被废除了、教堂被打倒了。法国人一周要工作十天，并且住在整齐的方形省界内❶，柏克对孔多塞试图将政治学变成数学分支的尝试鄙视到无以复加。

法国革命会陷入危难，这是可以预料的。法国人并没有明智到可以预料，以正方形和长方形来代替不规则的但是他们所熟悉

---

❶法国大革命期间将一个星期调整为 10 天，将所有的省划成整齐的方形。——编译注

的旧的省界有什么好处。同样他们也没有足以理性到可以愿意去接受以新的神父去代替旧的神父，或者是觉得他们能够无需旧的圣徒的福佑就能得到安全。他们拒绝承认工作时间已经被延长了，而且他们也不承认他们固执地拒绝了给予他们的投票权。弃权是多数法国人在每一次革命选举中的反应。在柏克看来，所有的这一切，破坏了法国政治共同体中已有的不论何种共识。革命者们口口声声说要革新一切，要创造出"一个焕然一新的亚当"。但事实上他们制造了能够让法国分崩离析的紧张和敌对。在此基础上柏克预言了法国的内乱及其解决方式将会是某种军事政变。

从经验来看，柏克认为通过对英国政治稳定性以及与法国公共生活中无政府主义特征的比较，有很多地方值得详述。英国人不仅生活在他们的历史之中，而且尊崇这种观念，即基于财产所有权的原则，一切政治都是可以预料的。相比而言，法国人轻视他们的过去并且无情地抨击对财产的占有。在《反思录》中有大量的篇幅来批评 1789—1790 年对教会处理就是意在说明这一点。教会的财产当下就被宣布为"由国家处置"。革命者通过区分法人财产（如教会的财产）与私人财产在一个国家内部地位的不同，而否认他们侵犯了产权神圣不可侵犯的原则。在柏克看来，这纯粹是狡辩。对任何财产的攻击就是对所有财产的攻击。英国的做法值得赞扬，因为"将教会的土地和大众的私人财产一视同仁，国家并不是这些财产的所有者，也不是使用者或者支配者，而只是守护者和监管者"。

根据柏克的看法，历史和传统习惯已经证明，一切对财产权的理性质疑都不可行，从最宽泛的定义上来说，财产权是将人类从野蛮带入政治社会并能维持他们继续处于政治社会的东西。财产权可以定义为对特定物的占有，对某种权利的支配，或者仅仅是某双特定的手所创造的劳动价值。所有的这些财产权都应该被法律界定和保护。没有这一类的保障，人类就会退回到野蛮状态。18 世纪的知识分子对人类可能是进步的也可能是退步的这种观念是很感兴趣的。

从狭义上来界定政治权利，财产权意味着对物品的占有，特别是对土地的占有。与柏克所深深厌恶的金融家不同，土地所有者们对他们所生活于其中的国家的繁荣和稳定怀有最大的关切，他们一代代传下来的不动产是社会的基本单元。在其他一些场合，柏克将土地所有者称为宪法的"伟大的橡树"，因而他们的卓越当之无愧，而且不应该受到其他任何权利主张的挑战：

> 任何事物如果不能代表一个国家的能力和财产，那么它就也不足以代表一个国家。但是由于能力是活跃和主动的原则，而财产权是迟缓的、惰性的、怯懦的，因此，它永远无法免于能力对它的侵犯，除非它的代表能在所有的比例中占主导地位。

因此，目睹法国对教会的法人财产以及对流亡贵族的私人财产的攻击，是非常令人感到可怖的。当法国给人们上了这样一课以后，哪个阶级的财产还会是安全的呢？

摆脱了历史传统的束缚和避开了为保护财产权原则而设立的屏障，法国人就成了破坏者。在攻占巴士底狱一年左右的时间里，法国之前的政治传统几乎没有什么未被连根拔起的。1789 年的那一代人自诩他们有权改变一切。但柏克认为任何一代人都没有这样的权利。在《反思录》中，柏克用了大量的笔墨去驳斥理查德·普赖斯的主张，后者声称不管怎样英国在 1688 年总算选出了一位新的国王。但是柏克看来，没有任何特定的一代人，能够做出这样的选择。这根本就不能成为一个问题，因为一代人仅仅只是将继承自己祖先的托管责任、观念和制度传递给他们的后代。柏克更愿意称 1688 年只是一个必要的，但是确实对这个模式的一个短暂的偏离。它是对财产权历史规则的确认而非毁坏。

但是柏克在法国 1789 年所看到的却是完全不同的秩序。法国并不借鉴历史或是常识，便胡乱开始了构建社会的实验。国家破产的威胁和凡尔赛宫廷政治的混乱给这个实验提供了一个尝试的机会。罗伯斯庇尔这样的空想家和如布里索（Jacques - Pierre Brissot）这样邋遢的记者只有在这样的时势下才有机会出人头地。柏克忧心忡忡地看到在英国出现了类似的政治场景，类似的人已经蠢蠢欲动了。而更迫在眉睫的是，关于国家的性质却存在深层次的分歧。它究竟是一个可以根据主观意志去改造或摧毁的人为构建，还是一个更多的具有神秘意味、更依赖于常识、更多地为历史和经验所限定、与人的天性更密切相关的东西？柏克的主张在《反思录》中是明了的。那便是：

> 国家不应该被视为仅仅是一个为了进行辣椒和咖啡、棉布或是烟草贸易，或者是其他类似不具关注度事物的贸易而签订的合作契约，因而只具有微不足道的暂时利益，可由缔结方任意地解除。应当怀有别样的敬意来看待它，因为它并不是仅仅为了服务于一个在肉体上短暂而有朽的动物的生存而进行的合作。它是所有科学领域、艺术领域及各种德行在最大程度上的合作。由于这种合作的目的只有通过很多代人的努力才能实现，因此它就不仅仅是现在活着的这一代人之间的合作，也是那些正在活着的与已经死去的，以及那些将要出生的人之间的合作。

法国大革命反思录

　　也许并非完全没有必要告知读者如下之点，本文的反思最初是源自作者与一位来自巴黎的年轻先生之间的通信。这位先生写信询问他关于（法国）最近发生的重大事件的看法。这也许是当时乃至有史以来最引人关注的事件。这封信完成于1789年10月的某些时间段内，但是出于审慎的考虑，信一直没有寄出。下文一开头就提到了这封信。它在之后才被寄发给收信人。同时寄给这个年轻人的还有一封短函，解释了信件被延后寄出的原因。而这促使这个年轻人又产生了想要了解作者的看法的迫切请求。❶

　　作者于是就这一话题展开更为全面的第二次讨论。他本想在去年的早春之时出版的，可一旦着手，他发现他所要表达的远非

---

❶ 这位年轻的法国人是查尔斯 – 让 – 弗兰索瓦·杜邦（Charles – Jean – Francois Depont，1767—1796），他于1785年游历英国的时候见过柏克。在1789年11月4日和12月29日的两封信里，他请柏克表达一下他对法国所发生事件的看法。参见《柏克书信集》（剑桥，1967年）卷6，第31—32页和第59—61页。——编译注

一封信所能涵盖，其重要程度仅用他的闲暇时光是不足以道明的，还需要更深入的思考。然而，尽管当时他所关注的方面已经不再局限于事件本身，关注的方向也发生了变化，而且他也已经意识到，拟定一个不同的计划可能更有利于话题的分类展开。当他坐下来提笔写作时，因一开始就打算写成私人书信体的形式，他发现很难再改变行文的形式了。

亲爱的先生：

您怀着热切之情再次欣然写信给我，征询我对法国目前进展的看法。我自然不愿意让您有理由觉得，我会认为自己的观点重要到值得别人来询问的程度。我个人的看法微不足道，不值得操心是该说出来，还是该隐藏起来。因为您，也仅仅是因为这点，我在您第一次询问我看法的时候才感到有些犹豫。在我深感荣幸写给您，并最终寄出去的第一封信当中，我并不是为了某类人或者以某类人的立场而写作的，在这封信中自然也不会这样做。书中所犯的错误，如果有的话，也是我个人的，仅以我个人的名誉为其负责。

如您所见，先生，在我寄给您的长信中，虽然我诚心实意地希望法国能够被一种理性的自由精神所激励鼓舞，而且我也认为你们在正直政策的约束下，会建立一个能够保留这种精神并能够有效发挥其作用的永久性机构。然而不幸的是，我对你们最近的事件中所产生的一些实质性问题，持有很大的疑虑。

在上封信中您认为，我可能会是法国某些行动的支持者之一。因为有两个来自伦敦的绅士俱乐部即宪法协会和革命协会❶已经公开对此给予郑重的支持和认可。

我自然对自己身为多个能够对本王国的宪法、光荣革命的原则都高度尊崇的俱乐部的成员而感到荣幸，我也自认为是以自己最大的热情来维护宪法以及这些原则的最大纯洁性和活力的人之一。我之所以这样做，是因为我认为这对我来说不仅是必要的，而且是正确的。那些守护着我们对大革命记忆的人，以及热爱王国宪法的人，会小心谨慎地处理与另外一些人的关系。后者在名义上对光荣革命和宪法怀有巨大的热情，然而却屡屡背离他们最真实的原则，并且随时准备背弃这些谨慎的、深思熟虑的、催生了光荣革命、能够贯穿于宪法始终的精神。在我回答您来信中的具体问题之前，我希望您能允许我给您提供一些我所得到的关于前述两个俱乐部的消息。他们认为，自己以社团身份介入法国的事件是合宜的。首先，我向您保证，我现在不是，过去也不曾是这两个协会的成员。

这第一个团体，自称为"宪法协会"，有时也叫作"宪法信息协会"，或者其他类似的名称，我想它成立了有七八年。这个协

---

❶宪法协会：全称为宪法信息协会，为推进议会的改革而成立于1789年，其荣誉会员包括理查德·谢里丹以及其他的辉格党领袖。

革命协会是为了庆祝1688年光荣革命一百周年而于1788年成立的。——编译著

会看起来是慈善性质的，且至今为止还是值得称道的。其宗旨是由其会员自己出资，促进书籍的流通。这些很少有人愿意自己出钱购买的书，可能积压在书商手中，这对于人类的有益机构来说是个巨大的损失。不过，至于这些慈善流通起来的书，是否也被同样慈善地阅读了，我就不得而知了。可能其中一部分出口到了你们法国，外来的和尚好念经嘛，正如很多在英国没有销路的商品，却能在法国找到市场一样。我时常听说，从这里运往法国的那些书，可以给人以启迪之光呢。这些书在运送到法国的过程之中取得了何种进步（据说有些酒漂洋过海的话就会变香醇了），我自不清楚；但我从未听任何一个有正常判断力的人，以及具备最起码知识的人，说过一句话称赞该协会发行的大部分出版物，也不认为他们的活动具有什么重要的价值，除了他们自己。

你们的国民议会❶对这个可怜的慈善俱乐部持有的看法，看来与我不谋而合。你们将一个国家全部诚挚的感谢，都留给了革命协会，但出于公平的考虑，给他们宪法协会的同仁们也多少留了一些残羹冷炙。既然你们已经选择革命协会作为你们全国都感谢和赞扬的伟大目标，就敬请你们原谅我将他们最近的所作所为作

---

❶国民议会：为了解决财政危机和即将面临的国家破产，1789 年 5 月，国王路易十六于万般无奈之中召开了已经有 175 年未曾开过的三级议会。三个等级分别是教士、贵族和平民（即第三等级）。由于三个等级在一些关键性的问题（如代表资格审查、按等级表决还是人数表决）始终难于达成一致，久拖不决。最后第三等级先发制人，自行成立国民议会，并自封为法兰西的代表，成为法国事实上的权力中心。自此，国王及特权阶层逐渐失去了对法国的控制。——编译注

为我观察的对象。革命协会这些先生们的观点，因得到法国国民议会的采纳，变得重要起来了；而他们也知恩图报，就以它在英国的一个委员会的身份行事，以便于把国民议会的原则发扬光大。❶ 这样一来，我们就应当将他们视作是一群有某种权力的人，并且是外交机构中不可等闲视之的群体。这是将无名小卒变得光彩显赫，使优劣难辨之人声名鹊起的革命之一。直到最近，我都对这个俱乐部闻所未闻。我敢肯定这个机构从来不曾占据过我的思想，而且我也确信，他们也不曾占据过他们圈子以外的任何人的思想。经过调查我发现，有一群非英国国教徒，至于是何种派别我就不太清楚了，已经形成了于 1688 年革命的周年纪念日上，在他们自己内部的某个教堂聆听布道的悠久传统，布道结束之后，就同其他俱乐部所做的那样，他们兴高采烈地在酒馆里度过余下的一天。不过，我之前从没听说过有哪一项公共措施和政治制度，更别说其他国家宪法的优劣了，会成为他们自己节日的正式活动主题，直到我惊诧莫名地发现他们以一种公众身份，通过祝贺词的方式，对法国国民议会的行为给予权威性的认可。❷

至少就该俱乐部迄今为止从所宣布的已有原则和行为准则来看，我没有发现任何可以例外视之的东西。我觉得可能是为了某

---

❶是指在国民议会与英国各种改革团体间通过信息来往，相互支持和鼓励。——编译注

❷在革命协会 1789 年 11 月 4 日的晚宴上，一位名叫理查德·普赖斯的非国教教士领袖，祝贺法国正在参与代议制政府和宗教宽容这项福佑事业。正是这件事促使柏克提笔反击。——编译注

种目的，他们可能吸收了一些新的成员，其中一些真正的基督徒政治家——他们乐善好施，却小心翼翼只想在暗中广施救济——可能已经把他们作为实施自己虔诚计划的工具了。不论我以何种理由来怀疑他们私下里的操作，但是我都不会言之凿凿地加以肯定（除了他们已经公开的部分）。

首先，我对于自己被认为直接或是间接地与他们的行为有关而感到遗憾。我自然是全部以我个人且私人的身份，与这个世界一起，来思考不论在古代还是现代的任何地方、不论是在古罗马共和国或者是巴黎共和国的公共舞台发生过或正在发生的事情；但是作为特定国家的公民，并且在相当程度上受到公共意志的约束，我并不负有一种普遍的使徒式的使命，我认为至少对我个人而言，没有自己所在政府的明确授权而与一个事实上的外国政府进行公开的正式通信，是不妥当也是不合规矩的。

我更不愿意在通信的时候，使用这样模棱两可的表述。许多不熟悉我们做法的人可能会以为，参与写这封信的这种个人行为，是具有某种类似受到英国法律所认可的法人资格的，并被授权对它的部分意义加以阐述的。由于这种未经授权的泛泛表述的歧义性和不确定性，以及除了形式上的，还有在操作过程中可能产生的欺骗性，（英国）下议院会拒绝因这种鸡毛蒜皮的小事而发出的鬼鬼祟祟的请愿。但是这种签名请愿的方式，却能够让你们敞开接见大厅的折叠门，以庆典和游行，当然还有热烈的欢呼，把他们请进你们的国民议会，就好像代表整个英格兰民族的神圣代表都来拜访你们一样。❶ 如果在该协会应当发出什么内容才是妥当的这个问题上存有争议，那么是谁对此存有异议已经无关紧要。它不会因为该问题源自异议的某一方，而具有更多或者更少的说服力。这不过只是一次表决和决议。它的说服力仅仅取决于它的权威性；而在这件事情上，它仅仅取决于个人的权威，不过他们都缺乏这种权威。在我看来，他们应该把签名附在他们的文书上。这样，全世界才会有办法知道他们人数有多少，他们都是什么人，并能够从他们的个人才能、知识、经验或者他们在国家中的领导地位和权威性看出他们可能持有何种价值观。对我这样的一个普通人而言，这样的行为看来有点儿太过精致巧妙了；而且包含了太多政治计谋的意味，打着一个冠冕堂皇的旗号，而使该俱乐部的公开宣言显得意义重大。其实对此仔细审视之后就会发现，该俱乐部的公开宣言根本就不配具有这样的重要性。这只是一个复杂的欺骗手段。

我自诩是个热爱自由的人，跟那个协会的任何一位先生一样，我热爱刚毅的、合乎道义的和受约束的自由；也许我的整个公共生涯中的所作所为，可以充分证明我对此项事业的热爱。我想我并不比他们更羡慕其他民族的自由。但我不会站出来，以赤裸裸的、孤立的形而上学的抽象，剥离事物与其周围事物的联系，简

---

❶在大革命进展一段时间以后，国民议会也对民众失去控制，市民没完没了地为各种
问题而到国民议会请愿。——编译注

单地称赞或者是责备与人类行为和兴趣有关的任何事物。具体环境（很多先生对此不以为意）在现实中赋予了每一个政治原则以其自身的显著色彩和独特的作用。也是依据具体环境，才能知道每一个社会方案和政治设想对人类究竟是有益的还是有害的。抽象地说来，政府和自由一样，是好的，但是，从常识的角度出发，在十年前，我能够为法国"安享"于政府（那时法国还有政府）的统治而感到庆幸，而不去管其政府的性质以及它是如何治理的吗？而我现在，能够因为她获得了自由而向这同一个国家表示祝贺吗？是不是仅仅因为抽象的自由被列为是人类最大的福祉，我就应该郑重其事地祝贺一个逃跑的疯子，因为他摆脱了保护性的束缚和暗无天日的房间，重获光明和自由？我是不是可以向一个成功越狱的抢劫杀人犯致以祝贺，因为他恢复了自然权利？这样的话，不过是再现被罚在船上做苦役的罪犯们和他们的英雄解救者——形而上学的愁容骑士的情境。❶

我观察到，当自由精神在发挥作用时，就是一项强有力的原则在起作用，而在短时间内，我所能获悉的一切也可能就是这些。

---

❶愁容骑士：米格尔·塞万提斯给他笔下的英雄堂吉诃德起的名字。讽刺的是，在法国大革命期间的漫画中，柏克经常以堂吉诃德的形象出现。

在此处，作者引用堂吉诃德，是因为他曾经愚蠢地释放过一批因犯罪而被国王罚去做苦役的恶囚犯。他释放他们最主要的原因是他们做苦役不是出于自愿，而是被迫的。但是他的好心没有得到好报，最后却被囚犯抢劫，自己险些丧命。——编译注

固定气体❶是很容易挥发的，但我们应该等到石灰水第一拨的气泡
沸腾之后、等到溶液澄清，直到冒泡的水面恢复平静，等到水落
石出，我们可以看得更深入的时候再做判断。在我贸然公开祝贺
别人获得福祉之前，我必须大体肯定，他们是真的已经获得了。
吹捧对于被吹捧者及其吹捧者本人都是一种腐化，阿谀奉承对百
姓的用处并不比对国王的用处更大。因此，在搞清楚法国新的自
由是如何与政府、公共权力、军队的纪律和服从、有效且分配合
理的税收、伦理和宗教、稳定的财产权、和平和秩序、文明和社
会风俗发生关联之前，我是不会急于发出祝贺的。所有的这些就
其本身而言也都是好东西，没有它们，即便是有自由也并非什么
益事，而且自由也不可能长久。自由对于个体的影响是，他们可
以随心所欲；但是在我们贸然发出祝贺前，我们应该看看他们到
底想做什么，否则，祝贺很快就会变成抱怨。对于单独的、孤立
的私人而言，谨慎就足以起到决定性作用了。但是对于由个体所
组成的机构，在行使自由时，就是权力。考虑周详的人，在抒发
己见之前，会考察权力是被怎样运用的，特别是要考察新获得了
权力的人是如何行使新的权力的，因为对于他们所秉持的原则、
脾气、性格还知之甚少。在有些情况下将现场搞得最激动人心的
人未必是真正的推动者。

---

❶固定气体，俗称碳酸气，即二氧化碳的早期名称，为气体化学家、英国爱丁堡大学
  教授布拉克最先于 1755 年发现的。——编译注

但是，所有这些顾虑因素，都不如革命协会先验的（transcendental）❶ 尊严重要。虽然我当时待在乡下，我很荣幸地写给您的这封信就是在那儿写的，但是对于他们的事务，了解得却不甚清楚。回到城里之后，我便派人去找他们活动的报告，是他们内部的权威人士出版的，包括普赖斯（Richard Price）博士的布道、拉罗什福科公爵（Duke de Rochefoucault）和埃克斯大主教（Archbishop of Aix）❷ 的书信以及其他一些资料。那一整份出版物，都显然是想通过让我们模仿国民议会的行为，从而把英法两国的事务搅和在一起，这让我深感不安。该行为对法国的权力、信用、繁荣及安宁产生的影响日益显现。为了它未来的政体，必须予以确定的宪法的形式，也已经越来越清楚了。现在，我们应该以必要的准确性去识别我们拟模仿对象的真正性质了。在有些情况下，谨慎地避讳和对礼仪的恪守要求我们保持缄默；在另外一些情形下，出于更深层的谨慎，我们则应当直言不讳。目前，

---

❶先验的：这是一个哲学概念，也译作超验的，是指独立于人经验之外的，却在知识范围以内的一种现象。——编译注

❷理查德·普赖斯博士（1723—1791），英国经济学家、政论家和道德哲学家、牧师、兰斯唐勋爵波伍德圈子里的领袖成员，是一系列改革运动的杰出参与者。他一生主要从事布道，支持法国大革命和美国独立战争。去世之时，法国国民议会授予其"自由的使徒"称号，并为其逝世举哀六天。

此处的拉罗什福科公爵是指路易·亚历山大·德·拉罗什福科·丹维勒（Louis Alexandre de La Rochefoucauld d'Anville，1743—1792）曾代表革命协会对国民议会致以祝愿，1792 年死于暗杀。

此处的埃克斯教区大主教是指让·德·迪欧－雷蒙德·德·古锡·德·布瓦热兰大主教（Jean de Dieu－Raymond de Cucé de Boisgelin，1732—1804），当时是法国国民议会的议长，后文中还会再次提到他。——编译注

混乱的征兆在英国还很微弱，但是在你们国家，这点星星之火一旦遇到强风就会发展成为燎原之势，并且会跟天公开战。无论如何，邻人失火，自查炉灶是不会有错的。因小心过度而被嘲笑总比因对安全过于自信而遭到毁灭要强。

我自己国家的和平安宁是我所深以为念的，但是这并不意味着我对贵国就漠不关心。我希望我们交流的主要内容首先能让您本人感到满意。我也将继续关注贵国的事务，并继续跟您通信。在我尽享自由书信交往的过程中，请您允许我如实说出自己的想法和感受，就如其在我头脑中闪现出的那样，而不讲究正式的方法。我是从革命协会的活动开始写的，但是我不会将自己局限于他们。我怎么能够只局限于这个话题呢？在我看来，我周围似乎已经是危机四伏了，不单单是法国的事情，还有整个欧洲，甚至可能已经超出了欧洲的范围。所有情形叠加起来，法国大革命是迄今为止世界上发生的最令人震惊的事件。❶ 最美妙的事情，在许多情况下，公然是以最卑鄙无耻的手段、最荒唐可笑的方法、最荒谬绝伦的方式发生的。在这场奇特、轻率而又残暴的混乱之中，各种罪行和各种蠢行混杂在一起，所有的事物看来都偏离了自然本性。目睹着这样一出畸形的悲喜剧，截然相反的情感必然会相继而至，轻蔑和愤慨、欢笑和眼泪、鄙夷和恐怖不时在心中混合

---

❶ 至少就这一判断而言，柏克发现自己与辉格党的其他成员的看法是一致的。福克斯曾经这样描述巴士底狱的陷落：“我认为这是世界上有史以来发生过的最伟大的事件，很有可能会发生最好的广泛影响。”引自 L. G. 米奇尔所著的《查尔斯·詹姆士·福克斯传》（牛津，1992 年），第 110 页。——编译注

交织。

然而，不能否认，对于这些奇怪的场景，有些人会有完全不同的看法。这除了激发出他们的狂喜之外，没有激发出他们的其他任何情感。对法国的所作所为，他们视若无睹，他们只看到对自由稳健而温和的运用，在整体上与道德和虔诚衔接得如此连贯，不仅获得了世俗的马基雅维利式❶政治家的称赞，而且也为抒发其虔诚、庄严的雄辩之才提供了绝佳的主题。

去年11月4日的一个上午，理查德·普赖斯博士，这位名声显赫的非国教牧师，在旧犹太（Old Jewry）❷非国教教徒的会议室里，对他的俱乐部或者说协会，做了一个不同寻常的、内容庞杂的布道。在该布道中，有一些高尚的道德和宗教的情感，讲道得是非常不错，但是又掺杂了些五花八门的政治观点和思考，煮成了一锅大杂烩，法国大革命当然的是这锅大杂烩当中的主要原料。我认为革命协会经由斯坦汉普伯爵（Earl Stanhope）❸而转交给国民议会的致辞，最初就是源于这次布道中的主要原则，并且是这些原则的必然结论。它未经任何明示或暗示的批评与审查，

❶马基雅维利（Machiavelli，1469—1527），是意大利政治家和历史学家，以主张为达目的可以不择手段而著称于世，马基雅维利主义也因之成为权术和谋略的代名词。——编译注

❷旧犹太：英国一个介于阿尔盖特（Aldgate）和米诺雷斯（Minories）之间的地区。——编译注

❸斯坦汉普伯爵：查尔斯·斯坦汉普伯爵三世（Charles，3rd Earl Stanhope，1752—1816），被认为与威廉姆·皮特关系密切，由于他在政治上的激进观点，而以"公民斯坦汉普"知名。——编译注

就由那些身上还带着那次布道气息的人通过了。❶ 然而，如果有任何与之相关的先生打算将该次布道同该项决议❷加以区分的话，他们是知道该如何去承认其中一个而去否定另外一个的。他们可以这么做，但我不能。

在我看来，这次布道是一个与国内外文人阴谋家和哲人阴谋家、政治神学家和神学政治家们❸有诸多往来的人❹的一个公开宣言。我知道他们要把他树立成为类似于一位先知的形象，因为，他这样一个怀有全世界最大善意的人，自然会与他们所谋划的一样，将他的预言之歌腓力化（Philippize）❺，并加以吟诵。

我相信该布道的风格，自从1648年以来，在这个王国任何一个受宽容和鼓励的布道坛上都闻所未闻。1648年，也就是普赖斯博士的先行者休·彼得斯牧师（Rev. Hugh Peters）❻，以圣徒的荣

---

❶普赖斯的文章引自《旧约·诗篇122章》"祈祷，为了耶路撒冷的和平祈祷吧！他们要繁荣昌盛，他们要爱戴你。你的城墙内是平安的，你的宫殿内是繁荣的。"——编译注

❷该项决议就是指发给国民议会的贺词。——编译注

❸柏克指的是兰斯唐勋爵的波伍德圈子，这是理查德·普赖斯、约瑟夫·普瑞斯特里和杰里米·边沁等人经常出入的沙龙。多年来它都以自己与法国的作者多有往来而引以为傲。——编译注

❹此处是指普赖斯牧师。——编译注

❺腓力化：古希腊马其顿国王腓力二世，即亚历山大大帝的父亲，意图称霸希腊，被雅典等城邦察觉，遭到雅典的政治家和雄辩家狄摩西尼的有力反对，他于是利用德尔斐神谕来使自己获得更多认同。——编译注

❻休·彼得斯牧师（1598—1660），英国独立传教士，在英国内战中支持议会，并在议会的新模范军中担任随军牧师，但被随后复辟的王朝以弑君罪处死。理由是他的布道曾经对直接参与审判和处死国王查理一世的人产生了影响。——编译注

誉和特权为国王在他本人的圣·詹姆士环形教堂修建坟墓的那一年。这些圣徒"他们高声欢呼，颂赞上帝。他们手执双刃利剑，以图报复异教，刑罚万民。束之君王以锁链，缚之首领以铁拷"[1]。除了你们法国联盟以及我们英国的神圣同盟和盟约❶时代，几乎从未听说过能有哪个布道坛上的高谈阔论比这次旧犹太讲座更缺乏谦逊的精神了。但是请设想，如果能在这一政治布道中看到有些类似于谦逊的东西，那么，政治和布道坛就是两个毫无共性的词了。教堂里除了基督教仁慈的对心灵进行疗伤的声音之外，实在不该听到其他任何杂音。由于责任的混淆，在公民自由和公民政府方面几乎如宗教事业一样一无所获。从更广的意义看，那些放弃他们的温良品性而假想那些不属于他们东西的人，对于他们所摒弃的和他们所想要的品格，都同样无知。对于这个世界，他们虽一无所知却总是喜欢横插一杠，对这世上的事务他们虽毫无经验却总是自以为无所不知，他们没有什么政治谋略，只有让自己兴奋的激情。至于教会，当然是一个会在将来某一天，能让人类所有纷争和仇恨都休战的地方。

这种布道风格，在经历了长久的中断之后又恢复了，这对我而言是比较新奇的，不过这新奇之中并非没有夹带任何危险。我不会指责这篇讲话的每一个部分都具有相同的危险性。给予一个

---

❶法国联盟：即天主教联盟，是法国在 1576 年成立的，意在协调在法国宗教战争期间的天主教事务。神圣同盟和盟约是英国议会和苏格兰长老会之间于 1643 年 3 月达成的。这两个同盟都是意在强制其国人进行宗教和解。——编译注

高贵而可敬的世俗神职人员——他在我们英国一所大学里身居要职[2]——和其他一些"有地位、有修养的"世俗的神职人员❶一些提醒，可能是妥当且及时的，但是这种做法多少说来有些新鲜。如果这些高贵的"求道派教徒"（seekers）❷，不能够在英国国教的旧货物堆，或者是其他教派井然有序、种类丰富的仓库中找到能够满足他们虔诚幻想的东西，普赖斯博士建议他们就在非国教基础上改进，并且他们每个教派都依据自身特别的原则设立一个单独的聚会室。[3]这位可敬的神学家对设立新的教会如此热情，但是对于他们想要宣传的教义却如此漠不关心，这未免有些太过不同寻常了。他的热忱倒是非常古怪。他不是为了宣扬他自己的观点，而是为了所有的观点。不是为了真理的传播，而是为了冲突的蔓延。只要这些高尚的布道者互持异议即可，至于是谁持有何种不同观点则无关紧要。只要能够确保这一点，他们的宗教理所当然是理性的和阳刚的。我对于宗教能否享受到如这位精明的神学家所计算的因"伟大传教士的大集合"而产生的好处深表怀疑。如果把各教派的大集合比作是一个大的植物标本花园（hortus siccus）❸的话，对于大集合中已知的类、属、种而言，这个无法归类的类型当然会是一个有价值的补充，而且目前还能美化异端

---

❶世俗的神职人员是指奥古斯都·亨利·菲茨罗伊，第三世格拉夫顿公爵（Augustus Henry Fitzroy, 3rd Duke of Grafton, 1735—1811），他担任剑桥大学的校长，并在当时发表《一个普通信徒致教士、贵族、绅士的重要提醒》。——编译注

❷一个宗教派别，有时也称 Legatine - Arians，是清教派中的一个分支，兴起于 17 世纪 60 年代，宗旨是寻找真正的宗教。被认为是贵格派的先驱。——编译注

❸拉丁语，从字面上看意思是干枯的花园。——编译注

教派的植物标本花园。一个贵族公爵，或者是侯爵，抑或是一个伯爵或者子爵大胆出格的布道，自然会增加和丰富他所在的城镇的娱乐谈资，尤其是在当该城镇已经对其城内千篇一律索然无味的消遣感到厌倦的时候。我应该规定，这些身着道袍和冠帽的做弥撒的约翰们（Mess Johns）❶ 只应当受到在他们布道坛上才有资格授予的民主和平均原则的制约。但是我敢说，这些新的福音传教士，将会让对他们抱有希望的人失望的。不论是字面意义上的还是比喻意义上的，他们都不会成为护教牧师（polemic divine），也不会以这样的目的来这样训练他们的会众，从而使他们能够如在以前的神佑时代那样，向龙骑兵团、步兵团以及炮兵团宣讲教义。❷ 这样的安排，对于强制的公民自由和宗教自由事业而言不论有怎样的好处，对于国内的安定来说不一定有同等的益处。我希望这少得可怜的束缚不会助长不宽容的肆意蔓延，也不会助长专制的暴虐横行。

但是我要对我们的布道者说的是 "*utinam nugis tota illa dedisset tempora saevitiae*"❸。他那些怒斥式的荒谬之论，在倾向上

❶有时也称 Mas Johns，是对苏格兰长老会中的牧师一种诙谐的叫法。最初源自苏格兰民谣中给牧师起的绰号。——编译注

❷在英国内战，即 1642 年至 1651 年英国议会派与英王查理一世战争期间，克伦威尔的军队里有牧师随行，前面所提的休·彼得斯牧师就曾是克伦威尔的私人牧师。——编译注

❸拉丁语，意思是他若能把所有用在暴力上的时间，都消磨在毫无意义的琐事上就好了。出自罗马讽刺诗人朱文诺尔（Juvenal）《讽刺诗》第四卷，第 150—151 行。——编译注

并非是无害的。他的教义影响了我们宪法最关键的部分。他在他的这份政治布道中告诉革命协会，他的国王陛下"几乎是这个世界上唯一合法的国王，因为他是唯一一个由其人民的选择而获得王位的"。这位人权的大祭司，以（教会法中）罢黜和革教出门的条款横扫一切，将四海之内所有的君王都宣布为僭主，他对教皇罢黜权之使用的肆无忌惮，比起12世纪这一权力在其盛极一时的巅峰时期都有过之而无不及。至于世界上（一位除外）被宣称为僭主的国王们，他们理应思考的是，怎么竟会在自己的疆域内容忍这些对自己的臣民声称自己是非法国王的宗教使者。的确，那才是他们所关心的。而我们应该关心的是，在国内一个特定的时期内，应当认真想出一条可靠的原则，根据这条唯一的原则，能让这些先生们承认大不列颠的国王有资格享有他们的忠诚。

这一学说，被应用于不列颠如今在位的君王身上，如果说不是没意义的（因此也就无所谓对与错了），就是在维护一种毫无根据的、最危险、最非法的且违宪的主张。根据这位政治学的精神医者的教义，如果他的国王陛下的王位不是其人民选举产生的，那他就是非法的国王。（真是这样的话，）没有什么比他的陛下以现有方式握有本王国王权更不真实的了。因此，如果你遵循他们的教义，那么不列颠国王（他的王位当然不是经大众普选得来的），在任何方面都并不比世界上其他的篡位者强一星半点儿。这些篡位者并没有任何权利或者资格来享有人民的忠诚，但是统治着，或者更确切地说是掠夺着我们这个悲惨的世界。这一普遍学说所采用的高明手段，就很清楚了。这一政治福音的传播者希望他们抽象的原则（普选对于君主统治权的合法存在来说是必需的）能够被忽略，大不列颠的国王却能够免受其影响。同时，还希望他们会众的耳朵能逐步习惯他们的这些抽象原则，好像它向来都是不受争议而公认的第一原则那样。不过到目前为止这还只是一个理论，腌制在布道坛雄辩的果汁中加以保存，以备来日之需。*Condo et compono quae mox depromere possim*。❶ 由于这样的策略，对我们的政府给予特别关照而没有主张其为非法，我们的政府暂时得以平稳。但是，只要这种主张是安全而不受质疑的，那么我们的政府，以及其他所有政府能够得以安全的共同基础，就已不复存在了。

这样一来，这些政客在他们的学说几乎无人关注的时候，就推广他们的学说；但是一旦对他们言辞的准确意思和他们学说中直接的倾向来进行考察时，他们就会玩起模棱两可和含糊其辞的概念。当他们说，英国国王的王位源自其人民的选举，因此他是世界上唯一合法的君主时，他们想要说的可能不过是，有些国王的先人是通过某种形式的选举而得到王位的，因此他们的王位是来自人民的选择。这样，他们希望能够用一个可怜的托词，使他们的主张变得无效从而能够得以安全。他们如果要为他们的过错寻求庇护是会受到欢迎的，因为他们以自己的愚蠢作为庇护。因

---

❶拉丁语，意思是我未雨绸缪，以备不时之需。引自诗人贺拉斯的《书信集》卷1.1.12。

此，如果你能接受这种解释，那么他们所讲的选举与我们所说的继承观念究竟又有何不同呢？来自詹姆士一世的布伦瑞克世系（Brunswick）❶的王位世袭如何就能让我们的君主制比其他的邻邦的君主制世袭更具有合法性？可以肯定，在某一时期或者是其他时期，所有王朝的开国国君都是由希望受其统治的人选举出来的。在某个远古时代，欧洲所有的国王都是选举出来的，且或多或少都会对被选举的对象加以限制，这一观点是有充分根据的。但是，不管一千年前这里或者是其他任何地方的君主如何，也不论英格兰或者是法国的统治王朝是以何种方式开始的，在今天，大不列颠的国王是依据其国家的法律，根据固定的王位继承法规则而继承王位的；而且只要他履行了关于王权契约中的法定条款（正如它们实际被执行的那样），他就根本无视革命协会的选择而坐拥他的王位，而革命协会的所有人，没有对国王投过一票，不论是个人的还是集体的，虽然我毫不怀疑只要条件成熟，达到他们所要求的那种效果，他们很快就会成立一个选举团。而国王陛下的继承人和后继者，会按照时间和顺序，一一加冕而同样无视他们的选举权，正如国王陛下本人继承他所佩戴的王冠那样。

不论他们如何成功地避开解释关于如下显而易见的错误事实，即假设国王陛下（尽管他持有王位是符合人民意愿的）的王位源

❶布伦瑞克世系：即德国的汉诺威选帝侯夫人索菲亚公主（詹姆士一世的外孙女）及其信奉新教的后裔，当时的国王乔治三世就是这一世系的第三代国王。后文还会多次提到，请参看相关注释。——编译注

于其人民的选择，但是他们无论如何也回避不了他们充分且明确声称的关于人民有选择自己国王的权利（该权利直接属于人民且受到他们的坚定拥护）的原则这一问题。他们所有关于选举的拐弯抹角的暗示，都以该主张为基础，并且都可以归咎于该主张。为避免国王独一无二的合法资格的基础仅仅被当作是对自由阿谀奉承的夸夸其谈，这位政治神学家于是就武断地宣称，根据光荣革命的原则，英国人民已经获得了三项基本权利，这三项权利在他看来组成了一个体系，简而言之，即我们获得了如下权利：

（1）选择我们自己的统治者的权利；

（2）因国王行为不端而废黜之的权利；

（3）组建自己政府的权利。❶

这些全新的、之前闻所未闻的权利法案，虽然是以全体人民的名义做出的，但是只属于这些先生以及他们自己的派系。全体英国人民并不享有其中的一份。他们完全不承认这些权利。他们还将以他们的生命和财产来抵制对它的实际肯定。因为根据光荣革命（革命协会为了有利于其所主张的虚假的权利而盗用了革命的名义）时期制定的国内法，他们必须这样做。

旧犹太地区的这些先生们，在他们对 1688 年光荣革命的推理

---

❶普赖斯实际是这样表述这些权利的："首先，在良知和宗教事务方面的自由权；其次，在权力被滥用时的反抗权；第三，选择自己统治者的权利；因其行为不端而废黜之的权利，以及组建属于我们的政府的权利。"引自普赖斯的《爱国论》（伦敦，1790 年）。——编译注

过程中，他们心里想到的，还有一场大约 40 年前在英国发生过的革命以及一场不久前发生在法国的革命，因为如此近在眼前，他们经常将三者混为一谈。但我们必须将他们搞混的东西分开。为了发现它的真正原则，我们必须要回顾一下他们对于我们所尊敬的光荣革命法案所持有的错误幻想。如果说 1688 年革命的这些原则能在什么地方找到的话，那么就是存在于被称作是《权利宣言》❶ 的制定法中。在那个由伟大的法学家和伟大的政治家制定的，而非空有热情却缺乏经验的狂热分子制定的最为明智、清醒且考虑周详的宣言中，并没有一个字说过，也没有任何一条暗示过我们拥有"选择我们自己的统治者，因其行为不端而废黜之及组建我们自己的政府"的普遍权利。

《权利宣言》（威廉和玛丽第一法案第二编第二章）是我们宪法的基石。我们的宪法经过巩固、解释和完善，其基本原则已经被永久性地确立下来了。它的全称是《国民权利与自由和王位继承宣言》。你会发现这些权利及其继承是作为一个整体被宣布的，而且被不可分割地绑在一起。

这之后没几年，曾经有过第二个机会可以主张对王位拥有选

---

❶《权利宣言》更为常用的名称是《权利法案》，全称是《国民权利与自由和王位继承宣言》。——编译注

举权。考虑到威廉国王❶以及安妮公主❷也即后来的安妮女王没有子嗣来继承王位的这种状况，对王位继承及其未来国民自由的安全性的考虑又摆在了立法机关的面前。❸ 那么他们有没有利用这第二次机会制定任何条款来使王位按照旧犹太荒谬的革命原则而合法化呢？没有。他们是遵照《权利宣言》中惯行的原则，指名道姓地点出了信奉新教的王室后裔中谁可以拥有王位的继承权。通过这一方法，该法案同样使我们的自由和世袭继承制得以在同一个法案中体现。与主张拥有自主选举统治者的权利相反的是，他们宣称，那一世系的继位（即詹姆士一世信奉新教的后裔）对于"王国的和平、安宁以及安全"是绝对必要的。对他们而言同样迫切的是"保持王位继承的确定性，国民才能安全地寻求他们的保护"。在这两项法案中，听到的都是对光荣革命的手段正确无误、毫无歧义的预言，而非对妖言惑众的、吉卜赛式的"选举自己统治者的权利"的预言的支持。这都证明了一个国家的智慧是如何将一个迫不得已的个案转变成为一项截然相反的法治原则的。

---

❶威廉国王，即英格兰的威廉三世（William III，1650—1702），也是苏格兰的威廉二世、奥兰治亲王、荷兰执政、英国国王。詹姆士二世流亡后，他与妻子玛丽女王二世共同加冕为英国国王，他们没有子嗣。——编译注

❷安妮公主（1665—1714），是女王玛丽二世的妹妹，詹姆士二世的另一个女儿，在玛丽女王死后，威廉三世独掌王位，威廉死后，由安妮公主继承王位，她是斯图亚特王朝末代国王。她也没有幸存下来的子嗣。于是王位后来指定给一个德国的远亲汉诺威选帝侯夫人索菲亚（英国国王詹姆士一世的外孙女）和她的新教后裔继承。——编译注

❸参考 1701 年的《王位继承法》。——编译注

毋庸置疑的是，光荣革命中威廉国王本人的继位，对严格的正常王位继承顺序是有一些暂时的稍许的偏离❶；但是从个案和个人中推导出一项法律原则确实与所有法理学的真正原则违背的。*Privilegium non transit in exemplum*。❷ 如果说真的曾有过一个时期是有利于"只有民选的国王才是合法的国王"这个原则的，那么毫无疑问是在光荣革命时期。在那个时候如果都没这么做的话，就表明这个国家认为在其他任何时期都不应该这么做。还没有人对我们的历史全然无知到这种地步，竟然不知道我们议会中的两党的绝对多数都不愿意做与这一原则类似的任何事情，即最初他们决定不将空缺的王位授予奥兰治亲王（Prince of Orange），而是给了他的妻子玛丽，即国王詹姆士二世的女儿，也是该国王最年长的子嗣，虽然他们都毫无争议地认可她是他的继承人。❸ 可能又重复老掉牙的故事了，这是为了让您回想一下当时的情形，表明他们接受威廉国王确切地说并非是一个"选择"，对于那些不希望詹姆士国王复辟，不希望他们的国家流血牺牲，也不希望他们的宗教、法律和自由重陷他们刚刚逃离的险境的人来说，这是一个不

---

❶当詹姆士二世在 1688 年逃离英国时，继承他王位的，不仅有他的长女玛丽，还有他的女婿威廉三世。1694 年威廉三世的妻子玛丽女王逝世之后，他继续执掌政权。因此他对王位的继承在英国历史上是史无前例的。——编译注

❷拉丁语，意思是个例不能成为普遍规则。"个人的权利不能被推广为普遍的法律"是罗马法的一条最基本的规则。——编译注

❸之所以是毫无疑问的继承人，是因为詹姆士二世当时的子女中，只有一个儿子詹姆士三世，因为是天主教徒且出生备受争议，所以没有继承王位的资格，被称为老觊觎位王子，于是玛丽作为长公主就成为理所当然的合法继承人。——编译注

得已的法案，即便是从最严格的道德意义上讲，这都是十分必要的。

这一法案，是特定时期内的一个个例。在这一法案中，没有遵循严格的继承顺序，而是支持了一位不是直接继承人的王子，不过他也是王室继承人的近亲❶。观察《权利宣言》起草人萨默斯勋爵（Lord Somers）❷，你会惊奇地看到他是如何使自己与当时那个微妙的场合尽量保持一致的；你也会惊奇地发现他采取了什么样的手段从而使得人们不再去关注这项临时措施的连贯性，在这一不得已的法案中，能够找到的所有支持世袭继承的想法都被这位伟人及追随他的立法机构提了出来，并且得到了发扬和最大限度的利用。摒弃了议会法案枯燥、训诫命令式的文风，他为上议院和下议院引入了一种虔诚的、简洁殷切的立法语言，并宣称，他们把这视作是"保佑他们前述国王的王室后裔，在其先祖传下来的王位上，最幸福地统治着我们，乃是一个神奇的天意和主对这个民族的恩赐，为此，他们从心底回报以他们最谦卑的感激和赞美"——立法机构显然是认可伊丽莎白女王一世第一号法案的第三章以及詹姆士一世第一号法案的第一章的，而这两个法案都明确宣告了王位的可继承性；另外，在很多方面，他们以一种近

---

❶ 威廉三世是荷兰执政威廉二世与英国国王查理一世（文中提到的被砍头的那位国王）之女玛丽公主的儿子。而玛丽公主是詹姆士二世的姐姐。也就是说威廉三世是詹姆士二世的外甥。——编译注

❷ 约翰·萨默斯（1651—1716），辉格党领袖。1697 年担任上议院大法官。——编译注

乎是字面上的精确性，延续了这两个法案的文字甚至是感恩形式。这种形式可以在那些古老的宣言性的成文法中找到。

在威廉国王的法案中，上下两院都没有为发现了一个可以宣称他们有权选择自己的统治者的机会而感谢上帝，更没有把选举作为是王位合法的唯一资格。他们还尽可能地避免出现选择国王的机会，他们把这种侥幸的避免视作是上天的恩赐。每当可能要弱化权利，使改善了的王位继承顺序得以永续；或者，可能会为在将来背离他们已经永远确定下来的继承法而提供一个先例的时候，他们就会抛出一个精心炮制的政治帷幕。这样一来，他们既不会使他们的君主放松神经，而且还能与他们祖先的做法保持高度一致，就如玛丽女王[4]和伊丽莎白女王❶的宣言性的成文法所显示的那样；在如下条款中，他们把合法的王权全部都授予了两位女王陛下（而这是为大家所公认的），"这些特权被充分地、正当地、完全地授予她们、属于她们，她们完全、正当、充分地拥有它们，并与它们融为一体"。在接下来的条款中，为了防

---

❶玛丽女王是指玛丽一世（1516—1558），英格兰和爱尔兰女王。她是都铎王朝的第四任君主，她的父亲是亨利八世，母亲是凯瑟琳王后（阿拉贡的凯瑟琳）。亨利八世死后由其子爱德华六世继位，爱德华短寿，死前将王位传给了简·格雷（史称九日女王或十三日女王，即亨利八世的妹妹玛丽公主的外孙女），而不是自己信奉天主教的姐姐玛丽一世，而这违反了英国议会的法令。此外，由于国内拥护玛丽一世的人很多，于是玛丽在拥护者的支持下复位。玛丽女王死后没有子嗣，就由她信奉新教的妹妹伊丽莎白继位。

伊丽莎白女王是指伊丽莎白一世（1533—1603），都铎王朝最后一位君主，她是英王亨利八世和他的第二任妻子安妮·博林的女儿。——编译注

止借口冒充对王位拥有资格而提出的质疑，他们宣称（在此也遵循了传统的语言以及这个民族的传统策略，并且从标题开始几乎就是在复述先前伊丽莎白和詹姆士法案的语言）"在主的护佑下，这个国家的统一、和平和安宁完全有赖于王位继承的确定性"。

他们知道一个不确定的继承资格与选举是极为相似的，会完全破坏"这个国家的统一、和平和安宁"，所以他们认为应当花时间对此加以认真考虑。因此，为了实现这些目标，并永久性地排除旧犹太"选择我们自己的统治者的权利"的教义，他们从之前伊丽莎白女王的法案中找出一条包含有最庄严承诺的条款并加以遵循，这可能是支持王位世袭的承诺中最庄严的承诺，这也是对该协会强加给他们的原则最庄严的否定："灵俗两界贵族与众议员，以上述全体人民之名义，最谦卑与忠诚地将自己、其继承人及后世子孙，永远地托付给国王陛下；并忠诚地承诺他们将会竭尽全力维护和保卫他们所称的国王陛下，以及此处所规定和包含的对王权之限制"，等等。

我们通过光荣革命而获得了选举自己国王权利的这种说法，与真相是大相径庭的。如果说我们在此之前曾经拥有过这项权利，但是整个英格兰民族，为了他们自己以及他们的子孙后代，在彼时以最庄严的宣告永远地放弃了。

这些先生们会随意地根据他们自己的辉格原则进行自我评价，但是我从不奢望自己会被视为是比萨默斯勋爵更好的辉格党人，或者是对光荣革命原则的理解能比提出它们的人更透彻，或者是能在《权利宣言》中解读出就连他们自己——即那些将他们这种富于洞见的风格以及我们不朽法律的语言和精神深深地镌刻在我们的法令中、镌刻在我们的心里的人——也不知道的奥秘。

从某种意义上说，借助来自武力和机遇的权力，这个国家曾经一度可以采用任何一种她所乐意采取的行动来选择王位的继承人，这一说法是真实的，但是如果他们基于这样的基础而自由行动的话，那么基于同样的理由，他们可能完全废除他们的君主制及其宪法的其他任何一部分。不过他们并不认为在自己的职权范围内可以采取这样冒险的改变。要想给最高权力之单纯抽象的权能（competence）——当时是由国会在行使——加上一个限制，确乎是困难的，也许是不可能的，但是对道德权能施加一个限制的话，却是完全明了的。对不论以何种名义和资格，在一国施加这种权威的人都能形成有效约束。即便是在君权毫无争议❶的国家中，也可以使偶发的意志服从于永恒的理性，服从于永恒的忠诚准则，服从于正义，以及稳定的基本政策。例如，上议院就并不具有解散下议院的道德权能，甚至也没有自行解散上议院的道德权能，更别提放弃它本身在这个王国里承担的立法职责了，即便是它有这个意愿也不行。这就正如一个国王虽然可以以本人的身

---

❶参见了好几个版本，此处用词都是 indisputably（不可争议的），但是译者所翻译的英文版本中用的词却是 disputably（有争议的）。根据上下文逻辑，译者怀疑为英文编者笔误。——编译注

份放弃王位，但他却不能以君主的身份放弃王位一样。基于同样的或者是更具有说服力的理由，下议院也不能放弃他所肩负的职权。通常以宪法的名义运行的社会约定和社会契约，禁止做出这样的侵犯和弃权。一个国家的各组成部分，他们相互之间，以及从该契约中获得重要利益的人，都有义务维护他们相互间的公共信任，就如同国家作为整体要对其每个部分都讲求信用一样。否则，权能和权力就会混为一谈，那时就没有什么法律了，而只有武力的横行。基于这一原则，之前的王位继承法跟今日的一样，是采用法定的世袭继承，只是以前的世袭继承是依照普通法❶；而如今的继承则是按照普通法精神制定的成文法，但是没有实质性的改变，只是规定了方式并指明继承人而已。这些法律规定都具有同样的效力，都来自同一个权威——共同的约定和原始的社会契约，即国家的全体同意（communi sponsione reipublicae），只要这些条款还被遵守、同一个政治共同体还在继续，就对国王和人民具有同样的拘束力。

如果我们能够不让自己深陷于形而上学诡辩的迷宫中的话，那么遵守固定的法律条款和偶尔对它有适当的背离，即在尊重我们政府世袭继承原则神圣性的同时，也有权在极端紧急情况下给予变通，这二者并不是不可调和的。即便是在那种极端情况下（如果以我们在光荣革命时期行使的权利来衡量的话），改变也仅

---

❶英国乃普通法国家，其法律多数都是不成文的，多以判例、习惯、惯例等形式出现。——编译注

仅限于不良的部分，即必须加以背弃的部分；而且即便如此，它也不能为了从社会的第一要素出发去创造一个全新的社会秩序，而导致整个公民以及政治群体的解体。

一个国家，如果没有进行改变（change）的方式，就等于没有自我保全的方法。没有这样的方式，它甚至可能面临丧失它最希望保留的部分的风险。保守和修正这两项原则在（斯图亚特王朝）复辟和光荣革命这两个关键时期，即英国国王之位空悬时都起到了有力的作用。在这两个时期，这个民族都与古代大厦失去了联系的纽带，但是，他们并未因此而毁掉整个建筑物的构架。相反，在这两次事件中，他们用没有受损的部分恢复了旧组织中有缺陷的部分。他们照原样保留了旧的部分，并使修复的部分与之适应。他们依照古代机构的框架组织起来的国家在行动，而非以解体了的民族的有机分子个体在行动。也许，国家立法机构在任何时候，都没有比光荣革命时期——彼时英国偏离了世袭继承的直系继承制——对不列颠宪法政策的基本原则表现出更为亲切的敬意。王位的确是多少背离了之前的那一系，但是新继承的这一系也是出于同一个家系。它依然是世袭血统中的一支，与世袭血统拥有同样的血统，只不过是一个只限于新教的世袭血统而已。立法机关在改变方向的时候依旧遵守了原则，他们表明他们维护了这一原则的不可侵犯性。

依照这一原则，王位继承法认可了旧时的一些修正，那还是久在光荣革命时代之前。在诺曼征服以后不久，就产生了血统世袭的法律原则问题。究竟是按人口计（per capita）还是按照家系（per stirpes）来选择继承人❶，这就演变成一个问题；就算当已经采用了家系继承制之后，按人口计的继承制是否就应该彻底让位？或者当新教徒的继承人更受青睐时，天主教继承人就应该让位？世袭制的原则经历了所有的轮回而以一种不朽的形式幸存了下来——*multosque per annos stat fortuna domus, et avi numerantur avorum.* ❷ 这就是我们宪法的精神，它不仅仅贯穿于其稳定期，而且也贯穿于所有变革期，不管是谁，以何种方式登上宝座，也不论他通过法律还是武力获得了王位，世袭继承制不是被继续就是被采纳。

但是革命协会的先生们，从 1688 年中除了看到对宪法的偏离以外，就什么都看不见了；他们把对这个原则的背离作为了他们的原则。他们也并不关心他们的教条所产生的显而易见的后果，尽管他们肯定已经看到，它几乎没有在这个国家的制定法体系中留下成文的典据。如果他们这种没有根据的准则一旦成立，那么除了选举以外就没有合法的王位，而在选举没有被凭空想象出来之前的时代里，所有君王的行为，就无一是合法有效的了。这些理论家是想要效仿他们的某些前辈，将我们古代君主们的遗骨从

---

❶按人口计和按家系都是与财产继承相关的法律术语，据此可以确认每位受益人所能继承的份额。按照前者，就是每个人都可以获得同样的份额，如果是按照后者，那么家族里的每一系享有一个份额，而不论其具体的人口是多少。——编译注

❷拉丁语，意思是经历了漫长岁月，家族的财富依然屹立，祖父的祖父仍被记得。引自诗人维吉尔《农事诗》，第四卷，第8—9行。——编译注

他们安息的坟墓中拖出来吗？还是说他们想回过来玷污和否定光荣革命以前所有统治过英国的国王，从而将英格兰的王位污蔑成长期的篡位？抑或是他们要取消、否定或者质疑我们所有国王的资格，以及他们眼中的篡位者所通过的伟大法律体系？再或者是要废止那些对我们的自由具有不可估量价值的法律（至少跟光荣革命时期及其后通过的任何法律一样具有同等的巨大的价值）？如果国王不是因人民的选举而取得王位，就没有资格制定法律，那么《无同意课税法》（ *de tallagio non concedendo* ）❶ 该算什么呢？《权利请愿书》（ *Petition of right* ）呢？《人身保护法》（ *habeas corpus* ）呢？这些人权的新医生会不会宣称国王詹姆士二世——这位以旁系血亲继位的国王，根据当时的法律他并不具有继位资格——在他做出任何足以导致他逊位的行为以前，无论从哪个方面来说都不能算是合法的英格兰国王了？他若真不是，那么这些先生们所纪念的那个时期的国会就可以避免麻烦缠身了。但詹姆士国王只是一个具有合法资格的坏国王，而不是一个篡位者。根据议会制定的法案，选帝侯夫人索菲亚❷及其信仰新教的后裔是王位继承人，他们的继承资格与詹姆士国王的继承资格一样是合法

---

❶ 1297 年颁布的《无同意课税法》、1628 年颁布的《权利请愿书》和 1679 年颁布的《人身保护法》都是历史上保护个人权利和自由的重要法案和文件。——编译注

❷ 选帝侯夫人索菲亚（1630—1714），詹姆士一世的外孙女，汉诺威王朝第一任国王乔治一世的母亲，在起草王位继承法时，她是最受拥护的新教继承人。斯图亚特王朝的最后一个女王安妮死后无子嗣，索菲亚及其信奉新教的后裔就成为安妮女王的继承人，但是由于她先于安妮女王去世，并没有担任过英国国王，而是由他的儿子乔治一世继位。——编译注

的。就他登基的实际情况来看他是依法登基继位的；布伦瑞克王朝（House of Brunswick）❶ 的君王登基继位，都不是通过选举，而是依据法律，正如他们几任新教后裔登基的实际情况那样。希望我已经充分将这个问题说清楚了。

特别规定了由这一王室家系来继承王位的法律是威廉国王法案的第 12 和第 13 条。这些条款约束着作为新教徒的"我们和我们的继承人，我们的后代，及至他们、他们的继承人，以及他们的后代"，直到时间的尽头，用的是与约束我们服从威廉国王和玛丽女王的继承人的《权利宣言》同样的语言。这样一来就从两个方面确保了王位的世袭和忠诚的承袭。除非宪法所秉持的原则已经形成了一种制度来保证这种继承制能够永远地排除人民的选择权，不然立法机构有什么理由挑剔地拒绝在我们国内所具有的公平而又广泛的选择机会，而远去到异国他乡去寻找一位外国的公主，从而使她腹中所诞下的子嗣有资格做我们未来的统治者，千秋万代地统治我们万千民众？

索菲亚公主在威廉国王的王位继承法第 12 和 13 条中被指定为王位继承人是因为她拥有我们国王的血统和王室的出身，而不是因为她作为一个临时的权力管理者所可能具有的才能。实际上她没有真正施展过这些才能。她之所以被选定为继承人是因为且

---

❶布伦瑞克王朝：汉诺威王朝的先人是德国布伦瑞克王朝的吕尼堡分支，因其首府位于汉诺威而于 1692 年改称汉诺威，故而英国的汉诺威王朝也被称为布伦瑞克王朝。——编译注

仅仅因为这一点，因为法案是这样规定的，"最尊贵的汉诺威公爵夫人、选帝侯夫人索菲亚公主，乃我们深切怀念的先王詹姆士国王之女即已故的波西米亚王后伊丽莎白公主的女儿，在此将获宣成为新教后裔中的下一任继位人……王位将由她所出的信仰新教的子嗣继承"❶。通过索菲亚公主不但可以使她的这一世系传承下去，还可以通过她与詹姆士一世古老的那一脉联系起来，议会做出这样的限制，从而使君主制可以千秋万代延续不断地保留下去，还能以古老的且受认可世袭形式保留下去（也保护了我们的宗教），借由这种形式，如果我们的自由一旦受到威胁，正如它经常面临的那样，它还能经受住种种特权的斗争风暴，得以保全。他们做得很好。没有任何经验教导我们，还能有任何其他的程序或方法能比世袭继承更稳妥地延续并保持作为我们世袭权利的王位世袭制的神圣性。一场非常的、突发性的运动也许对于去除一场非常的、突发性的疾病是必要的。但是继承的程序却是不列颠宪法一个良好的习惯。法律对汉诺威继承王位加以限定，要求必须由詹姆士一世的女性后裔继承，由两三个或者更多的外国人来继承不列颠的王位所带来的不便感❷，难道是立法机关所希望的吗？

---

❶引自 1701 年《王位继承法》。——编译注

❷外国人继位的不便：安妮女王死后，乔治一世继承英国王位。斯图亚特王朝结束。乔治一世是德国人，母语是德文，英文很不流利。但他的大臣又多不会德文，于是他们只好用法文或者拉丁文来沟通，经常言不达意，以至于乔治一世后期很少管理英国朝政，而把多数事务交给内阁处理。他本人在任期间很多行为都因为他是外国人而深受怀疑。而他的儿子乔治二世继承王位后，在涉及欧洲大陆事务时，也常常照顾德国的利益，而与国内的部分大臣产生分歧。——编译注

当然不是！他们对外国人统治可能引起的不便是深有感触的，甚至他们的担心已经超出了实际情况。大不列颠继续沿用古老世系的新教世袭继承，尽管面临着由一名外国世系继位带来的种种不便以及危险，他们还是不遗余力地实施。没有比这更有决定性的证据能够完全使不列颠相信：光荣革命的原则没有赋予他们在完全无视我们政府古代的基本原则的条件下，根据自己意愿选举国王的权利。

就在几年前，我都耻于繁复地以一些不必要的论据来证明一个足以自明的事项；但是这一煽动性的违宪学说如今被公开教授、宣讲和印行。我所厌恶的革命的信号频频地从布道坛上释放出来；变革的精神已远播国外；在贵国盛行的对所有旧制度——所有旧制度都被视为是与现在的便捷感或与时下的趋势相反——都不屑一顾的风气，所有这些都可能会在我们这里也蔚然成风。我认为，所有这些顾虑使我们要想再回过头来关注我们自己的国内法是不可取的。而您，我的法国朋友，您应该知道，我们应当继续珍视它们。在海峡两岸的我们不应该让自己受到假货的蒙骗。某些人通过出口转内销的双重欺骗，将一些与英国本土完全不相干的东西，冒充为不列颠土生土长的产品出口到贵国，以图将改良版的自由按照巴黎最新的时尚加工后再走私回英国。

英格兰人民不会模仿他们从未尝试过的时尚样式，更不会退回到他们已经尝试过的有害的模式中去。他们把法定的世袭继承制视作是他们的正确选择（rights）❶，而不是他们的过错（wrongs）；视作是一种益处，而非一种委屈；将之看作是其自由的保障，而非奴役的象征。他们认为自己共和国目前的框架，具有不可估量的价值，他们认为不受干扰的王位继承可以保障宪法其他组成部分的长久和稳定。

在我进一步深入讨论之前，我想先暂时离题关注一下选举的鼓吹者们所惯用的一些小伎俩。他们把选举视为是取得王位的唯一合法资格，为的是把我们对宪法正义原则的支持变成是一项招人反感的事业。只要你为王位继承的性质进行辩护，这些诡辩者就会认为你是在偏袒一些他们假想的理由和人物。他们与之前持有"王权是神圣的、世袭的、不可转让的权利"之论调——我相信现在早就没有坚持这种说法了——的奴役制的狂热信徒展开争辩，好像他们之间是有冲突似的，这一点不足为奇。旧的个人独断权力的狂热信徒教条地认为王权世袭乃是世上唯一合法政府的来源，就如我们新的群众专断权力的狂热捍卫者认为民选是合法政府唯一来源一样。的确，老一代的特权崇拜者，想法可能比较蠢，还不虔敬，好像君主制比其他任何形式的政府都更受到神圣的授意，好像每一个继承人，不管是在何种情况下，即便是公民权和政治权利都已经无法实现了，都应当按照顺序严格地行使不可剥夺的统治权。但是关于王位继承的荒唐观念，并不能损害以

---

❶此处作者原文用的是 rights，一语双关，既是权利，又是正确的意思，与后面的 wrongs 相对。——编译注

法律和政治理性、坚实的原则为基础的观点。如果法律人和神学家的荒唐理论会污染他们所精通的对象的话，我们的世界上就没有什么法律和宗教了。但是并不能证明在某一方面存在问题的荒唐理论在其他方面就是错误的或者会传播有害的准则。

革命协会的第二个主张就是"因统治者的行为不端而废黜之的权利"。或许我们的祖先因担心会形成一个——"因行为不端而废黜"的先例，从而颁布了权利法案，这暗示詹姆士国王的退位，如果说是有什么过失的话，那就是过于谨慎和偶然了[5]。但是所有这些谨慎和偶然的叠加，证明了在人们被压迫激怒、被胜利冲昏头脑的情形下，主导国会的谨慎精神能够巧妙地放弃自身的暴力和极端的行为；这也显示了，在光荣革命这一伟大历史事件中，能够左右全局的伟人们的忧患意识，它使光荣革命成为安定之母，而非孕育下一次革命的温床。

任何一个政府如果能够被诸如"行为不端"这样不精确的、模糊的东西而摧毁的话，那么这个政府连片刻都无法维持。光荣革命的领导者们并没有将詹姆士国王的实际退位归结于这样轻易而不确定的原则基础上。他们指控他的罪名是阴谋颠覆基督教和国家，以及基本的、不容置疑的法律和自由，这有大量的非法行为可以作为证据；他们指控他违背了国王与人民之间的原始契约。这就不仅仅只是行为不端了。为必要而严峻的形势所逼，他们才万不得已采取了这一步，并且还严格遵循了所有的法律。他们并不指望通过未来的革命来使宪法得以在将来保全。他们所有法规的高明之处就在于，将来任何君主妄图诉诸这些暴力的补救措施而胁迫这个国家，都变得几乎不可能了。他们让之前几乎无须承担任何责任的王权，接受法律的监督和评估。为了进一步缩减王权，他们加重了国务大臣们的责任。依据威廉国王第一号法令第二编称"该法案的目的是确认臣民权利和自由、确定王位的继承"，他们规定大臣们应当依照该宣言的条款为国王效力。随后，他们又召开频繁的议会会议来强化这一法案，经此一来，整个政府就置于人民代表及上议院议员持续的监督和积极的掌控中了。在另一个伟大的宪法法案，即威廉国王第 12 和第 13 号法令中❶，为了进一步限制王权和更好地保障臣民的权利和自由，规定"对国会下院提出的弹劾，不得凭恃英王的赦免进行抗辩"。在《权利宣言》中为政府所设定的规定，对国会的持续性监督、对弹劾权提出的具有可操作性的主张，这些在他们看来，远比保留一个在实践中很难操作、具有很大不确定性、常常导致恶劣后果的所谓"废黜他们的统治者"的权利能提供更好的安全保障，这些不仅能够保障他们宪法上的自由，还能对抗政府的恶。

普赖斯博士在这次布道[6]中非常中肯地批评了人们对国王公然的阿谀奉承。作为这种虚假做作的风格的替代，他建议用敬语的时候，应该告知他的国王陛下"他把自己视作是人民的公仆比视作是君主更为合适"。作为恭维语，这种新形式的敬语看起来并不是令人宽慰的。那些名义上以及实质上作为公仆的人，并不喜

---

❶见 1701 年的《王位继承法》。——编译注

欢别人告知他们自身的处境、责任以及义务。在古代戏剧中的奴隶会跟他们的主人说"Haec commemoratio est quasi exprobatio"❶，这可不是什么好听的恭维，也不是什么有益的教导。毕竟，如果国王自己意欲回应这种新的称谓，并且明确地采用它，甚至把"人民的仆人"这种称呼作为他的皇家风范，我也很难想象这会给他本人及我们带来多少好的改观。我曾经见过非常傲慢的信件，署名却写着"您最顺从、谦卑的仆人"，这个世上最傲慢的署名却用了一个比"自由的使徒"❷向国王建议的还要谦逊无比的称谓。曾有多少国王和国家被自称为"仆人之仆人"的人践踏在脚下，但是在他废黜君主的指令上所印的图章却是"渔夫"。❸

如果不是因为这篇布道明确支持"因行为不端而废黜国王"的想法并积极参与这一计划，本来我大可将之视为不过是一种轻浮、自负的演讲，听到它，就当是在一种令人作呕的气味中遭受到自由精神消失了的痛楚。正是从这一点上来说，它是值得留意的。

从某种意义上说，国王的确是人民的仆人，因为他们的权力，

---

❶拉丁语，意为这种表面的提醒，实际是对我的责难，出自戴伦斯（Terence）的《安德里亚》（*Andria*），第43—44行。——编译注

❷自由的使徒：指普赖斯牧师。——编译注

❸渔夫这一段：教皇经常会用"仆人之仆人"落款。耶稣的弟子圣彼得本是来自加利利的一个渔夫，在耶稣的信徒中占据领导地位，对基督教的成立影响重大。因而罗马主教圣彼得的继任者，可以自称是渔夫。教皇还佩戴渔夫戒指，戒指所嵌的宝石上刻有圣彼得在船上拉网捕鱼的雕像。——编译注

如果不是为了大众的利益就没有更为合理的目的；但这并不意味着，在一般意义上（至少就我们的宪法而言）他们就跟真正的仆人是一样的。仆人的最根本处境是要听从他人的命令并且是可以被随意差遣免职的。而不列颠的国王不服从任何其他人。其他的所有人，不论是个人也好还是集体也好，都在他之下并且有服从他的法律义务。既不知道奉承为何物也不知侮辱为何物的法律并没有把这位高级执法官称为是我们的仆人，就如这位谦卑的神学家所称呼的那样，而是称为"我们至高无上的国王陛下"。就我们而言，只需要学习最基本的法律语言就够了，而不是去学习巴比伦（Babylonian）布道坛上的混乱的术语。

因为他并不服从我们，而是我们要在法律上服从他，我们的宪法就没有任何条款来规定他作为一个仆人所应承担的任何程度的责任。我们的宪法并不知晓任何如阿拉贡的大法官❶那样的法官，也没有任何法庭以法律委任，或是制定任何法律程序，使国王承担作为全体仆人的责任。在这一点上，他与下议院和上议院没有什么区别，这两院永远都不能因其以公共身份从事的行为而被问责，尽管革命协会断章取义地宣称——与我们宪法中最有智慧和最优美的部分正好相反——"国王不过就是第一公仆，由公众产生，并对其负责"。

如果他们没有给他们的自由找到保障，却使他们的政府无力

---

❶阿拉贡大法官是中世纪的阿拉贡王国的最高法官，可以裁决贵族之间，甚至国王和其下属贵族之间的纠纷。——编译注

运作，任职不稳；如果他们没能发明比内乱更好的补救措施来对抗专制的权力，那么我们光荣革命期的先人们就不配享有智慧的名声。就请这些先生们指出来，国王作为仆人应该负责的那些代表公众的人都是谁。到时候我会有足够的时间找出相关的成文法来证实他所言非实。

这些先生们经常信口所说的废黜国王的仪式，可以不借助于武力而实施的，这即便是有过，也是极为罕见的。那么届时就会成为又一个战争的例子，而不会是一个宪法案例了。法律在武力的淫威之下缄默其口，法院与它所无力维持的和平一样，也轰然坍塌了。1688 年的光荣革命是经由一场正义的战争而实现的。除了这场之外，任何一场战争，特别是内战，都很少会是正义的。Justa bella quibus necessaria.❶ 将国王赶下台，或者如那些先生们更愿意称作是"废黜国王"的问题，一直是，也将永远是一个国家非常态的问题，完全不在法律的范围之内，如同一个国家的其他问题一样，这是一个如何进行处分、采用何种手段，以及可能引起何种后果的问题，而非一个实在权利（positive rights）❷ 的问题。因为它不是为了普通人滥用权利而设置的，所以它也不能被普通的想法而煽动。关于什么情况下应该不再顺从，以及什么情况下应该开始反抗的界限的划分是模糊不清的，很难给出一个界

❶拉丁语，意思是不可避免的战争是正义的。出自史学家李维《罗马史》第九卷。——编译注
❷实在权利：与自然权利相对应。——编译注

定，因此一个单独的法案、一个单一的事件是无法给予决定的。在考虑采取废黜国王（的行动）之前，除非政府的确已经在滥用职权并且陷入了混乱，而且未来的前景跟过去所经历过的一样糟糕。当事情都陷入那样一种悲惨的处境，这种疾病的本性就会给那些人指明一个补救的方法，这些人天生就有能力去给一个处于生死关头的动乱国家开出一个关键的、两可的苦口良药。时间、局势和挑战自会给他们带来经验教训。智者会根据实际情况的严重性，暴躁的人根据对压迫的感知度，贤者会根据对不堪之人滥用职权的鄙视和愤慨程度，勇敢或鲁莽的人会根据在一项慷慨的事业中对充满荣耀的危险的爱慕之情，来做决定。但是，不论废黜国王是否是一项权利，革命都会是惯于思考的人和善良的人迫不得已才会采取的最后办法。

旧犹太布道坛上所宣称的第三项权利，是所谓的"组建自己政府的权利"，就如他们先前所宣称的两项权利一样，在光荣革命中从未得到哪怕是来自先例或者是原则上的一点支持。光荣革命是为了保护我们古老的、不容置疑的法律和自由，以及作为我们法律和自由唯一保障的古老宪法。如果您急于了解我们宪法的精神以及主导了那个伟大的时代并且一直传承到今天的原则，那么就请您到我们的历史、我们的史料、我们议会的法案以及议会的刊物中去寻找，而不是到旧犹太的讲道以及革命协会的宴后祝酒中寻找。在前者中您看到的将会是其他的想法和另外的语言。这样的主张不适合我们的秉性和愿望，同样也不会得到任何权威哪怕是表面的支持。仅仅是构建一个新政府的这种想法，就足以让我们感到厌恶和恐惧了。我们在光荣革命时期就期望，甚至是现在也一样地期望，我们所拥有的一切都是继承自我们祖先的遗产。我们万分谨慎以免给原初的植物遗传而来的枝干上嫁接上任何可能违背其本性的幼枝。我们迄今为止所进行过的一切改革都是以对古风的尊崇为原则的；而且我希望，不，是我相信，今后所有可能采取的改革也都会在古代先例、权威和范例的基础上进行。

我们最古老的改革就是《大宪章》（Magna Charta）。你会发现我们法学大贤爱德华·柯克爵士（Sir Edward Coke）❶，以及所有追随他的伟人们，直到布莱克斯通（Blackstone）[7]❷，都在孜孜以求地证明我们自由的谱系。他们力图证明古老的宪章即《约翰国王大宪章》与另一个出自亨利一世的成文宪章❸是有关联的，并且都不过是对这个王国古已有之的法律的又一次重申。实际看来，从更广阔的角度上来说这些作者们似乎是正确的，但并不是完全正确的。不过即便这些法学家们在某些地方错了，这更能证明我的立场的正确性，因为这正好表明我们所有的法学家和立法者，以及他们意欲影响的所有民众，对古代的强烈偏爱。他们的

---

❶爱德华·柯克爵士（1552—1634），詹姆士一世执政期间的宪政派领袖人物。1613年被任命为王座法院首席法官后，又常被称作柯克大法官。1628年《权利请愿书》的起草者之一。著作有《英国法总论》（共四卷，成书于 1628—1644）。——编译注
❷威廉姆·布莱克斯通爵士（1723—1780），18 世纪英国法的权威。著作有《英国法释义》（成书于 1765—1769）。——编译注
❸亨利一世的成文宪章：即 1100 年国王亨利一世颁布的《自由宪章》，1215 年签署的《大宪章》有一部分内容摘自《自由宪章》。——编译注

内心一直都秉持着这样一个恒久不变的原则：在这个王国，他们把最神圣的权利和参政权视作是承袭而来的遗产。

在著名的查理一世第三号法令即《权利请愿书》中，议会对国王说："您的臣民继承了这种自由"，是在指明他们的权利并不是"作为人的权利"这样抽象的原则，而是作为英国人所享有的权利，是源自他们的先祖的世袭财产。塞尔登（Selden）❶ 和其他学识渊博的《权利请愿书》的起草者们，对与"人权"有关的基本理论的熟悉程度，至少与我们布道坛上或者是贵国讲坛上的那些演说者是一样的，与普赖斯博士或者是西哀耶（Abbe Sieyes）❷ 相比，更是毫无二致。但是，出于对实践智慧的珍视，他们放弃了理论科学，相对于那种模糊不清的纯理论性的权利（这种权利将他们确定的遗产暴露给会将其践踏和撕裂的野蛮、好辩的精神），他们更偏爱这种成文的、有记录可循的、承袭而来的资格，而这对于每一个人和公民来说都是珍贵的。

在那时制定的所有用来维护我们自由的法律中，也都贯穿了同样的原则。在威廉和玛丽的第一号法令❸，即著名的《权利法案》中，国会的上下两院对"组建自己政府的权利"只字未提。你会看到他们全部的关切都在于如何保障宗教、法律以及由来已

❶约翰·塞尔登（1584—1654），是一名优秀律师，詹姆士一世和查理一世反对者的政治盟友。——编译注
❷西哀耶（1748—1836），法国大革命早期一个有影响力的神父和作者。著有《什么是第三等级》一书。——编译注
❸该段带引号内容都引自该法案。——编译注

久却在近来濒临危险的自由。"最慎重地考虑最好的方法，来建立一种可以使他们的宗教、法律和自由免于再次颠覆的危险的制度"，他们在一开始就采用了最好的方法。首先就"像他们的祖先在类似情形下为了证明他们古老的权利和自由时所做的那样，进行权利宣告"；然后他们请求国王和女王"所有被主张和宣布了的权利和自由，都是这个王国的人民所拥有的真正古老、不容置疑的权利和自由，都应当以（法律的形式）公布和颁布"。

从《大宪章》到《权利法案》你会观察到，主张并确认我们从先人那里继承来的并将会传承给我们子孙后代的自由——就如同专属于这个王国全体人民的一项不动产，无须参照什么更普遍和先在的权利——是我们宪法一贯秉持的原则（policy）。通过这种方式，我们的宪法尽管在各个部分具有巨大的差异性，却能够保留整体的一致性。我们有世袭的王权，世袭的贵族，以及从古老的祖先那里继承而来的下议院以及拥有特权、权利和自由的人民。

这一原则在我看来是深刻反思的结果，或者确切地说是遵循自然的幸福结果，这是一种无须思考却能超越其上的智慧。革新精神往往是自私秉性和褊狭观念的产物。那些从来不去回顾他们祖先的人也不会去展望他们的后代。此外，英国人当然非常清楚地知道，继承的观念培养了一种确定的保守原则和一种明确的传承原则，但并没有把改进原则排除在外。它任由其自行获得，却保障了其所得的。一个国家依据这些准则前行，不论能获得何种益处，都会像被族规紧紧地稳住，被永久管业❶套牢一般。通过一种宪法的手段，依照自然的模式运作，我们就像享受生命和传递财产那样，接受、维持并传递我们的政府和权利。制度、财富和上帝的恩赐，传到我们这里，并将以同样的过程和顺序从我们这里传下去。我们的政治制度与世界的秩序，以及由短暂的部分所组成的永恒整体所注定的存在方式是一致和对称的。在其中，被一种巨大的智慧所安排，人类整体一旦被共同铸就成一个伟大而神秘的团体，就会以一种永恒不变的状态，在任何时候都绝不会有青年、中年和老年之分，经历各种永恒腐朽、衰亡、更新和进步的过程而勇往直前。这样，通过保留自然统治一个国家的方法，我们所做的改变就不会是全新的，我们所保留的也绝不会是完全过时的。通过坚持我们祖先的方法和原则，我们被哲学的类比精神而非对古代（antiquarians）的迷信所引导。通过选择了继承，我们赋予了我们的政治结构以血缘关系的外形，把我们的宪法和我们最珍视的家庭纽带捆绑在一起，把我们的基本法融入我们家族亲情的怀抱中，使之成为不可分割的一部分，并以这种相互影响、相互交融的深情厚爱来珍爱我们的国家、我们的家族、我们的坟墓和我们的祭坛。

通过保持我们人为制度设计与自然的一致性，并借助她永不犯错的强大的本能的帮助来防止我们理性那易于犯错的、虚弱的设计，以继承的眼光来看待我们的自由，这使我们从中获益良多。

---

❶永久管业：法律术语，用来指教会或者其他机构永久性地拥有地产。——编译注

自由精神常常被视作受推崇的祖先的化身，虽然其自身经常会导致暴虐和失去节制，却与令人生畏的庄严是联系在一起的。这种自由继承的观念会激发出我们天然的、根深蒂固的尊严。这种尊严会防止那些新贵们的粗鄙对最早就拥有名望的人的追随和损害。它带有庄严和崇高的一面。它有家族谱系明晰可考的祖先；它有自己的徽章；它有自己的肖像画廊；它有自己的题字纪念碑、记录、证据和头衔。根据自然教给我们的原则——即对个人的尊重要依据其年龄和传承的血统——我们实现了对我们国内秩序的尊重。你们所有的诡辩家没有发明出比我们所追求的程序，能更好地保留了合理而阳刚的自由的东西。我们选择我们的本性而不是思辨、我们的内心情感而非我们的想象，作为我们权利（rights）和特权（privileges）的培养室和仓储库。

如果你们乐意，你们也许已经从我们的榜样中受益了，并且恢复你们的自由以应有的尊严。你们的权利，虽然中断了，但是并没有被完全遗忘。的确，你们的宪政在被你们废弃期间，遭到了荒废和破坏；但是你们依然还拥有一座宏伟而又神圣庄严的城堡的地基和一些墙壁。你们有可能修复这些墙壁；你们可以在这些旧有的地基上建造。你们的宪政在还没有完善之前就被搁置了，但是你们曾经拥有一部十全十美的宪法的所有要素。❶ 在你们古老的三级会议中，组成你们社会的各个阶层都有相应的代表；所有

---

❶这句话柏克想表达的意思是法国的三级议会从 1614 年至 1789 年之间就再也没有召开过。——编译注

的这些都在同一个联合体中，而且利益各不相同；自然界和政治世界中不同的力量和势力在相互斗争中所产生的作用力与反作用力，会最终产生出宇宙的和谐，这些在你们那里都曾有过。这些相反和冲突的利益被你们视作是你们古老宪法和我们现行宪法中一个巨大的缺陷，但是正是这些相反和冲突的利益有效地阻止了所有仓促草率的决定。它们使审慎成为一种必然，而不是一种选择；它们使所有的改变都成为妥协的结果，而这自然会带来中庸和节制；它们培养出的品格可以阻止残酷的、不成熟的、恣意妄为的改革所带来的巨大灾难，可以或多或少地使对专断权力的轻率行使变得完全不可行。通过成员和利益的多元化，普遍自由就会拥有多重保障，正如在不同的阶层中分别会有不同的考虑，在整体受到真正的君主专制的重压时，各个单独的部分会从它们自身所处的位置出发来防止受到扭曲。

你们古老的三级会议拥有上述的所有优点，但是你们选择的行为，却好像你们从来没有进入过公民社会一样，并且将一切都推倒重来。但你们一开始就错了，因为你们是从鄙视你们所拥有的一切东西开始的。你们是在做无米之炊。如果你们国家的上几代人在你们眼里没有什么光彩的话，你们或许可以跳过他们，去更早的先人那里寻找你们想要的那种光辉。在对这些先人产生了一种虔诚的偏爱之后，你们的想象就会超越时下庸俗的做法，在他们身上形成一个关于美德和智慧的标准；你们自身也会在你们向往的榜样的作用下得到提升。尊重你们的先人，你们就能够学会如何尊重你们自己。你们可以选择不这么认为：即在 1789 年解放之前，法国人是一个明日黄花的民族，一个由出身低贱、卑躬屈膝的可怜虫所组成的民族。为了给你们的卫道士们（他们为你们的许多暴行进行辩护）进行开脱，你们以荣耀为代价，你们不再满足于被当作是一帮忽然从被围困的房间里释放出来的逃亡奴隶❶，并因滥用你们不能适应和习惯的自由而得到宽恕。我可敬的朋友，不知您是否认为你们这样看待自己会更明智呢？我一向认为：你们的民族是一个慷慨而勇敢的民族，只是长时间以来因对尽责、荣誉、忠诚的所持有的崇高及浪漫主义情感所误导；尽管事情对你们是不利的，但是你们却没有被不自由或奴颜婢骨的秉性所奴役；在你们最为热忱的谦恭中，你们为一种公共精神的原则所激励；你们热爱你们由国王作为代表的国家。你们是否已经使人明白在这个可爱的错误幻觉中，你们已经比你们的先人走得还远，你们决定继续你们古代的特权。在你们保存你们古代和当下的忠诚和荣誉的时候，你们已经下决心要继续你们古老的权利，或者如果你们对自己不够自信而且无法清楚地识别出几乎已经被毁坏殆尽的你们的祖先的宪法，你们可以把眼光投注到你们的邻国——她完好地保留着的欧洲旧时普通法的古老原则和形式，对其稍加改良以适应其现在状况——通过效仿这些智慧的榜样，你们可以给这个世界贡献新的智慧。你们会使自由的事业，在每个

---

❶逃亡奴隶：原文为 Marnoon slaves，其本意是指西印度群岛的逃亡的奴隶，泛指逃亡的奴隶。——编译注

民族的每一个杰出的人士的眼中，变成一项神圣庄严的事业。自由，当其被很好地约束时，不仅与法律是相容的，而且对法律还是有助益的，表明这一点，你们就会耻于这世上的专制主义了。你们就会拥有一套虽普通却富有成效的国家税收体系。你们就能够有繁荣的商业来供养它。你们就会有一部自由的宪法、一种强有力的君主制、一支训练有素纪律严明的军队、一个开明而可敬的教士阶层、一个谦和但意气风发的贵族阶层来引导你们的美德，而不是遮盖它；你们就会有一个开明的平民阶层去仿效并充实贵族阶层；你们就会有一众受保护的、知足的、勤劳而又恭顺的人民，他们被教导着去寻找和认识不论在何种条件下，靠美德就能发现的幸福。人类真正的道德上的平等就在于此，而不是通过一个巨大的虚妄，激发那些命中注定就要一生卑微地跋涉在劳碌生活旅途上的人产生错误的想法和无望的期待，这种虚妄只能加剧和恶化永远都无法消除的真正的不平等。而且公民生活秩序的建立是为了平等地保护那些只能生活在一种卑微状态中的人的利益，以及那些虽然有能力去过更光彩夺目的生活，却未必更幸福的人们的利益。曾经有一条平坦的、超过世界历史所记载过的、通往幸福和光荣事业的康庄大道就伸展在你们的面前，但你们却偏要证明，逆境对人类有益。

来计算一下你们的得失吧：看看从过度自以为是的臆测中你们得到了什么，这种臆测教会了你们的领袖们去鄙视他们的前辈、他们同时代的人甚至他们自己，直到某一天他们自己真的变得卑劣可鄙。在这些错误观念的误导下，法兰西为了获得真正的福祉，比所有的国家都付出了更高昂的代价，但买来的却是彻头彻尾的灾难！法兰西是在以犯罪来换取贫穷！法兰西不是为了她自身的利益而去牺牲她的美德，她放弃了她的利益是为了可以出卖她的美德。其他所有的民族，都会通过完全创立或者是执行一套更为严格的礼仪或者别的宗教，来构建一个新的政府或者是改建一个旧政府。其他所有的民族，都会以更为严格的礼仪和一套更加克制和阳刚的道德规范来奠定公民自由的基础。而法兰西，一旦摆脱了王室权威的统治，就对极度放浪形骸的行为举止和厚颜无耻的反宗教言行给予加倍的纵容，她像是在传播某些权利或者是开放某些利益一样，把在过去被视为是财富和权力之疾病的各种不幸的腐败，扩散到各个阶层的生活中去了。这就是法兰西新的平等原则之一。

法国，由于领袖们的背信弃义，已经彻底辱没了国王内阁里协商会议所具有的仁慈的名声，并且卸下了它最强有力的一般规则，而把暴虐的猜忌所具有的阴暗、多疑的准则奉为信条，教会了国王们对道德政客们（后面都将这么称呼）蒙蔽性的花言巧语感到恐惧。从此以后，各国的君王将会把建议他们对其人民给予无限信任的人视为是他们王位的颠覆者和背叛者，这些人为了将他们毁灭，以虚假的借口来引导他们平和善良的天性，让他们准许这些厚颜无耻、背信弃义之徒联合参与到他们的权力中来。仅此一点（如若再无其他）对你们和全人类就已经是一个无法弥补的灾难了。别忘了是你们巴黎高等法院（Parliament of Paris）❶告诉你们的国王，为了使这个国家团结一致，除了他们对王位过度狂热的支持外，他无须对任何东西心怀畏惧。这些人的确实应该感到无地自容才对。因为他们的建议而导致君主和国家的覆灭，对此他们应当承担责任。如此乐观的宣言会使当局政府麻痹大意，鼓励它草率地冒着巨大风险实施未经实验的政策，从而忽略了预防、准备和防范措施，而后者是区别善行和愚蠢所不可或缺的手段。无此，没有人能够知道政府或者是关于自由的任何一项抽象的计划能够产生何种有益的影响。正是由于缺少这些，他们目睹了为这个国家开出的药方是如何腐败蜕变成毒药的。他们眼睁睁地看着法国以怎样的狂怒、暴行和侮辱来反叛一位谦良温和的合法君主，这要比以往所知的任何一个民族反抗他们最无法无天的篡位者和最残忍的暴君都要激烈。他们的抵抗针对的是（君主的）让步，他们的反抗是来自（君主的）保护，他们的拳头打击的对象是一只提供了仁慈、恩惠和宽宥的手。

这是反常的。❷潘多拉之盒就这么打开了。他们在他们的成功中发现了对自己的惩罚：法律遭到破坏；法庭被颠覆了；工业萧条没有生机；商业凋敝；人民不缴税了，却一贫如洗；教堂被洗

---

❶巴黎高等法院：并非议会。该法院判决的案件数量接近全法国的三分之一。——编译注

❷这一段引出了柏克关注的主要话题。1790 年 11 月 2 日，根据米拉波的提议，宣布所有教会财产由国家处置。并以此作为国债的担保，发行的纸币就叫指券（assingnats）。——编译注

劫一空，但是国家却并没有得到改善；市民和军队的无政府主义成了王国的宪法；一切世俗和神圣的事物都成了公共信用这个偶像崇拜的牺牲品，其结果就是国家的破产；最糟糕的是，这个朝不保夕、摇摇欲坠的新生政权，为了支撑整个帝国而发行了纸券（paper security），作为通行的货币来代替两大举世公认的代表人类永存的传统信用（金和银）。这种没有信用担保的纸券是一场让人沦为赤贫和乞丐的骗术和掠夺。在所有权原则被制度性颠覆的时候，作为财产权的产物和代表的两大传统通货就从地球上它们所产生的地方消失并隐匿起来了。

但是所有这些令人惊骇的事情都是必然的吗？这是那些意志坚定的爱国者们为了抵达安宁、繁荣、平静的自由之岸，而必须跋山涉水，经历鲜血和骚乱这样不计后果的斗争所产生的不可避免的结果吗？不是！绝对不是。法国新近的这一片废墟，不论我们何时将目光投注过去，都会给我们的感情以极大的震撼。而这，并不是因为国内战争的蹂躏，而是在极其和平的时期，那些草率而无知的建议所留下的惨痛的却有教育意义的纪念碑。它们展示的是当权者不受制约、无可抗拒的轻率冒失和自以为是。那些以这种方式将他们犯罪所得的宝贵财富挥霍一空、那些制造了挥霍浪费和公共祸端（这是这个国家的最终救赎所保留的最后一个赌注）的人们，在他们前进的路上居然几乎没有遇到什么反对，或者说根本就没有遇到任何反对。他们的整个行进更像一场胜利的游行，而非一场战争的行军。他们的先驱在他们前面冲锋陷阵，摧毁一切，并将一切都践踏在自己的铁蹄之下。没有人为这个被他们毁掉的国家而流过一滴血。他们为他们这项事业牺牲过的东西不超过几个鞋扣❶，但是他们却在囚禁自己的国王、残杀自己的同胞、使成千上万的值得尊敬的人和家庭陷于贫困和苦难，以泪洗面。况且他们的残酷甚至也不是由于恐怖而产生的基本结果，而是出于对完美的安全感的需要，他们允许在这片不得安宁的土地上进行反叛、抢劫、强奸、暗杀、屠杀和纵火。但是这一切的根源，在一开始就非常清楚。

这种自愿的选择，这种对邪恶的青睐，如果不去考虑国民议会的构成的话，对我们来说是全然不可理喻的。我不是指，就目前而言，构成它的成员数量，虽然其规模之巨已是异乎寻常，而是组成这个机构的人员的身份构成，比世界上任何其他的人员构成形式所能产生的不良后果都要恶劣千倍万倍。如果我们对这个议会，除了其名称和职能以外就一无所知的话，那么没有什么颜料能够描绘出比这幅图景更为神圣的东西了。从这个角度来看，当一个探究者的心灵，屈从于一个由整个民族所有的美德和智慧都汇聚为一点而形成这样令人生畏的形象时，哪怕是对事物最坏的方面进行谴责，他都会犹豫不决。这不但不会被认为是应当受谴责的，反而会被视为是神奇的。不论以何种名义、何种权力、何种职能、何种人为的制度，都不能使组成政府体系的人，成为

---

❶在大革命期间，为缓解财政危机，国民议会号召爱国公民捐赠一些有价值的东西。有人居然捐献了银鞋扣。——编译注

上帝、自然、教育和他们的生活习惯所能铸就的之外的样子。人们被赋予的能力不可能超出这个范围。美德和智慧都可能成为他们选择的对象，但是他们那进行选择的神圣之手，并没有选择这二者中的任何一种。

在我读过入选了第三等级的人员名单和介绍后，不论他们此后做出什么事来，我都不会觉得惊讶。在这些人中，我确实也看到了有些人地位显赫，有些则是才华出众，但是论及谁具有从事国家实践事务中的经验，倒是没有发现一个。最好的也不过是纸上谈兵的人。而且不论其中的少部分人是如何的出类拔萃，但是一个组织自身特点的形成及其最终发展方向的确定，却取决于这个机构人数最多、最主要的部分。在所有的组织中作为领导者的人，在相当程度上也必然需要听从于他们。他们必须使自己的主张符合他们想要引导的人的品位、才能和性情；因此，如果一个议会的大部分组成都很邪恶或者软弱的话，那么除了世间罕见的无上美德外（正因如此，所以就不用考虑了），就没有什么可以阻止这些有才能的人成为这项荒唐事业的专门工具。更为现实的情况是，他们并不具有这种罕见的美德，而是受到了邪恶的野心和对庸俗荣誉的贪欲的驱遣，那么议会中比较软弱的那部分，也就是一开始就对他们很顺从的人，反过来就会成为他们阴谋的工具和欺骗的对象。在这场政治交易中，领导者们不得不向他们的追随者低头，而他们的追随者则成为其领导者们最低劣阴谋的帮凶。

领导者们要想保证他们在任何一个公共团体中提出的主张都

是严肃的，他们就应该尊重，甚至在某种程度上，要害怕他们所要引导的人。而追随者们，如果不想被盲目地引导，即便不能成为合格的参与者，至少也应该是合格的裁判者，而且还得是具有天然分量和权威的裁判者。除非这个机构的组成人员在他们的生活条件、永久性财产、教育以及类似能够开阔他们的理解力的习惯方面是令人尊敬的，否则没有什么能够保证这样的一个团体行为是稳妥和温和节制的。

法国在召开三级会议的过程中，第一件令我大为震惊的事就是对其古老程序的背离。我发现第三等级的代表竟然有 600 人之多。❶ 他们与其他两个等级的代表的总数相等。如果每个等级都单独行动，那么他们的数量不必多虑，自是无关紧要。但是很显然，当三个等级被融合为一个整体的时候，这个人数众多的等级代表的手段策略和必然的影响就变得显而易见了。其余两个等级中任何一个即便是稍有一点儿背弃，就势必会使他们的权力落入第三等级之手。❷ 事实上，这个国家的所有权力很快就被那个机构吸纳了。因此它应该有什么样的构成就具有了无比重要的意义。

先生，令我吃惊的是，我发现在议会中占了很大比例（我认

---

❶第三等级 600 人：依照古老的惯例，三级会议中每个等级的代表人数是 300 人。1788 年 11 月，法国国王路易十六同意第三等级的代表人数增加到 600 人。——编译注

❷1789 年 6 月 22 日，由维耶纳（Vienne）和波尔多（Bordeaux）教区主教领导的第一等级中，有 250 人背叛第一等级加入第三等级。3 天以后，第二等级约 55 名贵族也加入第三等级。这个新成立的机构自称为国民议会。——编译注

为占了出席议会的成员中的绝大部分）的议会代表，是由法律从业者所组成的。但不是由以他们的科学知识、谨慎和正直对国家进行宣誓的优秀地方法官组成的，也不是由代表律师界荣耀的顶尖辩护律师组成的，也不是由在大学里享有声望的法学教授组成的——而是由这一行业中下等的、无学识的、仅仅作为机械工具的成员为主的下等成员组成的，因而可以断定为数一定不少。当然其中也会有明显的例外，但是总体上是由不起眼的地方辩护律师、小地方司法机关的管事、乡村法律代理人、公证人、为数甚众的市镇讼师，以及农村琐碎矛盾纠纷的挑拨者和调停人组成的。在看到这个名单的一瞬间，我就清楚地知道它目前所正在发生的，以及其后所发生的一切了。

用以评价任何一个行业的标准，实际上最终都会变成对该行业的从业者进行评估的标准。不论众多的个体法律从业者所具有的价值是什么——毫无疑问很多人的价值都是相当重要的——但是在那样一个像军队那样等级森严的王国，只有最有地位的那一级才能受到足够的尊重，他们的职位往往与他们的家族荣耀是联系在一起的，并被赋予了巨大的权力和威望。他们必然会受到高度的尊重，甚至还带有相同程度的敬畏。但是下一个等级就不再那么受尊敬了。而从事机械性工作的那一部分所具有的声望就很低了。

不论何时将最高的权力授予这样构成的一个组织，很显然，与将最高的权力交予那些从来未习得自我尊重的人之手的结果是一样的。这些人之前从来都没有机会能够对自己的品格进行考验，所以不能指望他们能够产生什么节制或者是能够谨思慎行。他们比任何人都更惊异于发现他们手中所掌握的权力。有谁会自欺欺人地认为，这些习惯于多管闲事、胆大妄为、狡猾钻营、巧言令色的不安分的头脑会甘心于再次回到之前卑微的、辛劳的、低贱的、收入微薄的诡辩中吗？他们必然会为了追求他们的私人利益（对此他们却是一清二楚）而全然不顾国家付出何种代价（对此他们一无所知），对此，谁又会产生怀疑呢？这并非偶然的或不可预测的事件。它是不可避免的，它是必然的，它是根植于事物的本性的。他们必然会参与（如果他们的能力不足以使他们起领导作用的话）任何一项计划，以便于他们能在这个组织中发挥他们唯恐天下不乱的特长，从而为他们获得众多获利丰厚的工作机会而大开方便之门，哪怕这会使这个国家陷于一系列巨大的动荡和革命，特别是在财产方面会带来一连串巨大而且剧烈的变化。能指望这些依赖财产权争议、分歧和不稳定来维持过活的人，维护产权的稳定吗？他们的目标可能会随着他们地位的提升而变大，但是他们的秉性、习惯以及实现计划的方式，必定是一如既往的。

但是，这些人本来是可以被那些更清醒的、有更广泛理解力的其他等级来缓解和约束。但是他们那时会敬畏那一干在议会中拥有议席的农村小丑（他们中的有些人据说还不会读写）的无上权威和可怕的尊严吗？或者是敬畏为数不多的生意人（虽然他们在一定程度上所受教育更高、在社会等级中地位也更显著些，但是除了他们账房里的那摊子事，他们也是一无所知）吗？绝不可能！他们这两类人更容易屈从于法律从业者们的阴谋诡计并为其左右，而不是对其形成制衡。由于这种危险的比例失衡，整体就必然被他们所支配。此外，还有相当比例的医疗人员也加入了法律从业者的大军。这个群体的人士，在法国并不比法律从业者具有更公正的判断。因此，它的从业者，必然是那些并不是习惯上尊严感很强的人。但是请设想，如果他们处在他们应有的社会地位，正如他们所处的实际情形，病榻之侧并不是培养政治家和立法者的学校。此外还有股票和基金的交易人，为了实现将他们理念中的纸面财富转化成更实在的土地的热望，他们一定不惜一切代价。至于其他一些参与者，他们对这个伟大国家的利益毫不关心，也没有任何知识，对任何机构的稳定也没有什么关注，他们只是被塑造为工具，而不是管理者，对这样的人也不必怀有什么指望。这就是国民议会中第三等级的大体构成，从中我们没有发现能对这个国家的不动产产生自然的关注的蛛丝马迹。

我们知道，不列颠的下议院并没有对任何阶层的人才关上其大门，通过国家所能负担的各项事业的运作，整个下议院人才济济，他们或在等级、出身、财富（继承的或是后天奋斗来的），或者在后天培养起来的军事、民事、海军和政治方面表现出众。但是设想一下，当然这是很难想象的，如果英国下议院的组成方式以与法国第三等级的组成方式相同，有谁还能够忍受这种欺骗性的统治吗？甚至能够在想到这些的时候不觉得恐惧？上帝也会禁止我含沙射影地去贬损那个主管神圣正义礼仪的职业，那是另外一种神职❶。尽管我会为了他们职业的作用而尊敬他们，并尽我所能去防止他们被隔离在外，但是我不能为了吹捧他们而对自然说谎。他们能够参与到议会，自然是好的而且是有益的，但是如果他们占了绝对优势并几乎成为全体的话，则必定是有害的。他们在特定功能上的卓越性可能远不足以胜任其他方面的功能。谁都无法否认的一个观察结论是，如果一个人太拘泥于专业和职业的习惯，当它在那个狭窄的行业圈里不断重复以至于成为积习时，那么当他在处理任何依赖于对人的知识、对复杂事务的经验，以及需要以全面和联系的视角去看待对各种复杂的内外部利益——正是这些利益形成了那个被称之为"国家"的具有多面性的东西——的事务时，他就无法胜任。

毕竟，如果下议院全部是由各行各业的专业人士组成的，那么我们的下议院——它由法律、惯例以及制定法规则（的原则或实践）所设置的坚固的屏障所限定和关闭，受到上议院制衡，其本身的存在也时刻依赖于王权的审慎才能继续、终止或解散——它的权力又会是什么呢？下议院所拥有的权力，不论是直接的还是间接的，的确很大。而且但愿它能十足长久地保持它的伟大和

---

❶作者此处是指与法律职业相关的从业者。——编译注

它真正的伟大精神。只要它能够阻止印度法律的破坏者❶成为英国法律的制定者，它就能够做到这一点。不过，与贵国国民议会中固定的多数人所握有的权力相比，英国下议院的权力，简直就是沧海一粟。贵国的议会，自从破坏了等级以来，就没有基本法，没有严格的惯例，也没有受尊崇的习惯来约束它了。他们发现自己没有义务去遵守一部稳定的宪法，而是有权力制定一部符合他们设想的宪法。天地间已经没有什么可以用来约束他们的东西了。究竟该有怎么样的头脑、心性和气质，才有资格或者才有胆量敢不仅在一部稳定的宪法之下制定法律，而且还能一下子就为这个伟大的王国制定出一部全新的宪法，对从在位的君主，到教会的附属教区等方方面面都加以规定？但是正所谓，"傻子冲进了天使都不敢涉足的地方"❷。为了不确定的而且也无法确定的目的，在一个对权力毫无约束的国家，由道德和生理上都不称职的人管理人类事务时所产生的罪恶，一定是我们所能想到的最为严重的问题。

在考察了第三等级的成员构成的最初结构之后，我又考察了教士们的代表。同样，在他们的选举原则中，也几乎很少出于公共目的，去考虑财产权的普遍保障或者是代理人的才能问题。以

---

❶印度法律的破坏者：指沃伦·哈斯廷斯（Warren Hastings，1732—1818），英国首任也是最著名的印度总督（1772—1785），回国后从1786年到1794年受到腐败弹劾，柏克是主要弹劾者，但后被宣告无罪。——编译注
❷这句话引自英国诗人亚历山大·蒲柏（Alexander Pope，1688—1744）的《批评论》，第625页。——编译注

这种方式设计的选举，将相当比例的区区乡村牧师选派到一个塑造全新国家模式的伟大而艰巨的工作中去了：这些人除了在地图上就没见过这个国家，这些人对世界的了解不超过那些不知名的小村庄的村界，这些身陷在绝望贫穷中的人们，在看待所有财产的时候，不论是世俗的还是教会的，除了妒忌以外他们就不会再有别的眼光。在他们之中，必定有不少人，出于通过抢劫获得最肮脏的分红这样最渺茫的希望，准备随时参与到对任何一个机构的财富——除非搞得天下大乱他们就几乎不可能享有其中的任何份额——的瓜分中去。❶ 这些牧师没有能够足以制衡议会中其他阶层活跃的骗子的权力，必然成为这些人的积极帮凶，或者至少也会成为他们的被动工具。本来他们一直都惯于被引导着只去关心自己村子里鸡毛蒜皮的小事。他们也不可能成为他们那一类人中最尽责的人。以他们自己那点不济的领悟力，也不堪这样的托付，即把自己从与教民的天然关系和自己自然行动的范围中抽离出来，从而投身到再造王国的重任当中去。这种压倒性的重量，再加上第三等级中骗子集团的力量，增强了愚昧、鲁莽、傲慢和意图抢劫的势头，使其变得锐不可当。

对洞察力敏锐的人来说，想必他们从一开始就觉察出，第三等级的大多数人，与我之前所说的教士代表一道，当他们一心想着毁灭贵族时，必然不可避免地为这一阶层最卑劣的个人诡计所

---

❶根据法国大革命期间对教会财产的处置，教区牧师的薪俸改由国家支付，这对于农村教区的牧师来说，他们的薪酬较之前会有提高。——编译注

利用。在他们摧毁和羞辱了他们自己的阶层之后，这些人就有望获得一笔特定的资金来支付他们新的追随者。将那些能给他们的同胞带来幸福的东西挥霍一空，对他们本人来说根本就不是什么牺牲。那些不安分的、不知满足的优秀人士，一般都会鄙视自己所属的等级，其鄙视程度与个人所自诩的傲慢程度成正比。他们自私而有害的野心，所表现出的第一个症状，就是对与他人共享之尊严的全然无视。关心我们所属的部门，热爱我们在社会中所属的小团体，是公共情感的第一原则（就好像是它的萌芽），它是将我们的爱与我们的国家和人类联系起来的第一条链子。这部分社会安排的利益就取决于组成它的人之手；因为除了坏人之外就没人能够以滥用它的方式来证明，除了叛国者就没有谁能够为了他们自己个人的利益而用它做交易。

在我们英国内乱时期，有一些人（我不知道在你们法国的议会中是否也有类似的人），如当时的霍兰伯爵（Earl of Holland）❶，由于他们本人及其家族无度挥霍王室的赏赐，给王室招来了憎恨，但他们后来却加入了因（对王室）不满而发起的叛乱，殊不知引起不满的原因正是他们自己。那些协助颠覆王位的人中，有些人的生存都依赖于王室，而其余的人用以毁灭他们恩主的权力也都是王室给的。如果要为这类人掠夺的欲望划一个界限，

---

❶霍兰伯爵：当时的霍兰伯爵是亨利·里奇（Henry Rich，1590—1649），第一代霍兰伯爵，国王查理一世和王后亨利埃塔·玛丽亚的宠臣，尽管他得到王室的诸多恩惠，在1642年查理一世的部队与议会军开始内战之际，他是为议会作战。——编译注

或者允许其他人来分享他们可能独占的东西，报复和妒忌就会迅速地填满他们的贪欲所未能占满的空间。受到复杂、失调的激情的干扰，他们的理性被扰乱了；他们的主张也变得庞杂而混乱，其他人会觉得他们不可理喻，他们自己则是摇摆不定；他们发现，不论从哪个方面，任何有固定秩序的东西，对他们无良的野心都是有限制的。在迷雾与困惑中，所有的一切都被无限地放大和呈现。

当地位显赫的人野心勃勃地为了一个不甚清晰的目标而牺牲了所有的尊严观念，并且以卑鄙的手段和目标行事时，整个组织就会变得卑鄙下流。难道法国没有发生类似的事情吗？难道没有产生一些卑劣、不光彩的事情吗？——现行的所有手段不都多少有些下作吗？在一切所作所为中难道没有一种趋势，意在降低个人的所有尊严以及国家的重要性吗？相比较而言，在由那些试图对国家进行变革或者对国家的变革产生影响的人所引导的其他革命中，他们通过提高人民的尊严，而使自己的野心得以圣洁化了，尽管实际上这些人民的和平就是被他们所搅扰了的。他们有着长远的眼光。他们意在管理而非毁灭他们的国家。他们具有卓越的文韬和武略，即便他们是令人生畏的角色，但也为他们的时代增添了光彩。他们不同于犹太掮客，会竞相攀比谁最能以骗人的通货和贬值的纸币来补救由于他们堕落的委员会而给他们的国家带来的不幸和毁灭。正如旧式的乱世枭雄（克伦威尔）的一位亲戚，那个时代最受欢迎的一位诗人在赞美他的诗中所表明的，在实现他野心的过程中，他计划完成的是什么，以及他真正实现到了何种程度：

> 平静如你之上升，国家亦崛起，
>
> 不见骚乱，在你变革它的时候；
>
> 正如这世间伟大景象的变化，都来得悄无声息，
>
> 高升的太阳摧毁了黑夜的粗俗之光。❶

这些乱权者并不像篡权者那样急于声明他们在社会中的本来地位。他们的出现是为照亮和装点世界的。他们以使其竞争对手黯然失色的方式战胜他们。就像一个破坏天使，他们重创了这个国家的那只手在造成苦难的同时也传递给它力量和能量。我不会说（主也不允许），我不会说这些人所具有的美德可以视作是对他们罪过的一种平衡；但的确是对其影响的某种矫正。这就是——如我所说的——我们的克伦威尔（Cromwell）。你们国内与之对应的则是吉斯家族（Guises）、孔代家族（Condes）、科利尼家族

---

❶引自埃蒙德·沃勒（Edmund Waller，1606—1687）的《护国公颂》，沃勒是奥利弗·
克伦威尔的一位近亲。——编译注

（Colignis），还有黎塞留家族（Richelieus），❶ 在较为和平的年代他们也以内战的劲头在行事。而再好一点儿的、所行之事也更少疑点的人呢，就是你们的亨利四世及你们的苏利（Sully）❷，他们

---

❶ 在 16 世纪晚期法国发生的宗教战争中，亨利·吉斯公爵和路易·德·吉斯都是天主教的领袖，而科利尼则是新教徒中的佼佼者。

加斯帕尔·德·科利尼（Gaspard de Coligny，1519—1572），法国海军上将和政治家。他是法国宗教战争时期胡格诺派最重要的代表人物之一。1560 年查理九世之母卡特琳·德·美第奇怂恿包括科利尼在内的一批胡格诺派领袖发动政变推翻把持朝政的吉斯家族（此所谓安布卢瓦阴谋），结果计划失败并导致大批胡格诺派人士被捕。然而，科利尼成功地在 1563 年与吉斯家族签订的安布卢瓦条约中为胡格诺教徒争取到更大的宗教信仰权利。科利尼对年轻的国王查理九世的有力影响很快引起卡特琳·德·美第奇的猜忌。1572 年 8 月 24 日，科利尼在卡特琳·德·美第奇策划的圣巴托洛缪大屠杀中遇害。

孔代家族是法国波旁家族的一个重要分支。在法国宗教战争时期，孔代亲王第一路易一世是胡格诺派的代表人物和主要军事指挥官。1559 年起他领导胡格诺派进行反对天主教徒压迫的军事行动。他是 1560 年安布卢瓦阴谋的策划者之一，企图劫持国王弗朗索瓦二世，推翻在法国宫廷中居统治地位的吉斯家族，结果被发觉遭到无情镇压，他也被下狱等待处死，恰逢国王在比武中暴死，王后卡特琳·德·美第奇地位不稳，不敢处决王室血亲，他遂被释放。在法国宗教战争全面爆发之后，路易一世·德·波旁作为胡格诺派主要的依靠力量参加了多次著名战役，包括 1562 年的德勒战役，他在这次战役中被俘；1567 年的圣但尼战役和 1569 年的雅尔纳克战役。他在雅尔纳克战役中被杀，其后代形成一个庞大的孔代家族。

阿尔芒·让·迪普莱西·德·黎塞留（Armand Jean du Plessis de Richelieu，1585—1642），国王路易十三的首相，枢机主教，是三十年战争（1618—1648）的实际推动者和幕后策划人之一。——编译注

❷ 苏利公爵（Duc de Sully，1560 —1641），法国政治人物、首相、胡格诺派教徒。早年进入那瓦尔的亨利（后为法国国王亨利四世）宫廷。1572 年随亨利到巴黎，在圣巴托洛缪之夜大屠杀中仅以身免。内战期间为亨利效劳，肩负过特殊任务。他促成了亨利与玛丽·德·美第奇的婚姻（1600），并参加谈判《萨伏依和约》（1601）。1596 年成为国王的财政委员会的财政总监，后来他的权势压倒大法官，成为真正的国王亲信。1606 年封公爵，成为法国贵族。——编译注

是在内乱中被哺育起来的，并非完全没有一些污点。非常神奇的一件事就是我们可以观察到，法国一旦得到喘息的机会，就可以以何等迅疾的速度，从所有国家都不曾经历过的最为持久而可怕的内战中恢复过来。为什么？因为在所有的屠杀中他们都不曾杀死他们国家的灵魂。尊严意识，高贵的自豪，慷慨的荣誉感和进取精神并没有被消灭。相反，它们被点燃和激发出来了。国家的组成部分，不论被怎样粉碎，但依然还存在。所有对荣誉和美德的奖赏、所有的回报、所有的荣誉也都还在。但是你们目前的混乱，就像中风瘫痪一样，打击了它的生命之源。你们国家每一个被荣誉原则所激励的人，都受到侮辱和贬低。除了毫无尊严备受羞辱以外，对人生已经全然麻木了。不过这一代很快就会过去。下一代的贵族将变得跟他们永远的追随者，那些有时候还会成为他们的主子的技工、乡巴佬、高利贷及犹太人一样。

请相信我，先生，那些试图消除差异的人，永远都无法实现平等。在由形形色色不同阶层的公民组成的所有社会中，有些阶层必然居于最上层。因此，那些平等主义者，只是改变和扭曲了事物天然的秩序。他们让社会这栋大厦不堪重负，因为大厦的结构要想稳定，就需建在地面上，他们却将其建在了空中。裁缝和木匠的联合体——共和政权就是由这些人构成的（例如巴黎共和政权）——即便企图用最恶劣的僭越，即对自然权利的僭越去强行抹平这种差异，也无法做到。

法国的掌玺大臣，在国民会议的开幕式上，以演说家般的雄辩之风说道，世间的一切职业都是值得尊敬的。❶如果说他指的是没有任何正当的职业是可耻的，那么他的话还是真话。但是在强调一切职业都是光荣的之时，我们其实暗含了对其喜好程度的不同。理发师和制作油蜡烛的行当对任何人来说都不是一个什么光荣的差事——就更别提其他一些更需要伺候人的职业了。这些人自然不应该受到国家的压迫，但是如果允许他们进行统治，不论是以个人还是集体的方式，那么国家就会受到他们的压迫了。你们觉得你们是以这种方式与偏见做斗争，但实际上你们是在与自然开战。[8]

　　我亲爱的先生，我不认为您是那种具有诡辩的、吹毛求疵性格的人，也不认为您是不真诚而愚钝的人，需要对每一个普遍的观察或者看法的例外和矫正都给出详细的解释，因为这是任何一个有正常理性的人都会从所有普遍命题中推断出来的。您不会认为我会希望将权力、权威和卓越都局限于血统、姓氏和头衔上。不是的，先生，除了美德、智慧，不论是真正的还是想象的，政府不再限制任何其他的资格。不管它们是在何地被真正发现，处于何种情况，何种条件、职业或是行业，都是上帝赐予的通往人间的地位和荣耀的通行证。一个国家发疯了一样地拒斥民政、军事、宗教方面的才干和美德为其服务（这本来就是服务

---

❶掌玺大臣是指巴朗登侯爵（Marquis de Barentin），这是他于 1789 年 5 月 5 日三级会议开幕讲话中所做的评论。——编译注

于它并能带给它文雅和体面的东西），并对之毫无虔敬之意，将会迫使一切能使这个国家充盈着光华与荣耀的东西都变得默默无闻无人问津，这个国家就大难临头了。一旦走到相反的极端，把受教育程度低、鼠目寸光、肮脏市侩的职业当作是从事管理的优先资格，这个国家也就要大难临头了。一切对每一个人都应该是开放的，却不应该是完全没有差别的。对于一个必须要熟练处理广泛事物的政府来说，没有哪种轮替，没有哪种以抽签来任命的方式，也没有哪种以抽签或轮替精神为指导的选举模式能够基本上过得去。

因为他们没有意图——无论是直接的还是间接的——根据职位去选择人，或者使人与职位彼此适应。我可以很笃定地说，从籍籍无名通往卓越和权力的道路，不应当太过轻而易举，也不应当是司空见惯的。如果说罕见的功德是所有罕见的东西中最为稀有的，那么它应当通过某种形式的考察。荣誉的殿堂应当坐落在卓越之上。如果它对美德是开放的，那么必须谨记的是，除了艰难和斗争，没有什么可以检验美德。

任何事物如果不能代表一个国家的能力和财产，那么它也不足以代表一个国家。但是由于能力是活跃和主动的原则，而财产是迟缓的、惰性的、怯懦的，因此，它永远无法免于能力对它的侵犯，除非代表它的能够占据压倒性的比例。代表它的还必须是拥有巨额的财富积累，否则它就无法获得适当的保护。财产的特征，本质而言就是不均等的，因为财产的获得和财产的维护从原则上讲就是不均等的。而财产的本质特征就是由这二者所构成的。所以，必须要使激起嫉妒和诱发贪婪的大量财富远离任何可能的危险。这样就会对所有阶层拥有少量财产的人形成一个天然的壁垒。同样数量的财产，由事物天然的进程而分散在许多人手中，就会具有不同的效果，其防御能力会随着它的分散而变弱。每个人在这种分配中所能获得的份额，要少于他渴望获得的，他会为了取悦他自己而去瓜分别人积累的财富。从少数人手里掠夺过来的分给多数人以后，每个人所得的份额少得难以想象。但是多数人却没有能力对此作出计算；而领导他们去掠夺的人，从来都没打算过进行这种分配。

维系我们家族财产的力量是最有价值和最有意思的事情之一，而且最有望成为维系社会本身的力量。它能使我们的弱点服从于我们的德行，甚至能将仁慈移植到贪婪之上。拥有家族财富的人以及由世袭财产而获得名望的人（因为最利益相关），是这种传承的天然保障。我们的上议院就是依据这个原则形成的。它是完全由世袭财产和世袭的名望构成的，因此，成了第三种立法机关，并且最终成为对所有财产进行再分配的唯一裁判。这对于下议院，虽然并无必要，但在实际构成上，占有的比例要大得多。要让这些大有产者，成为他们想要成为的样子，他们就有机会成为最优秀的，最次他们也会成为共和国之舰的压舱物。因为尽管世袭财富以及与之相伴的地位被俯首帖耳的谄媚者和盲目、卑贱的权力崇拜者过分地加以吹捧，但是它们却被那些浅薄、自以为是、目光短浅、装模作样的哲学家过分草率地轻视了。❶ 对出身较好的人给予一些体面的、适当优越的地位，对其多一些偏爱（对其他出身的人并不排斥），并非就是不自然、不正义的，也并非是不明智的。

据说 2400 万人应当压倒 20 万人。如果一个王国的构造就是一个算术问题的话，这就是正确的。这也完全符合路灯杆的支持者所持的论调❷，但是对于能够冷静地进行理性思考的人来说，却是荒唐可笑的。多数人的意志和利益必然经常是有分歧的，当他们要做出一个邪恶选择时，分歧必然会更大。一个由 500 名乡村法务人员和籍籍无名的教士组成的政府对于 2400 万人来说可不是什么好事，即便它是由 4800 万人选出来的，它也不会因为交由十几个为了获取权力而背弃了托付的贵族来指导而变得更好。目前，你们在每一件事上看来已经偏离了自然的阳关大道。法国的财产并没能控制它。当然，财产被破坏殆尽，理性自由也不复存在。你们目前所得到的只是纸币通货，一个蜕变成股票倒卖机构的国家。至于未来，就在于你们是否认真地考虑在 83 个独立的自治市（更别说其下属的组成部分）组成的共和国体制下，法国的领土是

---

❶柏克对法国的启蒙运动及启蒙运动所鼓吹的哲学没有好感，他曾经跟一位法国好友说："如果能够彻底地忘了百科全书学派以及所有经济学家，从而回归那些能够让君主伟大和让国家幸福的旧的法律和原则，那会更好。"引自《柏克书信集》中柏克于 1791 年 6 月 1 日致 F. 德·里瓦洛尔（Rivarol）的信，第四卷第 267—268 页。——编译注

❷在 1789 年夏天法国的动乱中，有一到两名军官被吊死在路灯杆上。——编译注

以一个机构受到治理，还是由一个脑袋的一时冲动所统治？国民议会在完成其工作之际，也就是实现其毁灭之时。这些独立的自治市不可能长期忍受一个国家对巴黎共和政权的屈服。他们也不会忍受一个自称是'全民的'议会❶的统治，以及忍受他们独断地囚禁国王。每个人都把从教会洗劫来的那一份据为己有，但是既不承受这场掠夺之苦，也无须将他们自己产业产出的正当成果或者自己土地长出的天然果实送给巴黎的手艺人，以便让他们的傲慢无理继续膨胀或者是娇纵他们的奢侈。在这之中，他们对公平视而不见，假公平之名，他们试图抛弃对君主的忠诚和他们古老的国家构造结构。在他们最新的国家构造中，不会有什么首都城市。他们忘了，当他们在构建民主政府的时候，他们实际上拆毁了他们的国家。他们坚持称之为国王的那个人所保留下来的用以维持共和国完整的权力不足百分之一。的确，巴黎共和政权将会尽力实现军队的堕落，以及在不求助于选民的条件下非法维持国民议会，以此作为继续他们专制独裁的手段。它想方设法成为无限制发行纸币的中心，以便将一切都吸引到自己这里，但到头来却是枉然。所有的手段到头来终究都是软弱无力，尽管其现在很暴虐。

如果这就是你们的实际情况，那么与你们所召唤的情形相

---

❶ 全民的议会即是指"国民议会"，National Assembly，其中 national 可以翻译成"国民的"，也可以翻译成"全民的"，在这里柏克特别强调法国的"国民议会"其实只是第三等级的代表组成的，并没有第一和第二等级的代表，并不能代表法国全体人民，并不具有真正的合法性。

比——如同它是受到了上帝和人的声音的召唤——我发现我不能发自内心地对你们的选择或者你们努力实现的成功表示祝贺。我几乎不会向任何其他国家推荐以这样的原则为基础的，以及能产生这种效果的行为。我必须将此留给那些对你们的事务看得比我更远，以及最了解你们的行动如何能够对他们的计划最有利的人。革命协会一老早就送上祝贺的那些先生们，看来强烈地认为有些你们正在进行的、与这个国家有关的某些政治计划，在某些方面是有用的。因为你们的普赖斯博士，他认为他自己对这一话题抱有相当的热情，在对他的听众致辞时，他讲过如下一段广受关注的话："我在结束（布道）之前不能不特意提醒你们反思一下我曾经不止一次提到过的一个想法，你们或许一直也都在思考这个问题，我的语言远远不足以表达出我内心对这个问题的思考。我指的是在眼下这个时代是努力推进自由事业的有利时机。"

很显然，眼下占据着这位政治布道者整个头脑的，全部都是些非凡的计划。而且他的那些听众，远比我了解他的想法，很有可能在他之前就已经在思考随后所会产生的一连串的结果了。

在我读到这个布道之前，我真的还以为我是生活在一个自由的国家；不过我珍视自己犯的这个错误，因为它让我对我所生于斯长于斯的这个国家产生了更多的喜爱。我确实清楚，警戒地、永远清醒警觉地捍卫我们的自由财富免于侵害，更要免于堕落和腐败，是我们最大的智慧也是我们的首要职责。但是我认为，与其把这笔财富视作要争取的奖品，还不如视作需要保障的财产。

我看不出目前这个时期是如何有利于对自由事业的追求的。现时与其他以往任何时代的不同之处就在于法国目前所发生的种种。如果是那个国家的榜样对此产生了影响，那么我很容易理解为什么他们行为中与人道、仁慈、善意、正义完全不可调和那些不好的方面，能够恭顺地以极大的善意为施暴者粉饰，对受害者却能如此地铁石心肠。质疑我们打算效仿的榜样的权威，毫无疑问是不明智的。但是认可这一点的话，我们就会很自然地导出一个问题：什么是自由事业？有利于其发挥作用的又是什么（法国就是一个罕有的例子）？是不是应该将我们的君主制同所有的法律、所有的法庭以及这个王国所有古老的团体一起消灭？为了便于组成一个符合几何学和算术学的政体，是不是就要把国内的每一块地标移走？是否应该投票表决上议院是毫无用处的？主教制度是否应该被废除？是不是应该将教会的土地出售给犹太人和股票投机商，或者是应该参与到一场亵渎行为中，用以贿赂新成立的市政共和政权？是不是应投票表决所有的征税都是冤屈的，而把税收约减为爱国捐献和捐赠？为了加强这个王国的海军实力，是不是就应该用银鞋扣代替土地税和麦芽税？出于普遍的无政府主义，是不是应该打乱所有的阶层、等级、差别，而加入到全国性的破产行列，三千或者四千个民主政权就应该合并成 83 个，然后由某种不为人知的吸引力，他们全部就组成一个整体了呢？❶ 为了这个

---

❶法国在大革命期间将原有的行政区划打乱，严格按照几何学将全国划分为 83 个方格的省，每个方格为 18×18 平方里格。——编译注

伟大的目标，是不是就应该先是引诱其玩忽职守，继之以增加捐款这样可怕的先例来诱使军队违背它的纪律和忠诚？是不是就应该给那些底层牧师以虚妄的希望，即通过毁灭他们他们自己所属的阶层而获得救济，从而来诱骗他们背叛主教？能指望那些靠同胞的钱才能过活的伦敦市民拥有忠诚吗？应该用强制性的纸币来代替这个王国合法货币的地位吗？搜刮来的公共税收还有多少剩余能够用于这个疯狂的计划——维持两支相互监视和争斗的军队？如果这就是革命协会的目的和手段，我承认这些配合得很好，而且法国能够在这两方面提供很好的榜样。

我明白，（他）举出你们的例子，是为了让我们惭愧。我知道，我们被视为是一个沉闷无趣、迟钝懒散的民族，因善于容忍自身的环境状况而消极被动，为了一种平庸的自由而永久性地放弃了对完满自由的追求。你们法国的领导者们最初是怀着对不列颠宪法的钦慕、几乎可以说是崇拜开始的，但随着他们的前进，他们对它的鄙视无以复加。我们国内的那些你们国民议会的朋友，对他们之前视为国家荣光的东西，现在也持有同样鄙夷的看法。革命协会也发现英国不是一个自由的国家。他们确信：我们代议制中的不平等是“我们宪法中存在的如此显而易见而又严重的缺陷，基本只能在形式和理论上让它显得出色了”。[9] 再者，一个王国立法机构中的代议制，不仅仅是所有宪法自由的基础，而且也是“所有合法政府的基础，无此，这个政府就是一个篡位的政府”；还有，“当代议制是不公正的，这个王国所拥有的不过是不公正的自由；如果是极端不公平的，那么就不过是自由的假象；如果不仅是极其不公平的，而且还是舞弊选出的，那么就是祸患了"。普赖斯博士把代议制的不充分，当作我们"根本性的不公正"。但是即便如此，关于这种虚假代议制的腐朽性，他希望它的邪恶尚未达到其最严重的程度。他担心"除非再次发生某种对权力的巨大滥用，从而激起了我们的愤恨，或者是有某种巨大的灾难警醒了我们的恐惧，或者是直到别的国家实现了纯粹、平等的代议制，而我们却处在这种阴影下受到嘲讽，从而点燃我们的羞愧，否则，不论做什么都不能让我们获得这个根本的福祉"。他还为此补充了一些注解："一种金钱主导的代议制，以及几千名基本是购买选票的人渣"。

到此，您就会为这些民主人士所谓的（逻辑）一致性而哑然失笑了。在他们无须提防的时候，他们就以最大的鄙夷来对待社会中地位较低的那部分人。然而，与此同时，他们却又假称这些人是所有权力的来源。想给你指出"不完全的代议制"这说法中泛泛而又模棱两可的特性中所隐含的诸多谬误，那可真得花上些时间。在此我仅要说的是，公平而论，在我们保守的宪法（的保护）下，我们拥有长期的繁荣昌盛，而且我们的代议制也被证明足以实现人民代议制下所能想到和设定的全部目标。我藐视我们宪法的敌人，因为他们展示截然相反的东西。要想详细说明它具体是如何良好地促进其目的的，恐怕得写一本关于我们实际宪法的专著了。我在这里赘述革命派的学说，只是为了让您和其他人能够看到这些先生们对他们国家的宪法持有一种怎样的看法，以及为什么他们会把某种严重的滥权或者是某些巨大的灾难（这会极大地减少他们的同情心）看作是实现他们的理想宪法的一个天赐良机，你就会明白他们为什么会如此迷恋贵国公正而又平等的代议制，尽管一旦实现这种代议制，同样的后果就会随之而来。您会发现他们把我们的下院议仅仅视作是"一个空架子""一个形式""一种理论""一个影子""一个笑柄"，也可能是"一个祸害"。

这些先生们自诩他们很有体系，不是没有道理的。他们必然会把代议制的这种显而易见的缺陷，（他们称之为）这种根本性的不公平视为本身就是邪恶的，而且也使我们的整个政府变成绝对非法的政府了，比起彻头彻尾的篡权来，好不了多少。为了推翻这个非法僭越的政府而发起另一场革命，即便不是绝对必要的，那理所当然也是名正言顺的。的确，如果你稍稍留意他们所主张的原则，可远不止是要改变下议院的选举；因为，如果说普遍的或者是选举的代议制，是所有政府获得合法性的必要条件，那么上议院立刻就成为与生俱来就是伪劣和腐化的了。那么议会也根本就不是人民的代表，即便是"表面或形式上"的都算不上。至于王权也统统是一样的邪恶。在这些靠革命取得了权威的先生们面前，王权徒劳地试图把自己遮掩起来。然而，他们的理论体系中用于正名的革命，其本身就师出无名。按照他们的理论，革命不是建立在比我们现在的形式——比如上议院，他们除了代表其自身，不代表其他任何人；或者是如目前的下议院，正如他们所称的，仅仅只是一个代议制的"影子和笑柄"——更为稳定的基础上的。

有些东西他们必须要将其摧毁，否则对他们自身来说就没有存在的意义了。手段之一就是要用教权来摧毁政权，另一个手段就是用政权来消灭教权。他们知道，如要实现对教会和国家的双重毁灭，公众可能会遭遇最为恶劣的后果。但是他们对自己的理论是那样的热衷，于是他们暗示说，导致这种毁灭产生并必然随之而来的所有罪恶，在他们看来不仅是必然的，而且对他们而言也并不是不可接受的，或者说与他们所预期的并没有太多差距。他们中间的一位极其权威，自然也具有非凡天赋的人士，❶ 在论及他所设想的关于建立一个教会与国家间的联合时说："在政权这种最违逆自然的联盟垮台之前，也许我们应该等待它的崩溃。毫无疑问，彼时必会有灾难降临。倘若真能实现如此值得期待的效果，政治世界中的何种动乱还应当成为我们哀叹的对象呢？"您看，这些先生们是准备以怎样沉着的目光来面对将会使他们的国家分裂的最大灾难的。

---

❶这个人指的是理查德·普赖斯的一个关系亲密的好友约瑟夫·普瑞斯特里（Joseph Priestley, 1733—1804)，神学家、化学家、自然哲学家，他有 150 多部作品。他一般被认为是氧气的发现者，还是苏打水的发明者。这一段就引自他的《基督教腐败史》（*An History of the Corruptions of Christianity*）一书（此处的书名，根据编者所提供的内容则是《基督教观念史》，但维基百科等多种资料表明是《基督教腐败史》，故此处没有引用编者提供的书名），1782 年版。普瑞斯特里在 1792 年被授予法国公民。——编译注

因此，毫不奇怪，由于他们对国内与宪法和政府有关的一切都怀有这样的观点，不论是教会也好还是国家也罢，都是非法的和僭越的，或者最强也不过是个徒劳的笑柄，他们就以巨大的热情将目光移向海外。当他们被这些观念所左右时，跟他们谈论他们祖先的实践、他们国家的根本法、宪法的稳定形式（其价值被长期的经验、日益增长的公共力量和国家繁荣证明是可靠的）都是白费口舌。他们把经验贬视为胸无点墨的人的智慧，至于其他的，他们早就精心布好了地雷，只等一声巨响就将所有的古老实践、先例、宪章以及议会的法案炸得灰飞烟灭。但是他们有"人权"。没有任何惯例、约定可以约束它们，这些权利不接受任何改动和妥协。任何东西，一旦对他们全部要求的满足形成限制，就是虚假和不公正的。他们的人权，不允许有任何的反对，不管任何政府是为了其长久而持续的安全，还是出于正义，抑或是其政府管理中宽大的考虑。这些思辨家所持的异议，即便其形式和他们的理论发生了不一致，在反对一个古老而有益的政府时与反对一个最为暴虐的暴政或者最不成熟的篡权时都是别无二致的。他们对政府一贯的分歧不是因为滥权的问题，而是基于资格或者名义的问题。我对他们政治形而上学的拙劣的狡辩已经是无话可说了。让他们在经院哲学家那里自娱自乐吧。"Illa se jactet in aula Aeolus, et clauso ventorum carcere regnet."❶ 但是千万别让他们如

---

❶拉丁语，意思是，让他在大厅里招摇吧—— 埃俄罗斯，让他在他封闭的地牢里掌管他的风吧！选自古罗马诗人维吉尔的诗《伊奈德》，埃俄罗斯是神话中的风神。——编译注

越狱的累范特❶一样，以其猛烈的飓风狂扫地面，并从深渊里爆出泉水，将我们淹没。

我远不是要在理论上否认真正的人权，正如我从内心深处也远不想在实践中否认真正的人权（即便我有权赋予或剥夺真正的人权）。我否定他们对权利的虚假主张，并不意味着我想去损害真正的权利，但是他们那些虚假的权利应当予以彻底的摧毁。如果说成立公民社会是为了人类的好处，所有能为它的成立提供的便利就都应该是人的权利。这是一种善的制度，法律本身只有在执行这一法则时才是善的。人类有权按这种法则生活，他们有权在其同胞之中行正义之事，不论他们的同胞是担任公职，还是从事普通的职业。他们有权享有他们勤劳的成果，他们也有权采取手段使他们的勤劳结出硕果。他们有权得到父母的关爱，有权去养育他们的后代并改善他们的生活，他们有权在生时得到教导，死时得到关怀。只要没有侵害到他人，每个人独自能够做成的任何事，他都有权去为自己而做。而且他也有权利要求社会集结其所有的手段和力量，实现属于他的那一份公平的利益。在这种合作关系中，所有的人都享有平等的权利，但不是享有平等的东西。一个在合伙中投资了 5 先令的人，跟一个投资了 500 英镑、拥有较大份额的人所拥有的权利是一样的。但是在对合资收益进行分红时，他就没有相同的权利。我必须否认的一点是，每个人在国

---

❶在地中海，累范特（Levanter）是指一种猛烈的东风，同时，累范特还有逃亡者的意思。——编译注

家管理中所应享有的权利、权威和范围，并不是人在公民社会所拥有的直接的、原始的权力；因为我考虑的是公民社会中的人，而不是其他什么状态中的人。它是一个需要以惯例来加以确定的事。

如果说公民社会是习俗和惯例的产物，那么习俗和惯例就是它的法律。习俗和惯例必须要限制和修改据此而形成的所有宪法条款。每一种立法、司法和行政权都是它的产物。它们不可能在事物的任何其他状态中存在，怎么能够有人声称，在公民社会的惯例下，实际存在的权利会没有设想的权利多呢？怎么能够主张与公民社会的约定相抵触的权利呢？公民社会的第一目的，也是它最基本的法则之一，就是没人应该成为自身案件的裁判。这样一来每个人立刻就放弃了他自己作为一个不受契约约束的人时所拥有的第一项基本的权利，即审判自己并对自己的案件进行判决的权利。他放弃了做自己长官的所有权利。在很大程度上，他放弃了自然法的第一条——自卫权。人不可能在享受非公民社会权利的同时还享受公民社会的权利。他放弃自主决定什么是对他最重要之物的权利时，他会得到正义，这样他就会确保获得某些自由，基于对它全部的信任，他做出了放弃。

政府不是由自然权利建立起来的，自然权利可以并且确实是完全独立于政府而存在的，而且它具有更大的清晰性，在更大的程度上它是抽象完美的。但是它这种抽象的完美正是它在实践上的一个缺陷。对万物都拥有权利的话，他们就想要拥有万物。政府是人类为了满足自身需求而动用智慧发明的。人类有权要求这种智慧来满足他们的需求。在这诸多的需求中，对公民社会中的人的七情六欲给予充分约束的需求，也应当被考虑在内。社会不仅要求每个个体都约束自己的七情六欲，即便是在大众和组织中间，当然也包括个人的意愿也应当经常受到阻却，意志当得到控制，情感应得到约束。所有这些，只有一个超越他们自身的权力才能做到，而且在行使这种职能的时候不受制于这些意志和七情六欲（其本来的职责就是对此加以约束和控制）。在这个意义上，对人及其自由的限制，也应算作是他的权利。但是由于这些自由和对自由的限制在不同的时代和情势下，应当允许进行不受限制的修改，所以他们是无法由抽象的规则加以确定的。没有比基于那些原则讨论权利更愚蠢的事了。

在开始对人进行自我支配的全部人权加以减少，使这些权利受到任何人为的、实际的限制时，整个政府组织就成为一个为了便利而做出的安排。也正因此，一个国家的宪法以及对其权力的适当分配就成为一项最微妙复杂的技术。这要求对人的本性和人类的必需品，以及能够对公民社会机制所追求的、在各种目标的实现中起到促进和阻碍作用的所有事物都有深厚的知识。一个国家应该有新兵来补充其兵力，有对动乱的补救措施。空谈人类对食物和药品的抽象权利有什么意义？问题的关键是用什么方法来获得它并对其进行管理。基于这一考虑，我常常倒是宁愿去找农民和医生来听取建议，而不是去找形而上学的教授。

　　一门建设、革新或改革一个政治共同体的科学，跟任何其他经验科学一样，不是先验就可以教会的。也不是一个可以在实践科学中给予我们指导的短期经验，因为道德因素的真正影响并不是立竿见影的；在一开始有害的，在长久的运作后可能会变得非常有益；可能它的卓越性，就是来自其一开始产生的不利影响。反之亦然，有着良好开始的、看似合理的计划，常常有着遗憾而又悲惨的结局。在国家中，经常会有一些在最初不起眼和潜在的因素和东西，在起初看来是无足轻重的，但是可能在很大程度上根本性地决定着一国的繁荣。关于政府的科学由于其本身具有这么强的实践性，它一切都是为了实现这种实际目的。这就要求有经验，甚至要求远远超过一个人终其一生所能获得的全部经验。一个人不论如何具有远见卓识和洞察力，在他要冒险推倒一座已经被多年来的经验证明可以基本满足社会共同目标的大厦时，或者是依照其功能还未经证实的、他自己从未曾亲眼见过的建筑模型和样图来重新建造一座大厦时，他怎么小心谨慎都不为过。

　　这些形而上学的权利进入日常生活，就如同光线穿过高密度的介质，由于自然规律，偏离了原来的直线而发生了折射。的确，人的原始权利在经过大量复杂的人类情感和关系之后，已经发生了多次的折射和反射，如果在对此进行讨论时，还以为它们会简单地延续以前的方向，那就显得荒谬绝伦了。人的本性是复杂的，社会的目的更是要多复杂有多复杂，因此，任何一种简单的权力配置和导向都是无法适应人的本性及其事务的特点的。每当我听说在任何一种政治制度下，意在发明一种简单的设计并为此而沾沾自喜时，我会毫不怀疑地肯定，这些设计师要么对他们的行当一无所知，要么就是对其义务全然无视。简单的政府是有根本性缺陷的，且不说它更坏的方面。如果你们是从简单的一点出发去考虑社会的话，那么所有简单的政体形式都具有无限的魅力。它们中的每一种在实现其单一目标方面都比那些复杂的模型在实现其复杂目标方面完美得多。然而，整体的不完善与不规则，总是强于虽然在某个部分具有极大的精确性，但是在其他方面的功能却被完全忽视，或者是出于对某一部分的过分偏爱而可能导致的大量损害。

这些理论家所声称的权利全都是极端的，虽然从形而上学上说来有部分的正确性，但从伦理和政治上来说却是错误的。人权的定义在一定程度上是中庸的、难于界定的，但也不是完全无法识别的。人们的利益就是他们在政府中的权利，它们常常是不同的善之间的一种权衡，有时候是在善与恶之间的妥协，还有些时候是在恶与恶之间的妥协。政治理性是一种计算原则：是伦理上的加减乘除——而不是形而上学或数学上的——是真正的道德上的识别。

这些理论家们总是强词夺理地把人民的权利与他们的权力混为一谈。一个社会组织，不论在任何时候，只要它还能采取行动，就不会遇到有效的抵抗。但是如果权力和权利变得没有区别了，那时整个机构就不再享有能与美德相容的任何权利了，特别是不可能再拥有所有美德中的首要美德即谨慎了。人们对不理性的东西以及对他们没有好处的东西是不享有权利的，因为，虽然有一个幽默的作家说过，*liceat perire poetis*。曾经有一位冷静的诗人，据说是跳进了一个猛烈喷发着烈焰的火山之中，*ardentem frigidus Aetnam insiluit*❶，但是我认为这是对没法证明的诗人自由的一个玩笑，而不是作为帕纳塞斯山（Parnassus）❷ 的一种特权；不论他是诗人、神职人员抑或是政治家，谁要是去践行这种权利，我认为更明智、更仁慈的想法会敦促我去救下这个人，而不是保存他的黄铜拖鞋❸，来作为对他愚蠢行为的纪念。

如果人们在对事实进行纪念的时候，不以他们目前的进展为耻，那么我曾花了大量的篇幅所提到的这类纪念日布道，会骗得很多人失去原则，并让他们失去从对（光荣）革命的纪念中所应受到的益处。我必须对您坦白，先生，我对这样没完没了地讨论反抗和革命的谈话，从来都不感兴趣，也不喜欢把对宪法的极端补药当作日常的面包的种种实践行为。它会让社会习惯于认为自

---

❶两句都是拉丁语。第一句的意思是"让诗人们去享受自我毁灭的权利吧"，第二句的意思是"这个冷静的人跳入了喷火的埃特纳火山"，源自诗人贺拉斯《诗艺》中第464—466行所描述的一个相关的故事，是讲述关于诗人恩培多克勒的，他就是投身火山自杀的。柏克在此间接地指责法国大革命也有同样的行为。——编译注

❷帕纳塞斯山是位于希腊中部的一座山，古时被认为是太阳神和文艺女神们的灵地、缪斯的家乡，因此这个词经常被引申为诗坛或者诗人的意思。——编译注

❸关于恩培多克勒的死有很多传说，其中一种是：他希望人们把他敬为天神，为了向他的学生和敌人证明他的神性，他选择了跳入埃特纳火山口。他认为这样他就会超越此岸世界，而到那个彼岸世界里享受永生和自由。但不幸的是，火山挫败了他的计划，把他的一只鞋抛了出来。——编译注

己已经病入膏肓了：为了激起我们对自由的热爱，它定期服用一定剂量的水银和刺激性的干斑蝥❶。

这种紊乱的补药一旦逐渐成为习惯，经过粗俗而堕落的滥用之后，就会使这种本应只在重大场合才有的精神渐渐松懈，并且衰竭。正是在对罗马的奴役最为恭顺的时期，弑杀暴君成了学校里学童们日常训练的课题——*cum perimit saevos classis numerosa tyrannos*❷。当事物常态化了，就会在我们这样的国家产生最为恶劣的影响，即便是对自由事业来说也是如此，更何况这种自由已经被毫无节制地过度思辨滥用了。我同时代的几乎所有具有良好教养的共和主义者，经过一个短暂的时期后，都会成为彻底的、最坚决的朝臣。他们很快就会把沉闷乏味的、中庸的却实际的反抗大业托付给我们中那些以其自身的理论为傲并陶醉于其中的人了，这些人比起托利党人来，好不了一星半点儿。自然，伪善最喜欢崇高的思辨了，因为它从不打算跨越到思辨的界限之外，它无须付出任何代价就能把自己装点得庄严高尚。即便在有些情况下，这些夸夸其谈的思辨是出于轻率而非有意的欺骗，那问题也还是一样的。这些教授，发现他们极端的原则并不适用于那些只要求"适格的反抗"的情形，也就是如我所称的文明与合法的反抗，那么在这种情形下反抗根本就是多此一举。但对他们而言必

---

❶干斑蝥：一种昆虫，被认为是具有利尿功能的药的药引子。——编译注
❷拉丁语，意为：野蛮的暴君被杀死在拥挤的课堂上了。引自罗马诗人朱文纳尔的《讽刺诗》卷7，第150—151行。——编译注

须要来一场战争或者革命，要么就什么都不是了。他们一旦发现他们的政治设计并不适用于他们所生活于其中的世界，往往就会轻易地想到所有的公共原则，并且随时准备为了他们的一些蝇头小利而放弃这些原则。其实他们从这些蝇头小利中很难发现何种微不足道的价值。固然，他们中的一些人具有稳重和坚毅的性格，但是这些议会之外的充满热望的政治家，很难有什么东西能够引诱他们放弃自己所钟爱的事业。他们一直认为，自己已经改变了教会，或者已经改变了国家，抑或说对二者都加以了改造。但是遇到这种情况，他们往往都是糟糕的公民，而且是完全靠不住的主。因为他们把他们思辨的设计看得具有不可估量的价值，而把对一个国家的实际安排贬得一文不值，所以，最乐观地来讲，他们对后者也是漠不关心的。他们在对公共事务的良好治理中发现不了任何价值，也不能从邪恶的治理中看到任何不足；更确切地说，他们对后者感到欣喜，因为这更易于招致革命。他们对任何个人、任何行为或者任何政治原则的评判，都是以其是推进还是阻碍他们的计划为标准的；所以，他们这一刻还主张暴虐无比且张狂的君主特权，下一刻他们又去支持最狂热的自由民主的理念，从一种形式转变到另一种形式完全不会顾虑什么理由、个人或者是党派。

在法国，你们目前正到了从一个政府形式到另一种政体转型的关键时刻——但是你们却并没有像我们英国在这种情况下所做的那样，认清人的本性。在我们，是激进的，而你们，却被胜利冲昏了头；当权力跟权力意志步调一致的时候，它会如何运行您是知道的。我无意于将这些观察结果用于所有人中的某一类人或者是以此来理解某一类人中的所有人，不是，绝对不是！这种不公正非我能为，正如我无法做到与那些信奉极端原则的人友好相处一样。这些人假宗教之名，兜售的不过是些狂热而危险的政治主张。这种革命政治学最恶劣之处在于：它在锻炼铁石心肠，为的是以便将来能发出孤注一掷的打击，但这其实只有在少数极端情况下才可能会派上用场。由于这些情况可能从未到来，他们的内心就无缘无故地开始堕落了。当没有什么政治目的能够满足这种堕落的时候，道德情操就要大遭其罪了。这些人太过专注于他们关于人权的理论，而彻底遗忘了人的本性。他们非但没有开辟出一条通往对人性理解的新的道路，反而成功地堵上了已经通往心灵的道路。他们不仅腐败了自己胸中本来好端端地存在着的人类固有的同情心，而且还腐化了关心他们的人的同情心。

旧犹太这篇闻名天下的布道，除了在其政治的部分一直都贯穿的这种精神外，就再无可观之处了。阴谋、屠杀、暗杀，这对于某些人来说，不过就是为了实现革命而付出的微不足道的代价。低成本的、无须流血牺牲的改革以及不引起任何罪恶的那种自由，对于他们的口味来说显得太过平淡乏味了。必须得有一场惊天巨变，必须要有惊人的舞台效果和壮观的场景来激发由于享受了60年的和平而日渐迟钝和怠惰的想象力，以及由于社会繁荣而产生的平静的、缺乏生气的休眠。所有的这些，这位布道者都在法国的革命中找到了。这在他全身都激发起了一种少年般的热忱，他的热情随着他的布道的进展而被点燃，并在他那个夸夸其谈的演讲结束之时烧成了熊熊烈火。然后，从他毗斯迦山（Pisgah）❶的布道坛上望去，他看到法国所处的自由、道德、幸福、繁荣和荣耀的景象时，就如同鸟瞰理想的乐土一样，他欣喜若狂地发出了这样的欢呼：

> 这是一个多么重大的时刻！感谢主让我在有生之年经历了它；我几乎可以说，主啊，让您的仆人就此安息吧，因为我已经见过了您的救赎了。——我在有生之年目睹了知识的传播摧毁了迷信和错误；目睹了人权得到了前所未有的理解，那些遗忘了自由为何物的国家也在急切地渴望它。——我目睹对奴役感到愤怒、并坚定地唾弃之的三千万人，以一种毫不妥协的声音在要求自由。他们的国王被押解在这场凯旋中，独裁的君主向他的臣民缴械投降了。[10]

在我继续下文以前，我还得再说几句的是，普赖斯博士似乎过分高估了他从这个时代所获得的和传播的伟大启蒙之光。过去的一个世纪对我而言，具有同样的启蒙意义。它有过与普赖斯博

---

❶在今日约旦境内的一个山脉，在其最高的顶峰，摩西第一次眺望到了上帝赐给的希望之地。——编译注

士所纪念的胜利同样值得纪念的胜利，尽管是发生在不同的地方；而且，那个时代的一些伟大的教士们，就如同普赖斯博士热切地参与到法国的胜利那样参与其中。在以叛国罪对休·彼得斯牧师进行审判时，有证人作证说，在国王查理一世❶被带回伦敦进行审判的时候，这位自由的信徒❷在那一天指挥着游行队伍。"我看到，"证人说，"国王陛下被囚禁在六乘马车中，彼得斯骑马走在国王的前面。"而普赖斯博士，每次讲话都好像是他第一个发现一样，其实不过是在效仿这位先行者，因为在对国王的审判开始了之后，这位先行者，也就是这位彼得斯博士，在白厅的皇家教堂（他曾为他所选择的地方而感到洋洋自得）总结其冗长的祷告时说道："过去的二十年来，我一直都在祷告和布道；现在，我终于可以跟我的老西蒙说了，主啊，现在您可以让我平静地离开了，因为我已经亲眼见证了您的救赎。"[11]彼得斯并没有享用到他祷告的果实，因为他并没有如他所期望的那样立即离世，而且也死得并不安宁。他成了自己作为大祭司所领导的那场胜利的牺牲品（我当然发自内心地希望在这个国家里他的追随者们不会重蹈他的覆辙）。他们在复辟之后对他的处置，对于这个可怜的好人来说可能有点太过严酷了。我们对他的纪念和对其所受磨难的反思让我们

---

❶查理一世（Charles I, 1600—1649），他即前文所提光荣革命中逃亡的国王詹姆士二世的父亲，后被以克伦威尔为首的议会军击败，并被押解回伦敦判处死刑。后来王朝复辟，当年参与审判查理一世的人都遭到了报复。休·彼得斯也被判处死刑。——编译注

❷自由的使徒是指休·彼得斯。——编译注

了解到：与在这个时代的重步他后尘的追随者一样，他具有同样的启发性和同样的热忱，并且同样有效地摧毁了所有可能给他所投身的伟大事业造成阻碍的迷信和错误，这桩事业认为自己对人权的知识以及该知识所带来的所有光荣的成果都具有排他性的资格。

旧犹太地区的布道者们的这篇妙语，只是在时间和地点上与1648 年的那场狂欢不同，但在精神和文字上是如出一辙。在旧犹太地区的布道者们说完这篇妙语之后，革命协会这个政府的缔造者、君主罢黜者的英雄组合、主权的选举者、凯旋之王的引领者，怀着传播知识的自豪之情（他们的每一个成员都分享了这一赠礼中的一个巨大的份额）昂首阔步，迫不及待地要将他们无偿获得的知识慷慨地加以扩散传播。为了使交流更为充分，他们把场地从旧犹太的教堂转移到了伦敦酒店（London Tavern），在那里，这位普赖斯博士，在玄妙的三足祭坛所散发出来的气味还没有从他身上散去之前，就趁热打铁地将这个决议，或者说是这封祝贺信，通过斯坦汉普勋爵（Lord Stanhope）转交给了法国的国民议会。

我发现一位福音布道者，亵渎了我们的救世主在圣殿中第一次显灵时所发出的美好、先知式的祷告，即通常所称的 "nunc dimittis" ❶，以一种惨无人道的、反常的狂喜将之用于可能是有史

---

❶nunc dimittis：西缅颂的拉丁文。——编译注

以来，对于人类的怜悯和愤慨之心来说所能展现的最为可怖、最穷凶极恶、最折磨人的场景。这种"对凯旋的引导"，从其最好的形式来说，也是缺乏男子气概和亵渎神明的，但是它都能够以这样不敬神的狂喜之情占据了我们布道者的心灵，我相信一定会以其道德品位震惊每一位出身高贵的心灵。的确，有些英国人作为旁观者被这场胜利惊呆了，并为之感到愤怒。这个场景倒更像是美洲野人的游行，在完成他们称之为胜利的谋杀之后进入奥内达加（Onondaga）❶，将已经被与他们一样狂热的女人的冷嘲热讽和拳打脚踢吓晕了的战俘，带进挂满头皮的茅舍，这根本就不像一个文明尚武的民族在凯旋时所具有的庄严；就如一个开化的民族，或者任何有慷慨之气的人，在面对一个被打败的失势之人所展现出的那种个人胜利。

但是，亲爱的先生，这不是法国的胜利。我可以肯定，它是在以国家之名，用耻辱和恐怖将你们压倒。我也确信国民议会发现自己已经处于最耻辱的境地，因为它没有能力去惩罚这次胜利的始作俑者和参与者。在这种处境下，他们所做出的关于此话题的任何询问，都必定缺乏形式上的自由和公正。处在国民议会的位置，就会为其自身作出辩解，但是如果我们对他们所必须加以承受的东西也能给予认同的话，那么我们受到污染的心灵也做出了堕落的选择。

---

❶奥内达加：位于安大略湖以南的一个耶稣会会士的教区。——编译注

　　他们以一种强制性的表面的从容，在严厉的必然性的主宰之下进行选举。他们坐在中央，就像坐在外族共和国的中央一样：他们所栖居的城市的宪法，既非出自他们国王的宪章，也非来自立法权力。包围着他们的军队，既非由他们君主的权威，也不是由他们的命令建立起来的，如果他们胆敢下令解散它，它就会立即解散他们。在一帮暗杀者赶走了数以百计的议员之后，❶ 他们还安坐在那里，而与此同时，另外一些持有同样温和的原则，有着更多耐心和怀着更美好希望的议员，则每天都面临着极端无理的侮辱和被谋杀的威胁。那些绝大多数的俘虏，有时是真的，有时是冒充的，却强迫一个被俘虏的国王，用第三只手去发布他们在咖啡馆里所谈论得最放肆、最荒唐可笑的、污秽的胡言乱语。臭名昭著的是，所有的措施不经讨论就决定了。毫无疑问，在他们房屋周围的刺刀、灯杆和火把的恐吓之下，他们不得不采纳各个俱乐部所建议的所有残酷的、胆大妄为的措施。这些俱乐部就是所有身份、方言和民族的一种畸形混合。和他们之中的这些人相比，就是喀提林（Catiline）都会被认为是谨慎的，西第古斯

---

❶到 1789 年 10 月，国民议会有将近三百名代表辞职、移民或者是放弃了他们的席位。议会是在一个喧嚣的公众旁听席面前进行辩论的，没有议事规则，受制于没完没了的请愿者和代表团。——编译注

（Cethegus）都可以说是一个有节制的、温和的人了。❶ 并不单单是在这些俱乐部里，公共政策被扭曲成了怪物。在这之前，他们在学术上就已经开始进行歪曲了，就是基于这一目的，所有这些建立在公众常去场所的俱乐部才要举办如此之多的讨论会。在各种不同的集会中，哪一项建议具有的无畏鲁莽、狂暴以及背信弃义的程度越高，越被视为是超级天才的标志。人道和怜悯被讥讽为迷信和无知之果。对个体的温和被视作是对公众的背叛。由于财产的不稳定，自由总被视作是完美的。通过已经完成的和正在酝酿中的暗杀、屠杀和对财产的没收充公，他们在为未来社会的良好秩序勾画蓝图。怀抱着卑鄙罪犯的尸体，以他们的罪名提拔他们的亲属，通过迫使他们以乞讨或是靠犯罪的方式来维生，他们将成百上千的有德之人驱赶到了同一个目的地。

----

❶路奇乌斯·塞尔吉乌斯·喀提林（Lucius Sergius Catilina）（？—前 62）是罗马的阴谋叛变者。因为喀提林阴谋而闻名于世。他出生于贫穷之家，于公元前 68 年被选为裁判官（praetor），次年被选为阿非利加省（Africa）的总督（governor），但在公元前 66 年因为行政不当的控告而未能当选执政官。此时他既有沉重债务，又在仕途上失意，遂与一些罗马贵族阴谋叛变。公元前 63 年他计划刺杀执政官西塞罗和其他对他有敌意的元老，并做了彻底政治革命的细部安排。这阴谋却被西塞罗发现了。两天后在元老院的会议上，喀提林仍然照常出席。西塞罗当众究责他，发表了他那在历史上著名的演说。喀提林提出答辩，但众人的责骂盖过了他的声音。之后他成功逃脱，与他在意大利西北的同谋者及军队会合，但他在罗马的党羽则遭捕杀。之后他在意大利多次和共和军冲突，但都遭到镇压。在公元前 62 年 1 月，他和共和军发生比斯多利之战（Battle of Pistoria），败阵被杀。

普布留斯·科尼利厄斯·西第古斯（Publius Cornelius Cethegus），公元前 1 世纪的政治领袖人物，因为阴谋而具有一个不光彩的名声。参见［古罗马］撒路斯提乌斯所著的《喀提林阴谋》。——编译注

　　而他们的机构——国民议会，在他们面前表演了一出既不体面也不自由的闹剧，而该闹剧还是深思熟虑的结果。他们像喜剧演员一样在狂欢的观众面前表演。他们在一群由凶残的男人和失去羞耻之心的女人所组成的乌合之众的叫嚣声中表演，这些乌合之众则根据他们自己的无耻想象，或对他们加以指挥和控制，或者给他们鼓掌叫好，有时甚至还会混入他们当中，并占据他们的席位，以一种由奴性的暴躁和一种狂妄的、专横的权威形成的奇怪混合而对他们飞扬跋扈、在他们头上作威作福。既然他们颠覆了一切事物的秩序，看台自然就代替了议会。但是这个推翻了国王和王国的议会，甚至都不具有一个严肃的立法机构的面貌和外观——*nec color imperii, nec frons ulla senatus*❶。他们拥有进行颠覆和破坏的强大力量，就如同邪恶的原则所具有的力量一样，却无力进行建设，除非这类机器能够更适用于未来的颠覆和破坏。

　　那些发自内心崇敬国民议会的人，谁不会因对那个神圣的机构进行了亵渎神明的闹剧和可鄙的颠倒而对其心怀恐惧和厌恶呢？君主制和共和制的爱好者必然也同样痛恨它。你们国民议会的议员们自己想必也在这种暴政之下痛苦呻吟，他们承担了它的全部屈辱，却不能对其加以管理和引导，也不能从中获得什么好处。尽管革命协会对此给予了掌声，但我肯定组成那个机构的绝大部

---

❶拉丁语，意为"既没有政府的外在形式，也没有立法权威的表面的外形"。引自古罗马诗人卢坎（Lucan）《法沙利亚》（*Pharsalia*），第9卷，第207行。——编译注

分议员都跟我有同样的感受。——悲惨的国王！悲惨的议会！该议会必定会对那些将阴霾蔽日的一天称作是"美好的一天"[12] 的议员感到何等的无声愤慨啊！当他们听到，有人觉得应当对他们宣称"这艘国家之舰应当（从引领我们教士的胜利前行的背叛和谋杀之狂风中）以前所未有的神速驶向其复兴之路"❶ 时，他们的内心该是何等的愤怒！当他们敢怒不敢言的听说无辜的绅士在自己的家里惨遭杀戮，还被说成是"流出来的血不是最纯净的"❷ 的时候，内心又会作何感想！当被对动摇了他们国家根基的动乱的抱怨所包围时，他们被迫冷漠地告诉诉苦者他们是受到法律保护的，而且他们会呈文给国王（被俘的国王）加强法律的执行来保护他们；当被俘国王手下的那位身不由己的部长正式通知他们既没有法律也没有权威和权力来保护他们的时候，他们该作何感想？当他们不得不请求被俘的国王为了能够给他的人民创造更大的善，而忘掉去年的风暴时期，并将这一请求当作新年祝贺时，他们又会作何感想？当为了实现这种善，他们不再用实践来证明他们的忠诚，同时还要在国王已经不再拥有任何权威去指挥的时候保证他们对他的效忠，他们又该作何感想？

可以肯定，这份贺词是出于善良的天性和意愿。但是在法国的革命中，必须要将其视作在他们礼仪观念方面的一场巨变。在

---

❶这句话是米拉波在国民议会上提出来的。——编译注
❷这句话是巴纳夫（Barnave）在描述 1789 年 7 月对两位巴黎的军官福隆（Foullon）和贝蒂埃（Berthier）进行谋杀时说的话。——编译注

英国，据说我们是从海峡另一侧的你们那里学来二手的礼仪，以法国式的浮夸来装点我们的行为。若真是如此的话，那我们依然还是旧式的，还没有适应巴黎新式的好教养，以至于会觉得能够以一种最委婉的恭维（不论是哀悼的还是祝贺的）语调对那个在土地上匍匐着的、受到最大侮辱的生命❶说，伟大的公共利益来自对其仆人的谋杀、对其本人及其妻子未遂的暗杀以及对他本人所进行的种种羞辱。相比而言，如下话题则就比较令人宽慰了，即我们为绞刑架下的罪犯安排纽盖特监狱（Newgate）❷ 的忏悔牧师是否太过仁慈。我自当有理由相信，巴黎的绞刑行刑人，既然被国民议会投票表决赋予了自由，并允许在人权先驱学校中出现他的阶层和武器，那么他就会因为慷慨和英勇，以及新的尊严感而无法对任何一个犯了叛国罪，且有可能正好是由他来实行执行权的人使用那种砍头这样的安慰手段了。

的确，任何一个人都会被这样的吹捧腐化的。遗忘的安慰剂，被这样服用之后，它就能够被很好地用来保持一种恼人的清醒，并以腐化的记忆来助长眼下活生生的腐败。把这样配制的遗忘麻醉剂，混上以鄙视和轻蔑为原料碾成的粉末，端到他的唇边，并逼着他把残渣也喝得一滴不剩，这根本不是"受伤心灵的芳香剂"，而是满得就要溢出酒杯的人类苦难之酒。

迫于这些强有力的原因（至少跟在新年贺词里所委婉表达出

---

❶此处指路易十六。——编译注
❷纽盖特监狱是伦敦最大的监狱之一。——编译注

来的具有同样的强制力），法国的国王可能会努力忘记这些事件和那封贺词。但是历史，会对我们的行为保留恒久的记录，对各色君主的举动也都要动用她那令人生畏的审查，她既不会忘记这些事件、也不会忘记人类交往中这个自由高尚的时代。历史会记录：在1789年10月6日那一天早晨，法国的国王和王后，在经历了一天的混乱、惊恐、沮丧绝望、屠杀之后，公众以忠诚允诺保障他们的安全，他们终于得到几个小时喘息之机，躺下来放松一下，尽管在梦里都忧思不安。王后先是被她门卫的呼喊声从睡梦中惊醒，他高呼着让她逃命——那是他所能尽的忠诚的最后证明了——他们逼近他，他便死了。他见杀于当场。一群残酷的暴徒和行凶者，浑身沾满了他的血腥，冲进了王后的寝宫，用刺刀和匕首在她的床榻上猛刺了数百下，所幸的是这位受害人刚好及时从那里逃了出来，几乎是赤身露体地从这群谋杀者所不知道的暗道里逃到国王也即她的丈夫那里寻求庇护，而那时国王本人已是泥菩萨过河自身难保，随时都有性命之虞。❶

国王（我们且不多说）、王后及他们年幼的孩子（他们曾经是这个伟大而慷慨的民族的骄傲和希望）被迫放弃了世界上最豪华的宫殿的庇护，那里已经被屠杀所玷污，到处都是残肢断臂，血流成河。他们是从血泊里跋涉出来的。他们被从这里带往他们

---

❶"历史……性命之虞"：柏克对10月6日民众入侵凡尔赛宫的描述是带有偏见的，正如一些当时的人所注意到的，是不准确的。这导致如托马斯·潘恩等人将此书视作是"夸张的表演"而不予重视。见托马斯·潘恩所著《人权》（伦敦，1791年）一书第一卷第39页。——编译注

王国的首都。在这场无端的、没有抵抗的、混乱的屠杀中，由出身名门的青年所组成的国王的贴身侍卫中，他们选中了两个❶。这两个年轻人，被以执行正义之名游街示众，而后被残酷地拖上断头台，在宫殿的宏伟大厅里枭首示众。他们的头颅被穿在长矛上引导着游行队伍，而被俘的王室则被押解着随队伍缓慢前行，他们周围尽是可怖的呼喊声、刺耳的尖叫声、狂热的手舞足蹈和无耻的谩骂，以及最卑贱的妇女的谩骂所形成的各种难以名状的地狱般的恶行。在用了 6 个小时才走完的 12 英里行程的缓慢折磨中，他们一点一滴所品尝到的苦涩远远超过了死亡，在这场著名的盛大游行结束后，他们在这群押解他们的士兵所组成的卫队的安排下，住进了巴黎一座古老的宫殿里❷。这个王宫现在已经成了国王们的巴士底狱了。

这场胜利应该被奉献给祭坛吗？应该被感恩纪念吗？应该以热切的祷告和热情的祷词献给神圣的人道吗？我可以向您保证，这些只在法国和英国旧犹太地区获得喝彩的底比斯（Theban）和

---

❶这两个年轻人分别是米奥芒德（Miomandre）和塔尔迪瓦（Tardivet），事实上，第一名侍卫没有被杀死。根据 Carlyle 的资料，第二个侍卫的全名是 Tardivet du Repaire。——编译注

❷古老的宫殿：指杜伊勒里宫（Tuileries）。——编译注

色雷斯（Thracian）的狂欢❶，没有在这个王国多少人的头脑中点燃起未卜先知的热情，尽管有一位可能已经获得了天启并且能够完全铲除其内心中所有形式的迷信的圣人兼使徒，可能倾向于认为，相较而言，由一个受尊敬的圣人在神庙中宣布已经进入了一个由"和平之君"❷所主宰的世界，是一件虔诚和端庄得体的事。而在不久前，这已经以一个天使的声音对安静而清白的牧师宣布过了。

起初，这场突如其来的毫无防备的放逐让我完全不知所措了。我知道，君王所遭受的苦难可能正对某些特殊口味人的胃口。进行反思可能会有助于给这种胃口加以一定限度的节制。但是当我把某种情况考虑在内时，我不得不承认，对于普通的谨慎来说，强烈的诱惑是难于抵挡的，因此应当对革命协会多加体谅——我

❶底比斯（Theban）和色雷斯（Thracian）的狂欢：在萨莫色雷斯岛（samothrace）的底比斯和色雷斯地区与酒神狄奥尼索斯崇拜有关的宗教节日。狄奥尼索斯是古希腊色雷斯人信奉的葡萄酒之神，他懂得所有自然的秘密以及酒的历史。他乘坐着由野兽驾驶的四轮马车到处游荡。他走到哪儿，乐声、歌声、狂欢就跟到哪儿。在希腊早期的祭奠活动中，人们打破一切禁忌，狂饮烂醉，放纵欲望。他们身披兽皮、头戴花冠疯疯癫癫，完全沉浸在一种感性的肉体的陶醉之中。他们通宵达旦地一边跳舞一边狂叫。在这个活动的高潮中，不仅会出现酗酒、裸体游行之类的狂欢行为，还会毁坏他们碰到的一切。如遇到野兽，甚至儿童，都会立即将其撕成碎块，将其生吞活剥。——编译注
❷当先知以赛亚预言耶稣降生时，他提到："因有一婴孩为我们而生；有一子赐给我们。政权必担在祂的肩头上；祂名称为'奇妙策士、全能的上帝、永在的父、和平的君'。祂的政权与平安必加增无穷。祂必在戴维的宝座上治理祂的国，以公平公义使国坚定稳固，从今直到永远。万军之耶和华的热心必成就这事。"（赛9：6）——编译注

指的情况是，当对这场狂欢大唱赞歌（Io Paean）❶，以蛊惑的口号高呼"Tous les Eveques a la lanterns"❷时，可能会因为预见到这幸福的一天而热情大爆发。但是我只体谅没有偏离了谨慎的热情。只有在如千年王国的先驱和预言中的第五王国❸破坏所有教会体系这样重大的场合，我才能接受这位先知高呼欢乐和感恩的赞歌。然而，在这种欢乐中（就如在所有人类事务当中），有些东西可以磨炼这些可敬的先生们的耐性，并长期考验他们的信仰。那些谋杀国王、王后和他们的孩子的真凶，还想要给这"美好的一天"锦上添花。那些谋杀主教们的真凶，尽管已经受到了这么多神圣祷告的召唤，也还是不满足。一批弑君和该受天谴的屠杀的确已经被胆大妄为地勾勒出来了，但也仅仅只是一个粗略的计划而已。不幸的是，在对无辜者的屠杀这样的历史大手笔中，它还没有结束。究竟会是来自人权学校里什么大师的无情大笔才能完成它，我们还需拭目以待。这个时代尚未从传播这种破除一切迷信和错误的知识中获得全部好处；考虑到从法国国王的受苦受难中以及启蒙时代里因爱国产生的犯罪中所带来的各种好处，他还需要再经历一两次才能得以赦免。[13]

---

❶Io Paean，是指喜悦的惊叹之声。Paean 是古希腊诸神的医生。IO 是用来表达痛苦或者是寻求帮助的呼声，后来就变成了献给太阳神阿波罗的赞歌，在更普通的意义上是指感谢或赞美诗，表达胜利或喜悦的呼声。——编译注

❷法语，意思是"应该把所有的主教都挂在路灯杆上吊死"。——编译注

❸第五王国：先知但以理所预言的五个王国之一，指以基督为王的千年王国，此处是指第五王国派，是 17 世纪普鲁士的一个派系，他们相信亚述、波斯、希腊和罗马等王国都将统一到第五王国中，由基督统治世界。——编译注

尽管我们新的光明和知识的杰作，并没有完全实现其预期达到的那种效果，但是我认为，以这种方式对待人类这一造物，一定会让世人震惊，当然那些天生就是为了干革命的人不在此列。但我并不能就此停笔。受到我天性中的内在情感的影响，而不是一束乍现的现代之光的开启，我跟您坦言，先生，那些出身显赫阶层的人所经受的磨难，特别是他们中的美丽女性、具有和蔼可亲的品质的数代国王和皇帝的后裔，以及由于太过年幼无知而无法感知其父母所面对的不是欢欣鼓舞而是冷酷暴行的王室的幼儿，所有的这一切，都极大地增强了人们对这种悲伤场合的感受。

　　这位庄严高贵的人，作为我们那位布道者所说的这场凯旋的首要目标，尽管是挺下来了，但对那个场合所遭受的羞辱感受颇深。作为一个男人，他要顾念自己的妻子和孩子，以及他的那些在大屠杀中倒在冰冷血泊里的忠诚的侍卫；作为一个君王，他要顾念他开明的臣民们陌生而又可怕的转变，他为他们深感痛心，远胜于对自己的关切。这没有减损他的刚毅，而是无限地增加了人道的荣耀。我非常抱歉地说一句，的的确确是非常抱歉，这种人物所处的情势，对于我们称道他伟大的品行，并非是不适宜的。

　　我听说，我很欣喜地听说，那位伟大的夫人❶，这场狂欢的另

---

❶路易十六的王后出身显赫的哈布斯堡王族，是奥地利大公、匈牙利和波希米亚女王特雷西亚与神圣罗马帝国皇帝弗朗茨·斯蒂芬的女儿，也就是神圣罗马帝国皇帝查理六世之外孙女，因此柏克说她是数代国王和皇帝的后裔。——编译注

一个目标，正好在那一天过生日（生来就是为了经历磨难的人一定能够经得起磨难），她以平和的耐力、以一种与她的地位和身份相称的风度，承受了后来的所有日子，承受了她丈夫的被囚、她本人的被囚，她朋友们的被逐流放，以及给她的贺词中带有侮辱性的奉承话，还有叠加在她身上的重重冤屈的重压。作为一个以虔诚和勇气著称的女皇的后裔，与她母亲一样，她具有崇高的情操、具有罗马女主人的尊严；在最后的极端情况下，她都会使自己免遭最后的耻辱，如果她注定要倒下的话，她也会避免自己落入卑鄙者之手。

从我见到法国王后距今已经有十六七年之久了。当时她还是身居凡尔赛宫的王储妃，我确信，王位上的宝球（她似乎根本就没有碰过它）还从来没有被比她更光辉耀眼的光芒照耀过。❶ 我看见她从地平线款款走来，像清晨闪烁的启明星一样，充满了生命、光彩和欢乐，使她将要步入的庄严的圆屋顶熠熠生辉。哎！这是怎样的一场革命！我得有怎样的铁石心肠才能不带感情地面对那些起起落落。我做梦也不曾想过，当她给那些狂热、冷漠、恭谦有礼人授予尊敬的头衔时，她竟然需要被迫携带解毒剂以解除人们隐藏在心底的卑劣；我更不曾想到，我会在有生之年目睹一场灾难会发生在她身上，发生在一个人人都具有英雄气概、荣

---

❶在这段中柏克对安托瓦内特的描述激怒了很多他同时代的人。实际上，在柏克私底下的信中，对王后的政治判断力给予很多严厉的批评，表达出她可能会被自己的"阴谋"毁灭的担忧。见柏克于 1791 年 12 月 13 日致 R. 柏克的信，《柏克书信集》，第六卷，第 340 页。——编译注

誉感和骑士精神的国度。我一度以为即便是哪个人敢以带有侮辱意味的威胁眼神看她一眼，都会有成千上万柄剑从剑鞘里拔出来为她报仇的。但是骑士时代是一去不复返了，继之而来的是诡辩者、经济学家和算计者们；欧洲的光荣是永恒地消逝了。我们永远、永远都无法再见到对上级和女性慷慨的忠诚了，再也无法见到恭顺中有骄傲、顺从里有尊严以及即便是本身处于奴役的地位，那颗从仆之心中依然鲜活地保留着崇高的自由精神了。千金难买的生命之优雅、对国家不计代价的捍卫、对刚毅和英勇的进取心的培育，也都一去不复返了。对原则道义的敏感、对荣誉的忠贞——这曾使对污点的感受就如同伤口，它在激发了勇气的同时抚平了凶残，它所触碰之物都变得高贵，所有的邪恶经它的抚摸都因失去了其所有的粗野而减少了一半的罪恶——都一去不复返了。

这种将观念和情感融合的制度来源于古代的骑士制度；这种原则，虽然由于人类事务的千变万化而有万千形态，却经过长期的代代相传而延续到我们生活的时代，并继续发挥影响。如果它就此而永远消逝了，其损失恐怕是非常巨大的。正是这一点赋予了近代欧洲自身的特点。正是这一点使欧洲的政府不同于其他所有的政府形式，与亚洲以及世界上其他所有在古代最辉煌时期的繁荣过的国家比都有其独特的优势。正是这一点，才能在不混淆等级的情况下，创造出一种高贵的平等，并通过公共生活中的所有阶层等级传承下来。正是这种观念，让国王屈尊为国人的同胞，同时也把个人提升为国王的同胞。无须借助武力或者反抗，它就可以驯服骄傲和权力的锐利锋芒，它使国王不得不接受社会尊重的柔性约束，迫使严酷的政府服从于文雅，使法律的操纵者和征服者服从于礼仪风俗。

但是现在，一切都变了。所有这些使权力变得柔化、使服从带有自由、使不同生活差别变得和谐，通过温和的同化作用，将能够美化和柔化私人社会的情感融入政治中去的美好幻觉，都被光芒和理性这个新征服者的帝国瓦解了。生活的所有体面之幔都被粗暴地撕去了。从伦理想象的衣橱里所拿来的所有附加观念，都为我们内心所拥有、被理智所许可，是遮盖我们赤裸裸的、战栗的天性的缺陷，并将之提升到我们预期的体面程度所必需的，但是如今都被视作是可笑、荒唐且过时的。

在这样一种图景下，国王不过是一个男人，王后不过是一个女人；而一个女人不过是一个动物，还不是最高级的动物。所有这类不带有什么特殊眼光的对女性的一般敬意，都被视为是风流韵事和蠢行。弑君、弑杀尊长、大逆不道的行为，不过是迷信的杜撰，虽然这些行为因为破坏了法理学的简明性而对其造成了腐败。谋杀国王、王后、主教或者是父亲，不过是普通的杀人罪；如果有谁有机会以某种方式犯了该罪，也是犯了一种非常可恕的杀人罪，根本无须加以严厉的追查。

这种野蛮的哲学构想，乃是铁石心肠和混乱的理解力的产物，正如它缺乏一切品位和雅致一样，它也缺乏坚实的智慧。在这种哲学的指导下，法律仅仅靠其自身的恐怖以及通过每个人以私人的算计所能从中发现的，或者从其私人利益中所能分让出来的关切来加以支撑了。在他们学说丛林的尽头，除了绞刑架就再无其他。没有多少感情被留给对共和国的关爱。依照这种机械哲学的原则，我们的制度永远不可能体现在个体身上——假如我可以这么说的话——从而在我们身上创造出爱、尊重、仰慕或者是依恋。但是，将爱驱逐了的那种理性，并没有能力替代它的位置。这些与礼仪风俗相结合的公共的关爱之情，有时需要担当法律辅助物、有时作为它的纠正物，往往都于法律有所助益。曾有一位智者指出，他也是一名伟大的批评家，在诗歌写作方面提出的格言同样也适用于国家的建设：*Non satis est pulchra esse poemata, dulcia sunto*❶。每个国家都应当有一套让每个博识的心灵都喜欢（遵守）的礼仪风俗制度。要让我们热爱我们的国家，我们的国家就应该是值得爱的。

但是在使礼仪风俗和观念消逝的震荡中，权力都将以这样那样的形式幸存，而且它还会找到最为卑劣的手段来支持自身。那些妄图推翻古老制度的僭越者，已经将古老的原则破坏殆尽，并将以其获得权力相同的方式执掌权力。当古老的封建精神和骑士精神中的忠诚精神——它使国王免于恐惧，同时也使国王和臣民都免于对暴君制的提防——从人们头脑中消逝的时候，阴谋和暗

---

❶拉丁语，"诗歌仅仅具有美是不够的，还必须有魅力。"选自古罗马的诗人贺拉斯《诗艺》，第99—100行。——编译注

杀就会被先发制人地用来以防止被别人先下手为强地谋杀或没收财产。一卷卷残酷和血腥的格言就会成为所有权力的政治法典，它不再立足于自身的荣誉以及遵守它的人所获得的荣誉了。当臣民在道义上变成叛乱者的时候，国王就会在行动上成为暴君。

当古老的观念和生活规则被废止时，其损失是难于估量的。从那一刻起，我们就失去了指引我们的罗盘，也不能清楚地知道我们将要驶入的港口。毫无疑问，在你们革命结束的那一天，欧洲作为一个整体，将处于一种繁荣的状态。很难说这种繁荣状态究竟有多少可归功于我们旧有的礼仪习俗和观念；但是由于这些原因跟他们的作用并非是不相关的，我们就必须假定，其整体的作用是有益的。

我们太过习惯于我们已发现的事物，却不能充分注意导致其产生的以及它得以维系的原因。没有什么东西比我们的礼仪、文明以及我们欧洲世界里与礼仪风俗及文明相关的所有美好事物，更长久地依赖于两项原则，或者更确切地说，是这两项原则结合而产生的结果：我指的是绅士精神和宗教精神。贵族和教士，一个确保了知识的专业性，一个则为知识提供了庇护，使得知识即便是在干戈大动的动乱之中（政府往往是引起战乱的原因，而非结果），也能够得以存续。然而，相对于从贵族和教士那里获得的，知识回馈于他们的是高额的利益，它开阔了他们的思想、武装了他们的头脑。如果他们能够继续安于本分并固守他们牢不可破的联盟，那该是何等幸事！如果知识没有被野心所腐化，只是安于做一个教导者，而非妄想成为主人，那又该是何等的幸事！可是，知识就要随着它天然的守护者和护卫者一道，被弃之于泥沼之中，任由一群蠢猪所践踏。[14]

倘若真的如我所认为的，现代文人从我们古老的礼仪风俗中所获益的，远远超过他们所乐于承认的，那么对于其他的一些从古代风俗中所获得的好处，我们也应该给予其应得的重视。甚至那些被我们的政治经济学家视若神明的商业、贸易、制造业，其本身无非不过是被造物和结果，而非是我们当作顶礼膜拜的第一因。它们当然是在荫庇知识能够得以繁荣的相同的条件下壮大起来的，自然也会随着天然守护它们的原则一起衰败。对于你们，就目前的形势而言，全部都面临消逝之虞。当某一个地方的人民还缺少贸易和制造业，只要还保留有贵族精神和宗教精神，那么情操就会取代其作用，往往还能很好地替代其作用。但是，如果在试验一个国家能否离开这些古老的基本原则而存在的实验中，商业和艺术都荡然无存了，那么一个庸俗、愚蠢、凶残同时还贫穷、肮脏、野蛮，放弃了宗教、荣誉以及雄性的自豪感的国家，目前已经是一贫如洗，今后也毫无指望了，它将会成为一个什么样的事物呢？

我自是不希望你们会以最快的捷径奔向那种可怕且可憎的前景。但是就国民议会以及他们所有导师的进展来看，现在已经出现了一种思想上的贫困，国民议会及他们的指导者的所作所为是下作和粗俗的。他们的自由并不自由，他们的科学是狂妄的无知，他们的人道是残暴和野蛮的。

至于是英国从你们那里学习了这些宏大而又高雅的原则和礼仪（是有不少踪迹可寻的），抑或是你们是从我们这里学来的，并不是十分清楚。但是我想还是将其追溯到你们那里为好。你们对我们而言，就像 *gentis incunabula nostrae*❶。法国对英国的礼仪风俗总是有或多或少的影响，当你们的水源遭到了阻塞和污染，河水自然就无法汩汩长流，我们甚至别的任何一个国家都不会有清洁之水了。在我看来，这就使整个欧洲对法国正在进行的事态怀有一种密切的关注和关联。因此，如果我在1789年10月6日那个残暴的场面上着了太多的笔墨，或者是不胜其烦地记述了对所有革命最重要的那一场在我头脑中所引发的思考（所有的想法可能都始于那一天，我是指在情操、礼仪风俗以及道德情感上的革命）的话，也请原谅我。事到如今，我们周围一切体面正派的东西都毁坏殆尽，居然还得寸进尺地试图要毁灭我们内心中每一条体面的原则，每个人几乎都被迫要为怀有人类最基本的情感而进行辩护了。

为什么我与牧师普赖斯博士及接受其演讲的情操的世俗信徒的感觉完全不同了？原因很简单：因为这对我来说是自然而然的；因为我们生来就会为这样的情景所影响，为人类繁荣的不稳定性

---

❶拉丁语，意为我们民族的摇篮。引自诗人维吉尔的《伊奈德》，第三卷，第105行。——编译注

以及人类伟大的不确定性深陷于忧伤的情绪；因为在这样的事件中，我们的情感会引导我们的天性；因为当君王们被这场伟大戏剧的总指挥拉下王位，成为卑鄙小人侮辱践踏、善良人同情的对象时，我们看到这种道德上的灾难时，与我们在事物物理秩序上看到奇迹一样，我们会因为惊讶而进行反思；我们的心灵（如长期以来它所被观察到的）为恐怖和怜悯所净化，我们软弱、盲目的骄傲经冥冥中一种神秘智慧的安排，变得谦卑起来了。如果真有一场这样的戏在舞台上上演，可能我都已经流泪了。但是如果我发现自己为虚构的悲痛而产生浅薄的、戏剧式的情感，而对现实生活中所发生的却感到欢欣鼓舞时，我会为自己而感到羞耻。怀有这样一颗反常的心灵我一定不敢在任何悲剧面前露脸。人们也会认为，之前的加里克（Garrick）以及其后不久的西登斯（Siddons）❶，从我眼中所引出来的泪，都是伪善的鳄鱼之泪。而我则应当清楚，那是愚蠢之泪。

的确，比起教堂以这样的激愤之情激发人道情感来，剧院是培养道德情操的更好的学校。需要跟尚未从人权学校毕业的听众打交道并且还需要致力于内心道德章程的诗人们，并不敢制造这样一场狂欢式的胜利。因此，当人们遵从其天然的冲动时，他们并不能够忍受把马基雅维利式手段的可恶准则，用于实现君主暴政，抑或是民主暴政。他们会如同他们曾经在古代的舞台上所做的那样，在现代的舞台上同样拒绝它们。在古代大舞台上，他们

---

❶加里克和西登斯，是当时英国戏剧舞台上最伟大的两位表演艺术家。——编译注

甚至都不能容忍一个扮演暴君的人口中说出这样邪恶的假想的主张，尽管这是非常符合他所扮演角色的特征的。在雅典没有任何一个剧院的观众能够忍受在（法国）凯旋之日所上演的真实悲剧：戏中的男主角，就像是在出售恐怖的商店里给（商品）称重一样——天平的一头是真实的累累罪恶，另一头是不确定的好处——在将砝码进行加减之后，宣称天平是偏向好处一边的。他们不能容忍，居然看着将新的民主所犯下的罪行，跟旧时的专制独裁放到一个总账本中做对比；而政治的会计员尽管已经看到了民主这边还是赤字，却既无能力也不愿意填平账目。在剧院里，只需凭直观的一瞥，而无需任何复杂的理性推理，就会看出这种政治计算方法会为任何一种深重的罪行正名。他们会看到，基于这些原则，即便是在最恶劣的行为没有波及的地方，那也要归功于阴谋者的运气，而非是他们吝惜付出背叛的代价和鲜血。他们很快就会看到，犯罪的手段一旦被容忍，即刻就会得到青睐。他们通过捷径，而非是美德的康庄大道来实现目标。通过证成背信弃义和谋杀对于公共利益是正当的，公共利益立马就成了托词，背信弃义和谋杀就成了目的，直到贪婪、歹意、报复以及比报复更为可怕的恐怖可以填平他们心中永不知足的沟壑。在人权获得凯旋的光辉中，丧失了所有自然的是非观念，必然会带来这样的后果。

但是这位可敬的牧师却因为"介绍这场凯旋"感到心花怒放，因为真正的路易十六是"一个专断的君主"；换言之，也就是说，就因为他是路易十六，就因为他不幸地生来就是法国国王，但这是经由很多代先祖流传下来的特权和人民的长期默认，他无须采取任何行动，就取得了王位。事实证明他生来就是法国国王的确是一场不幸。但是不幸并不是罪恶，言行失谨也并非总是什么十恶不赦之罪。我永远都不会认为，一个君王，他在统治期间的各种行为都是对其臣民的一系列让步，并乐于减弱他本人的权威、减少他的特权，呼吁其人民一起分享其祖先所不知道，或者也并不渴求的自由——这样的一位君王，尽管他也屈服于人类和君王们共有的弱点，尽管他也一度认为有必要以武力来对付那些公然以不顾死活的阴谋来反对他本人及其残存的权威的人——尽管所有的这些都应该纳入考量，但我认为很难可以由此推出他应当受到巴黎的大凯旋及普赖斯博士所给予他的冷酷和侮辱性待遇。从这样一个对待君王的事例中，我真为自由这项事业而感到焦虑。我也因为最邪恶的人类罪行未受到惩罚而为人道这项事业而感到焦虑。但是还有一些心灵卑贱和堕落的人，他们满足于以敬畏之情仰视那些深知如何能稳固地保住自己的宝座，严格控制着自己的臣民，维护自己的特权，并以严酷的专制主义所意识到的警觉来防止人们为迈向自由而走出一步的国王们。面对这些君主，他们从来都不敢抬高声调说话。这些背弃原则、走了好运的人，永远都不可能从受难的德行中看到任何的善，也不能从成功的篡位中发现任何罪行。

如果能够清楚地向我表明，法国的国王和王后（我是指在这场胜利之前的国王和王后）真的是冷酷无情的暴君，他们蓄意密谋去要屠杀国民议会（我想我曾在某些公开的出版物中看到对此有类似的暗示❶），那么我会认为对他们的俘虏是正当的。如果这是真的，该做的就不只是这些了，但是在我看来，应该以另外的方式来做。对暴君的惩罚是一种高贵而又可敬的正义之举；确切地说来是对人类心灵的一种慰藉。但是如若让我来惩罚一个邪恶的国王，我也会在对犯罪进行报复的同时顾及其尊严。正义是严肃和庄重的，只有在非此不可的情况下才应施以惩罚，但凡还有选择，就不应诉诸此手段。如若尼禄（Nero）、小阿格里皮娜（Agrippina）、路易十一（Louis the Eleventh）或者是查理九世（Charles the Ninth）成为惩罚的对象，或者是瑞典的查理十二世（Charles the Twelfth）在谋杀了帕特库尔（Patkul）之后以及他的上一任克里斯蒂娜（Christina）❷ 在谋杀了莫纳尔代斯基（Monaldeschi）之后落入您手中，跟落入我手中，我想我们的行为会有所不同。

如果法国国王，或者法国人的国王❸（或者不论你们宪法中新词汇以什么样的名字称呼他），不论他本人还是他的王后真的应

---

❶在某些出版物中有暗示：在攻占巴士底狱之前，就已经广泛地流传说路易十六决定要向武装军队求援。——编译注

❷从尼禄到克里斯蒂娜：这些统治者一贯被辉格党视为是魔鬼般的暴君——编译注

❸法国国王或法国人的国王：从"法国国王"这一称呼变为"法国人的国王"意义重大，暗示了迄今为止拥有一个国家的君主，在事实上是与法国人民在某种程度上的契约。——编译注

当遭受这些未经公开、未得惩治的谋杀或者是比谋杀更为残酷和频繁的侮辱，那么他就并不配享有下属对他行政上的委托了（这在我看来是被加诸他的），也不配被称为是一个被他伤害和压迫的民族的首领了。在一个新的共和国里是不可能选出一个比被废的暴君更为糟糕的职位的。但是，把一个人贬为最为罪恶的罪犯对其加以侮辱，随后又以你们全部的关切将他视为一个忠实、正直和热情的仆人来加以信任，在推理上是前后矛盾的、在策略上是不谨慎的、在实践中也是不安全的。能够做出这样一种安排的那些人，比起他们可能对人民犯下的任何其他罪行来说，一定能够更为轻易地犯下违背人民托付的罪。既然这是你们行动前后矛盾的政治领袖们所能犯下的唯一罪行，那么我可以推断，这些可恶的含沙射影❶是没有任何根据的。我想其他的中伤诽谤也强不到哪儿去。

在英格兰，我们对他们不寄予任何信任。我们对敌人是仁慈的、对盟友是忠诚的。我们以厌恶和鄙夷来唾弃那些以他们肩上

---

❶是指前两段中作者所提到的关于路易十六镇压革命的流言。——编译注

佩戴的鸢尾花纹章为证据，给我们编造花边轶事的造谣之人。❶ 在我们的纽盖特监狱乔治·戈登（George Gordon）勋爵❷正在绝食。既不是因为他是一个公开的犹太教皈依者，也不是因为他以他的热情反对天主教徒以及一切异教徒时鼓动一群暴民推倒了我们的监狱，我们才为他保留有一份自由，尽管他并没有以一种相配的有德的方式去享有自由。我们重修了纽盖特并且租用了那幢大厦。我们拥有和巴士底狱一样坚固的监狱用来囚禁那些敢于诽谤法国王后的人。就让这位高贵的诽谤者在这所精神的避难所里继续待着吧。让他在那里冥想他的塔木德经吧，直到他学会拥有与他的出身和身份更为相称的行止，从而不再给他所皈依的古老的宗教丢脸；或者直到海峡另一边的你们那里有人为了取悦于你们新的希伯来兄弟教友，而愿意赎他出来。彼时，他可能会有能力以犹太教会堂的旧餐桌以及 30 个银币的长期微薄复利（普赖斯博士已

❶鸢尾花纹章：也译作百合花纹章，鸢尾花纹章象征法国王室，但法国的妓女也会在肩膀上烙上鸢尾花的或者百合花的标记。拉莫特伯爵夫人（Comtesse de La Motte）就印有这样的纹章。她是一位家道中落的贵族后裔，她利用各种骗术，骗取了一心想要与法国国王路易十六的王后玛丽·安托瓦内特修好关系的罗昂红衣大主教的信任，她让一名与王后相貌相似的制帽女工，冒充王后与罗昂见面，并假借王后的名义让罗昂大主教为她购买一条价格十分昂贵、连王后本人都觉得太过奢侈的项链。这个项链事件后来使王后身败名裂，拉莫特虽被识破，并被判刑，但后来她利用各种手段骗取世人同情，成功逃亡英国，并在那里撰写回忆录，捏造很多关于王后的情史，名单上有红衣主教、公爵、演员、男仆、国王的弟弟、王后的女友、巴黎的女同性恋、街头妓女等，使得王后成为法国最淫荡、邪恶和阴险的女人的代名词，从而让法国人对她更加痛恨，并最终被推上断头台。——编译注
❷乔治·戈登勋爵，新教协会的会长，因于 1780 年煽动反对天主教的暴乱而被囚禁，1788 年又因诽谤法国王后被囚。——编译注

经为我们展示了，在18世纪90年代这些复利带来怎样一个奇迹）来购买最近发现已经被法国天主教会所侵占的土地。把你们巴黎的天主教大主教派给我们吧，我们会派给你们一个我们新教的拉比。我们将会像对待正直的绅士那样来对待你们派来作为交换的人；但是我们会祈祷让他带上他用于待客、馈赠以及施舍时所要用到的款项，我们不会没收那笔荣耀而又虔诚的资金中的一个先令，也不会想到要靠掠夺济贫箱来充实国库。

跟您坦言，我亲爱的先生，我觉得我们国家的荣誉多少跟反对旧犹太这个社团以及伦敦酒馆的进展有关。我不受任何人的委托。我只代表自己发言，当我表示反对的时候，就如我以全部可能的热情，与那场凯旋的行动者和崇拜者进行全面深入的交流那样。当我断言任何东西跟英格兰人民密切相关时，我是基于观察，而不是基于权威做出的。我这么说的根据是我与这个王国生活的形形色色的人广泛而又复杂的打交道的经验，以及在早年生活中和将近40年持续的留意观察。考虑到我们与你们只是区区24英里的海峡之隔，而且我们两个国家之间的相互往来近来又是如此频繁，我常常震惊于你们对我们的了解居然是如此寥寥！我怀疑这要归咎于你们是通过特定的几个出版物形成对这个国家的看法。这些出版物错误地让人以为它们真的代表了在英国普遍流行的看法和趋势。几个意在喧哗和吵闹中掩盖其对结果的渴求，相互吹捧的阴谋小集团的虚荣、不安分、鲁莽冒失和阴谋诡计，使得你们以为我们暂时对他们能力的忽视成了我们对他们观点加以普遍默认的一个标志。我向您保证，绝非如此。因为尽管有半打的蚂蚱在草丛里以没完没了的叫声围成了一个场环，但是依然有成千只大牲畜在不列颠橡树的阴凉下休息，静静地反刍食物，所以就不要认为只有那些发出噪音的才是这块土地上唯一的居住者；当然他们为数不少。再者，毕竟他们也不同于那些干瘪瘦小、蹦跶着的、叫声很吵也很烦人的只有几小时生命的昆虫。

我几乎敢于断言，我们之中加入革命协会这场"凯旋"的人，不超过百分之一。如果法国的国王、王后和他们的孩子由于战争的机缘落入我们之手，尽管有着最激烈的敌意（我反对这样的事件，也反对这样的敌意），他们也会被待以另一种凯旋的形式进入伦敦。我们之前就在这种情形下迎接过一位法国国王。❶ 您通过阅读可以知道他是如何被这块土地上的胜利者所对待的，以及此后他在英格兰所接受到的礼遇。从那以后已经过去四百年了，但是我相信我们在那个时代以后并没有什么本质上的变化。多亏我们顽强地抗拒着变革，也多亏我们这个民族性格中冷漠的惰性，我们依然还保留着我们祖先的印记。我们还没有失去十四世纪思想的慷慨和高贵，也还没有把我们自己变成野蛮人。我们不是卢梭的皈依者；我们也不是伏尔泰的信徒；爱尔维修也没有在我们之中取得何种进展。没有无神论者成为我们的布道者，疯子也没有成为我们的立法者。我们也知道我们没有做出任何新的发现，我们也不认为在道德方面能有什么新的发现，或者是在政府的重大

---

❶指的是法国国王约翰二世在百年战争中曾以囚犯身份进入伦敦。——编译注

原则以及自由观念上会有什么发现。对此我们在出生之前就已经了解了，就算是我们的妄自尊大已经在坟墓中腐朽，就算是无言的墓碑将其自然的法则加诸我们鲁莽的喋喋不休，也还是一样。在英国我们还没有全然放弃我们天然的内心，我们依然从内在感知自己，我们珍惜并呵护培育这些与生俱来的情操，它们是我们职责的真诚护卫者和积极监督者、所有自由且阳刚的美德的真正支持者。我们也还没有被挖空内脏捆绑在支架上，被全是关于人权的毫无价值的、含糊不清的烂纸屑塞满，就像博物馆里的标本鸟一样，腹内塞满了干草和破布。我们依然全部保留着我们内在情感的纯洁性和完整性，没有受到卖弄学问和不信教的污染。我们胸腔里跳动着的是真实的、有血有肉的心。我们畏惧上帝；我们以敬畏之情仰望君主，以爱戴之情看待国会，对地方长官怀有责任感，对神父充满崇敬，对贵族满怀敬意。[15] 为什么？因为当这样的观念被带入我们的心灵时，我们自然而然会受到影响；因为其他所有的感情都是错误和虚假的，意在腐蚀我们的心灵、污染我们原本的道德，使我们无法适应理性的自由，通过教给我们一种奴性的、放纵无度的傲慢，使我们短期内纵情于低俗的娱乐，使我们的一生都只能适应于过一种奴隶的生活。

先生，如您所见，在这个启蒙的时代，我竟然胆敢承认我们就总体而言是怀有天然情感的人；此外，我们不但没有抛却我们旧有的偏见，反而还非常珍视；可以大言不惭地说，我们珍视这些偏见恰恰因为它是偏见；它存在得越是久远，流传得越是广泛，我们就越珍视它。我们担心的是让人仅靠个人理性的库存进行生活和交换，因为我们觉得每个人的库存是非常之少的，但是如果每个人都能利用各个时代各个民族总银行库存的所有资本，就会活得更好。我们很多有识之士，并没有去破除普遍的偏见，而是运用他们的远见卓识去发现在这些流行的偏见中所蕴含的智慧。如若他们找到了他们所要寻找的（事实上他们很少失败），他们会认为，将理性融入偏见中让它继续下去，是比撕掉偏见的外衣而只剩下赤裸裸的理性更为明智的做法；因为带有理性的偏见可以促使那个行为具有理性，并且能给予持久性的影响。偏见能够在紧急关头发挥用处；它在事先就已经在人的头脑中注入一种稳定的智慧和美德，可以让人在疑惑、迷茫、举棋不定的时候不那么犹豫不决。偏见让一个人的美德成为他的习惯，而不仅仅只是一系列不相关的行为。通过偏见，他的职责成了他天性的一部分。

你们国家的文人、政客以及我们这里那些已经启蒙了的组织，在这些方面则完全不同。他们不但对其他人的智慧毫无敬意，并以对自身智慧的完全自信而完全取代了这种敬意。仅仅因为一个东西是旧的，就足以激发他们去破坏它旧有的体系。至于新的事物体系，他们从来也不担心仓促中建起来的，其持久性如何，因为对于那些在他之前所做的事情，他从不做考虑，并且对于那些把全部的希望都寄托于新发现的人来说，持久性从来都不成其为他们的目标。他们依照他们的理论体系，认为所有不朽的事物都是邪恶的，因此他们与所有现存的秩序都处在一场无法调和的战争之中。他们认为政府就跟服装的款式一样，可以随时变化而不会产生什么恶劣的后果；除了着眼于眼前的便利外，任何国家宪法都无须秉持任何原则。他们说起话来好像是在他们与他们的行政长官之间存在着一种单向度的契约，这个契约并不是双向对等的，只对他们的行政长官具有约束力，人民可以只凭意愿而无需任何理由就将其解除。他们只有在国家能够赞同他们那些变化不定的规划时，才会暂时地依附于他们的国家，这种依附性则因政体是否符合他们善变观点而开始或告终。

这种学说或者说这种观点，在你们国家新的政治家中似乎很盛行。但是他们与我们这个国家一直都在践行的全然不同。

我时有耳闻，你们法国目前所做的是在效仿英国这个榜样。我想申明一下，你们现在所做的一切，几乎没有什么是源自我国人民的实践或是主流观念的，更不论什么法案或者是程序所体现的精神。请允许我再补充一点，我们不想从法国那里学习什么经验教训，也从没打算教给那个国家些什么。我们这里参与你们变革的阴谋集团也还只是少数几人。如果不幸因为他们的阴谋、布道、出版物，以及因为他们如愿以偿地跟法兰西民族建立起决策和武装联盟，并因此获得的自信，使他们吸引了相当一部分人到他们的派系，以至于想在我们这里尝试模仿你们在那个事件中已经做过的事的话，我敢断言，他们会由于给自己的国家招惹了麻烦，很快也自取灭亡的。这个民族在过去并没有因为尊崇永远都不会犯错的教皇而改变自己那些悠久的法律，他们将来也不会因为对哲学家教义模糊的虔诚信仰而改变它，尽管前者已经用革除教门和圣战将自己武装起来了，而后者则是以诽谤和路灯杆作为威胁行动起来了。

以前，你们的事务只与你们自己相关。我们只是以旁观的个人来感受它，因为我们不是法国的公民。但是当我们看到有人已经将这个模型架到我们这里来了，我们就必须以英国人的身份来感受它，并且我们只能以英国人的身份来感受它。不论我们自己怎样，你们的事务已经成为我们利益的一个部分，到目前而言至少在与你们的灵丹妙药和瘟疫保持距离时是如此。如果它是灵丹妙药，我们并不需要。我们知道这种不必要的药品所具有的疗效。如果它是瘟疫，那么它就是一场需要我们建立最严格的检疫隔离来加以防止的瘟疫。

我从多方得知，有一个自称是哲学家的小集团在（法国）最近的事件中捞取了不少荣耀，他们的观点体系在整体进程中起到了真正的激励作用。我从没听说过此前英国能有哪个党派，不论是政治的也好、文人的也罢，是因这个而闻名的。在你们那里，他们难道不是由一些愚笨普通的粗鄙的无神论者和不信神者组成的吗？不是吗？如果是的话，那么我承认，我们国家也曾有过这样一些在他们那个时代曾经显赫一时的作家。但是现在他们已经在湮没无闻中永远地沉寂了。在过去四十年里出生的人，谁还会去读科林斯（Collings）、托兰德（Tolland）、廷德尔（Tindal）、查布（Chubb）还有摩尔根（Morgan）那一众自称是自由思想家❶的人所写的一个字呢？现在还有谁在读博林布鲁克（Bolinbroke）❷呢？有谁通读过他的作品呢？可以到伦敦的图书出版商那里去问问，这些曾经的世界之光如今都怎样了？用不了多少年他们寥寥几个继承人也要到"整个凯普莱特家族"❸的家族墓里去了。但是不论他们曾经和现在怎样，在我们这里，他们过去、现在都完全是没有关联的个体。在我们这里，他们保持着他们那类人的共同特性，但并没有结为一个群体。在这个国家中，他们从没以一个团体进行行动，或者是以一个派系而著称，更别提以那样的名义或者身份，或者是为了其派系的目的而去影响任何公共问题。至于他们是否应该这样存在以及是否应该允许他们这样行事则是另一回事了。由于英国并没有这样的阴谋集团，所以他们的精神也不曾在我们宪法最初的框架的建立或者是其后对宪法进行的几次修订和完善的过程中发挥过什么作用。这一切都是在宗教和虔诚的支持下完成的，并且由宗教法令所认可的。这一切都源自我们民族性格的质朴，以及理解力上一种与生俱来的直接明了，这长久以来就是我们中权威人士的性格特征。这一性格还会被保持下去，至少在这个民族的主体中会继续存在下去。

---

❶这些人都是倡导自然神论的作家。——编译注

❷博林布鲁克子爵，亨利·圣·约翰（Henry St. John）（1678—1751），政治家，因拥护詹姆士二世，两次流亡国外，流亡期间从事历史和哲学研究。他在英国成立了一个知名的文学圈，并成为文学圈内的中心人物。此处柏克引用他是作为君权神授论观点的代表。——编译注

❸见《罗密欧与朱丽叶》，凯普莱特（Capulet）是朱丽叶所在家族的姓。——编译注

我们知道，或者说我们内心深处更清楚地觉得，宗教是公民社会的基础，是一切善和慰藉的源泉。[16]在英国，我们对此是如此地确信无疑，以至于经历了漫长的岁月，人类头脑中聚集起来的谬误和迷信都无法锈蚀它，百分之九十九的英国人都不愿意不信神。我们绝不会蠢到引狼入室，找一个敌人来清除我们制度中的腐败、弥补它的缺陷、完善它的构造。如果我们的宗教信条需要做更深入的阐释，我们也不会请一个无神论者来对之加以解释。我们不会在自己的神庙里点燃不虔诚的火。我们的神庙将会被其他的光所照亮。它这里点上的将是别的香，而不是那些伪劣的形而上学的走私犯所出口的有害物质。如果我们的教会制度需要做出修改，我们不会以或公或私的名义，或者是巧取豪夺来对教会的奉献收入加以审查、收讫或者使用。我们也不会激烈地谴责希腊或者是亚美尼亚教会，甚至在情绪平静下来后，也不去攻击罗马的宗教制度，我们偏爱新教，不是因为我们认为它包含的基督教更少，而是因为根据我们的判断，它包含的更多。我们成为新教徒，不是出于冷漠，而是出于热忱。

我们知道，我们自豪地知道，人就其构造上来说就是一个宗教动物；无神论不仅违背我们的理性，也违背我们的直觉，因此它是无法持久的。但是，如果在一个动乱的时期，从地狱的蒸馏装置（目前正在法国猛烈的沸腾）中所散发出来的炙热之气让我们进入了醉酒式的精神错乱，于是我们抛却了让我们一直引以为傲的、给我们精神慰藉的、成为我们和其他许多民族文明源泉之

一的基督教，从而使我们毫无遮掩地裸露自己，我们就会明白
（非常清楚地知道心灵是无法忍受真空的），某些粗野、有害以及
堕落的迷信就可能会取代它的位置。

基于那个原因，在我们要从我们的制度中删掉自然的、符合
人性的评估方法，并将其摒弃之前，（就如你们已经在做的，并因
此而理当受到惩罚），我们希望提供给我们其他的东西来替代它，
彼时，我们再以此形成自己的判断。

根据这些观念，而不是像某些不能接受这些制度并将对现存
的制度所持的敌意发展成为一种哲学和宗教的人那样，我们牢牢
地忠实于这些制度，我们决心维护现有的教会、现有的君主制、
现有的贵族制和现有的民主制，每一种都以其现有的比例存在，
不再寻求增大。我将会为您说明我们所拥有的这些制度每一项的
比例是多少。

这个时代的不幸（不，有些先生认为这可是光荣）就在于任
何一样东西都需要经过讨论，好像我们国家的宪法一直都是一个
有争议的话题，而非是保障我们所享受的权利的。基于这个理由，
同时也为了满足你们国家有些想要从这些事例中得到好处的人
（如果你们国家真有这样的人的话）的愿望，我就斗胆烦请您听一
听我对这些制度的一些小小看法。我不认为古罗马在更新他们的
法律时，先派遣使者到他们所能到达的组织得最好的共和国去考
察是不明智之举。

首先，请允许我谈一谈我们的教会制度，这是我们的第一个

偏见，但这种偏见并不缺乏理性，而是包含了一种更有深度和广度的智慧。所以我想先谈一谈它。在我们的心灵中它是贯穿始终的。正是基于我们现在所拥有的宗教制度，我们才能按照早就接受了的、始终如一的人类感觉来行事。这一感觉，不仅像一个智慧的建筑师，筑起了雄伟的国家结构，而且像一个有远见的领主，保护这个建筑不受亵渎和毁坏，使之像神庙一样净化所有欺骗、暴力、不义以及暴君所带来的污秽，永远神圣地献身于共和国及其所有的公共事务。这一种神圣化使得所有代表上帝管理着人类政府的人，都应当以一种崇高而可敬的观念来看待他们的职责和使命；也使得他们的希望应当充满了不朽，他们不应当只看到眼前区区的不义之财以及俗人们转眼即逝的赞誉，而是应当看到他们天性中坚实的、永存的不变的部分，应当看到永恒的名声和荣耀，这是他们留给世界的丰厚遗产中的一个典范。

这样崇高的原则应该注入拥有尊贵地位的人的头脑中去，而宗教制度则使得这些原则可以持续地复苏和执行。以理性的和自然的纽带连接起人类对神的理解和热爱的每一种道德、每一种文明、每一种政治制度，对于建造一个伟大的构造——人来说，是必不可少的。人的特权就在于，在很大程度上他是自己的造物，当他被造化成他所应是之物时，他就注定在造化中拥有并非无足轻重的一席之地。但是由于更优秀的品性应该永远的居于支配地位，当一个人出人头地时，在这种情况下，他就更应该尽其所能地使自己趋于完善。

通过国教制度而把国家神圣化，这对于以一种有益的敬畏之情来管理自由公民也是必不可少的。因为，要保障他们的自由，就必须拥有一定程度的权力。因此，对他们来讲，一种与国家及其责任相关联的宗教，比起人们只是囿于私人情感和自己家庭事务而屈从于宗教的社会而言，是更为必要的。拥有不论何种程度权力的人都必须牢牢铭记并对这一观念充满敬畏，即他们的行为是受到委托的，因此他们的行为要对托付他们的那个上帝——人类社会的伟大主宰者、创造者和奠基者负责。

那些拥有共同主权的人应该比那些拥有单一君主主权的人更应该牢记这一原则。没有工具和手段，君主什么也做不成。但是任何一个借助于手段和工具的人，都会发现工具和手段也会成为阻碍。因此，他们的权力，就绝不是完整的，在他们对权力进行极度滥用的时候就更不安全了。但是，这样的人，不论被阿谀奉承、无知傲慢和自以为是弄得如何自我膨胀，也都能意识到，不论是否受到实在法的约束，他们都会在一定程度上对即便是被他们滥用了的托付负责。如果他们没有被其反叛的人民砍头，也可能会被为了镇压反抗他们的人民、保卫他的安全而安排的禁卫军绞死。正因此，我们看到法国国王被那些想要增加军饷的士兵出卖了。但是，一旦人民的权威成为绝对的和不受任何限制的，人民对其手中的权力（因为有更坚实的依据）就会拥有无限的自信。在很大程度上，他们成了自己的手段。他们距自己的目标更近。另外，他们对这世界上最具有支配力的名誉感和荣誉感，也怀有更少的责任感。在公共事务中，能落到每个人头上的臭名声的比例也是微乎其微，舆论的作用跟滥用权力的人数成反比。他们对自己行为的赞许就披上了公共评判的外衣。因此，完美的民主是世界上最无耻的东西。因为它最无耻，所以它就最有恃无恐。没有谁担心自己会成为惩罚的对象。的确，人民作为一个整体，永远都不应该成为任何人手中的惩罚对象，[17]因为所有的惩罚都是为了保全整体人民而以儆效尤的。因此，不让他们以为他们的意志比起任何国王来，更应该成为是非对错的标准，就显得无比重要。更应该劝导他们明白，他们并没有更多的权利或者资格，为自己的安全之故，而去随意使用武断的权力。他们也不能因此就借自由的假象，而在实际上是行使一项反常的、本末颠倒的统治权，专横地要求那些行使公务的人不是将其全部都献身于他们的利益（这本来是他们的权利），而是屈从于他们突发奇想的意愿，从而消灭了所有服务于他们的人的所有的道德原则、所有尊严感、全部判断力以及始终如一的性格，与此同时，他们也可鄙地让自己成为大众的阿谀奉承者和宫廷的殷勤逢迎者俘获的对象。

没有宗教，人们就永远都不可能清除内心的种种私欲，当人们意识到他们是受到更高的序列等级的委托来行使权力——这项权力，要想具有合法性就必须依照永恒法来行使（对意志和理性来说亦然）——他们就会对该如何将权力交付于卑鄙无能者的手中加倍谨慎。当他们在委任官员时，就不是运用权威去分配一份可怜的工作，而是在履行一项神圣的职责；不是为了他们肮脏的一己私利，不是为了他们荒唐的反复无常，更不是为了他们专横的意志。他们只会把那项权力（任何人在交出或者接手它的时候都会颤抖）托付给那些能够让美德和智慧主宰自己行动的，并能在总体上负责的人。他们就存在于那些不可避免地具有巨大的不完善性和缺点的所混合组成的大众之中。

当他们习惯于相信，对于一个本性良好的人来说，没有什么罪恶（不论是法律上的还是经过许可的罪恶）是可以被接受的时候，他们就更容易清除掉所有官员，不论是文职的、神职的还是军职的官员的头脑中，与傲慢的、无法无天的统治哪怕只有一丁点相似性的任何东西。

但是对共和国和法律进行尊崇的首要的一个主导原则，便是要防止它的短暂拥有者和终生租用者，完全不管何物是继承自他们的祖先，何物应该传给他们的后代，他们的所作所为好像他们是完全的主宰者。他们不应当觉得，他们有权利仅凭自己高兴就可以去破坏他们社会的整个基本结构，切断传承、挥霍遗产，给他们的后人留下的不是一个住宅而是一片废墟，——教会他们的继承者对他们的发明物丝毫不怀敬意，就如同他们对待他们的祖先留给他们的制度一样。由于这种毫无原则的像赶时髦一样对国家进行的频繁而随意的改变，国家整个共和国链条的统一性就会断裂。没有任何一代人能与其他代的人承接起来。那么人类就比夏天的苍蝇好不了多少。

首先，将不会再有人去学习法理学这一人类智慧的骄傲了，它所有的缺陷、冗繁和错误都是经过长久的岁月而积累起来的理性，它对原始的正义原则和人类利益的无限多样性的融合，却被视为是旧时代错误的堆积。个人的自负和傲慢（这是那些从来都没有见过比他们自己更有智慧的人的必然产物）就会霸占法庭。自然，也没有什么确定的、以希望和恐惧作为不变的基础而成立的法律，能够保证人们的行动朝往一个方向，或者是引导他们走向某一特定的目的。在财产的占有和职责的行使方面，也没有什么稳定的形式可以提供一个坚实的依据，以便于父母为子女教育或者是未来在这个世界上安身立命的事业做打算。更没有什么可以一早就形成习惯的原则。一个最有能力的教师，兢兢业业地教完了所有的课程时，他会发现一切都变了，自己非但没能教出一个受过德性训练、能够为自己在社会上赢得关注和尊重的学生，反而还把他变成了这个世界上可鄙又可笑的可怜虫，对何为尊重的真正的基础一无所知。在一个货币标准频繁更换、没有谁知道何为衡量荣誉的标准的国家里，谁能够保证对荣誉的纤细敏感会一直伴随内心的最初冲动而跳动呢？生命中没有哪个部分能够为了得到它而保留下来。由于缺乏稳定的教育和确定的原则，随之而来的必然是科学和文学上的野蛮，艺术和制造业上的拙劣；长此以往，不消几代人，共和国本身就会土崩瓦解，离散为个体的尘埃，彻底地随风烟消云散。

因此，要想避免由于反复多变所带来的、比对盲目偏见的坚持还恶劣上万倍的灾难，我们就要视我们的国家为神圣的，除非是出于应有的谨慎，否则任何人都不应当指责它的缺陷和腐败，任何人都不应当想着通过对它的颠覆而对它进行改革。他应当像孝顺的儿子对待父亲的伤口一样，满怀虔敬和忧虑。这种充满智慧的偏见教我们以恐惧之心看待法兰西儿女，他们急于把自己年迈的父亲砍碎，然后再放入法师的罐子，希望用毒草和疯狂的咒语来复活他们父亲的肌体，使他们的父亲获得新生。

社会的确是一个契约，但不是一个以偶然的利益为标的，可以凭一时高兴就得以解除的附随契约——国家不应该被视为仅仅是一个为了进行辣椒和咖啡、棉布或是烟草贸易，或者是其他类似不具关注度事物的贸易而签订的合作契约，因而只是具有很微不足道的暂时利益，可由缔结方任意地解除。应当怀有别样的敬意来看待它，因为它并不是仅仅为了服务于一个在肉体上短暂而有朽的动物的生存而进行的合作。它是所有科学领域、艺术领域及各种德行在最大程度上的合作，由于这种合作的目的只有通过很多代人的努力才能实现，因此它就不仅仅是现在生活的这一代人之间的合作，也是那些当下活着的与已经死去的，以及那些将要出生的人之间的合作。每一个特定国家的契约都是永恒社会的伟大原始契约中的一个条款，连接着自然界的低等事物和高等事物，连接着可见世界与不可见世界，遵照神圣誓约所许可的固定合约，约束着自然界和道德界的所有事物都各安其分。这一法律并不服从于人的意志，而是人基于无限高于自己的义务，让自己的意志服从于这一法律。那个统一王国中的市政机构，在道德上并没有这种随心所欲的自由，仅仅因为突发奇想想要改良，就可以完全打乱和割裂其下属社区的纽带，而将其基本组成部分分解为孤立的、粗野的、不连贯的一团混乱。只有当一种必要性不是出于被动选择而是出于主动选择的，是经过无限的深思熟虑，认为无须讨论，也无须证明，便足以说明采取无政府状态是正当的时候，这种必要性才是首要的和最高的。这种必要性并非是规则的例外，因为这种必要性本身也是事物道德和物理属性的一部分（人或者自愿或者被迫地服从它）；但是如果把对必要性的服从当成是选择的目标，那么法律就会遭到败坏，自然会被违逆、反抗者就会被非法地从这个理性的、秩序井然的、和平的、高尚的、勇于忏悔的世界中抛却，被驱逐到一个疯狂、混乱、邪恶、迷茫和徒然悲伤的对抗的世界中去了。

亲爱的先生，这些，我认为现在是，过去是，并且以后长期都会是这个王国里并非是最无知无识和不知思索的人的看法。被归于这一类的人所形成自己观点的根据是这类人应当形成自己的观点。那些不那么喜欢刨根问底的人则从权威那里获得了这些观点，上天注定有些人需要依赖别人而生，因此他们也无须为此感到惭愧。这两类人都是殊途同归，都是按照宇宙的秩序前进。他们都认识到或者感知到了这样一个伟大的古代箴言：*Quod illi principi et praepotenti Deo qui omnem hunc mundum regit, nihil eorum quae quidem fiant in terris acceptius quam concilia et coetus hominum jure sociati quae civitates appellantur.* ❶ 他们在心中谨记这条原则，并不是因为它所直接承载的那个伟大的名字，也不是因为它可以追溯到一个更伟大的名字，而是因为它本身就可以为任何高深的学识、人类的共同本性和共同关系赋予真正的重量和首肯。设若他们相信，一切事物要有参照物才能被造出来，并且所有的参照都归于可以给一切提供指引的那个参照点，那么他们就会认为自己不论是作为心灵庇护所中的单独个体，还是作为个人的集合体，他们都一定会去唤起他们对自己高贵出身和命运的记忆，还要以全体的名义去表达其全民族对公民社会的创立者、创作者和保护者的敬意。无此，公民社会中的人是毫无可能实现他本来可以企及的完善程度的，更别提远远地、微微地接近于这种完善了。他们认为，上帝既然赋予了我们通过以个人美德去实现自我完善的本性，也就会赋予它实现自我完善的必要手段。因此国家便基于祂的意志产生了——国家与所有完美的源泉和最初的原形也基于祂的意志建立起了联系。但凡相信祂的这一意志的人——他的意志是法中之法、君王之王——就不会去谴责我们全体的忠诚和虔敬，以及我们对最高主权的认可。我禁不住要指出的是，这种对国家的祭献本身就值得被置于高高的神坛上受到普世的赞扬，应当根据人类被其天性教导所形成的习惯，以适度的华丽、低调的姿态、

---

❶柏克此处的引用与西塞罗《共和国》中的原文稍微有些出入，但对主要意思没有影响。该段的意思是：对于统治着宇宙的至高无上的主来说，这个世上，没有什么比一种通过正义感而将人类的组织和社会结合起来的叫作国家的东西更受欢迎的了。——编译注

温和的庄严和节制的隆重，将其应用到建筑、音乐、装饰、演讲、个人尊严等所有公开的、神圣的行为中去。出于这些目的，他们认为这样使用一部分国家财富与刺激个人的奢侈享乐同样有用。这是一种公共的装饰。这是一种公共的安慰。它滋养着公共的希望。最穷苦的人也能在其中发现自己的重要性和尊严，与此同时个体的财富和骄傲又时刻都让那些地位卑下的人与缺乏财富的人充满自卑感，并自贬身份。正是为了那些生活卑微的人，为了提升他们的天性，让他们从心里达到一种境界——在那里财富的特权将会停止，届时他们将是生而平等的，同时因为美德之故，他们可能得到的还不仅仅只是平等——于是就神圣地使用了其国家共同财富的一部分来帮助他们。

我跟您保证我不是为了标新立异。我跟您表达的这些观点是从古流传至今，在我们这里就被普遍接受的观点。我头脑中所产生的这些观点我自己也无法分清楚哪些是我从别人那里学来的，哪些是我自己思考的结果。

正是基于这样一些原则，大多数英国人都不认为一个全国性的宗教制度是非法的，更无法想象没有它竟然可以是合法的。如果你们不相信我们对它的依恋超过其他所有万物以及对其他所有国家的依恋，那么你们法国就大错特错了；当这个民族出于偏爱而做了一些不明智和不公正的事时（他们肯定曾经这样做过），你至少会在他们所犯的过错中发现他们的热诚。

这一原则贯穿于他们的整个政治制度中。他们并不是把教会制度看作是一种便利，而是对他们的国家所必不可少的，它不是一个异化的或者是可分的东西，或者是为了便利之故而添加的东西，即那种他们为了图一时之便，想保留就保留，想放到一边就放到一边的东西。他们把它视作他们整个宪法的基础，基于它、基于它的每一个部分，它成为一个固若金汤的整体。教会和国家在他们心里是不可分割的观念，几乎不存在提到一个的时候而不提到另外一个的情况。

我们的教育也是据此形成的，以肯定和巩固这种印象。我们的教育，从幼儿到成人的所有阶段，几乎是完全掌握在教士之手的。乃至于我们的年轻人，离开学校和大学，进入其人生中最关键的时期，即要将经验和所学结合起来的那个时期，他们是怀着这样的观念到其他国家游学的：没有年长家仆的陪同（就像我们经常在其他地方看到的那样，一些要人都由管家陪着的），跟随我们年轻的贵族或绅士到国外的人中，有四分之三都是神职人员；他们既不是以严厉的主人也不仅仅是以随行的身份，而是作为一个品行严肃的朋友和同伴陪同这些年轻贵族出游的。而且他们往往并不比那些被陪同的人出身差。由于这种关系，他们终生都会保持一种密切的联系。我们认为，通过这种关系将我们的绅士与教会之间关联起来了，同时教会也通过与这个国家的领袖人物的互动，得以自由化了。

由于我们对这种古老的教会形式和制度形式如此坚持，以至于从十四或十五世纪开始就几乎没有产生过任何变化；就如同对其他所有事物的坚持一样，我们特别地坚持，对于我们古老而稳定的信条，永远都不一下子使其与古代的完全背离。我们发现，整体而言，这些古老的制度对道德和训诫是有益的，可以在不改变其基础的条件下对其加以调整。我们认为，按照上帝造物的秩序，保留科学与文学增益的部分，它们完全有能力接受和改造。毕竟，正是凭借这种哥特式的和僧侣式的教育（因为它本来就是这样的），我们才可以声称在照亮和装扮了现代世界的科学、艺术以及文学的进步过程中，我们与欧洲的其他任何国家一样，在很早就做出了巨大的贡献。我们认为这项进步的一个最主要原因就在于我们的祖先所留给我们的知识遗产。

正是由于对教会制度的依恋，英格兰民族才会认为，把全体巨大的根本性利益托付给他们所不信任的任何民事或者军事的公共服务部门，即不稳定、不可靠的个人捐税，是不明智的。他们看得更远。他们从来没遭遇过，并且永远都不会遭遇将教会固定的不动产变成一项依赖于国库的补贴，可随时因为财政的困难，或者有时候出于政治目的而冒充的财政困难而被推迟、截留甚或取消。其实，这些困难多数情况下都是因政客的挥霍无度、玩忽职守和贪得无厌造成的。英格兰人民认为他们是出于宪法及宗教上的动机来反对任何意图把他们独立的教士变成领取国家宗教补贴的计划。当教士的影响力依赖于王权时，他们会为他们的自由而担忧；当教士依赖于王权之外的其他势力而陷于派系之争时，他们就会为公共的安宁而担忧。因此，他们就让他们的教会如同国王和贵族那样，拥有独立性。

出于宗教和宪法政策的双重考虑，同时出于这样一种看法，即确保为弱者提供慰藉和为无知者提供教导是一种义务，他们把教会的不动产认定为大众的私人财产，不论在使用权还是支配权上，国家都不是所有者，只是一个监督者和管理者。❶ 他们规定这项制度条款应该坚如磐石，不应当随着资金以及行动的尤里普斯❷而随意波动。

英国人，我指的是英国的有识之士和领袖人物，他们在智识上（如果有的话）是开放和直接的。如果他们在表面上公开信奉一种宗教而实际上却鄙视它，他们本人也会为这类愚蠢的骗人把戏感到羞愧的。如果通过他们的行为（人的行为是世上仅有的几乎从不说谎的语言），他们似乎把伦理世界和自然世界中这项伟大的统治原则仅仅看作是让平民百姓恭顺的发明，他们就会明白，以这样的行为，会使他们所希望的所有政治目的都落空。他们会发现，他们很难让别人去相信一个他们自己显然都不相信的制度。这片土地上的基督教政治家首先是为大众服务的，只因为他们是大众，也正是基于同样的理由，这也是所有教会机构甚至所有机构的首要目标。他们被教导说，对一个真正的使命的最大考验就

---

❶柏克坚持认为，一个国家内像教会这样的法人财产，也应当被视为是与个人财产相同的，因此应当受到法律的同等保护。这就为下文中国家与教会关系的大篇幅论述提供了基础。——编译注
❷尤里普斯是希腊本岛和埃维亚岛之间的海峡，以水流的湍急而著名。——编译注

是看他们向穷人传递福音。因此他们认为，对于那些不相信它的人，不认真对待它的人，就应该去给穷人布道。因为他们也知道，仁慈并不仅仅局限于某一类人，而是应该将其给予每一个需要它的人，所以，他们没有对悲惨大人物的不幸失去应有的忧虑和同情。并没有因为他们那种难于取悦的讲究、傲慢自大和自以为是的臭脾气，就剥夺了他们对自己的精神污点和痛苦进行疗伤式的关注的机会。他们知道宗教的教导对这些人来说，比对别人具有更重要的作用，因为他们面临更多的诱惑，因为他们的错误会导致更严重的后果；因为他们的坏榜样会产生不良影响；因为有必要让他们对谦逊和美德之轭低下傲慢和野心勃勃的头；因为十足的愚蠢和公然的无知（人们最应当知道的）在法庭、军队首领以及参议院已经与田间坊间一样盛行了。

英国人民感到满意的是，宗教对大人物所提供的慰藉与它所能提供的教导是同等必要的。他们也是不幸福的人群中的一员。他们也有个人的痛苦和家庭的不幸。在这一方面，他们并不享有特权，但是他们要支付所有可能的道德捐税。他们需要这种无上的安慰来平复折磨人的忧虑和焦灼。这种焦虑——源自对动物生活的有限需求不甚了解——的范围其实是无限之广的，经由疯狂的、信马由缰的想象力的无穷组合后更是变得形形色色。需要有某些慈善的救济来填补我们这些不幸的兄弟心中因对世上的一切都不怀希望也不带恐惧而造成阴暗的空虚；需要有些东西来缓解这些无所事事之徒的致命消沉和过度萎靡；需要一些东西来激发他们在对所有可以用金钱换取的享乐感到厌倦之后继续生存下去的欲望。对于这种金钱买来的享乐，自然都无法按照其本身的进程发展，甚至所有的欲望都被提前预料到了，享乐被事先的计划和设计好的欢愉破坏了；在愿望和目标成就之间没有任何阻隔和障碍。

英国人民知道，如果教会的教士们不是因为万不得已才同他们来往，并且在有些情况下，还必须向那些人行使某些类似权威的东西的话，教士们对那些存在已久的有权势之人的影响力将会是何等的微乎其微，对于那些新贵们的影响又该会是怎样的少之又少。如果在他们眼里，这些教士团体的地位不过就是他们家庭仆役的地位，他们会对这个团体怀有怎样的看法呢？如果贫穷是出于自愿的，那可能会有所不同。自我否定的强烈动机会在我们的心里发挥强有力的作用，一个无欲无求的人则会获得极大的自由、安宁乃至尊严。但是，作为不管是来自哪个阶层的芸芸众生中的普通一员，他绝不会自甘贫困。由于世俗的贫困而不受尊重的情况，教士自然也并不能幸免。所以我们的制度颇有先见之明地考虑到要使给自以为是的无知者提供教导的，对无礼傲慢之过加以审查的人，既不会招致他们的蔑视或靠他们的施舍过活，也不至诱惑有钱人忽略了对他们心灵的真正治疗。基于这一原因，在我们首先满足为穷苦人提供以一种父母式的关切的同时，并没有把宗教（就像我们耻于表明的那样）贬斥到穷乡僻壤中去。非但没有，我们还让她在法庭和议会高昂着主教的教冠！我们让她融入所有人的生活、融入社会各个阶层里去。英格兰人民要向世界上所有自以为是的当权者、夸夸其谈的诡辩者们证明，一个自由、大度且开明的民族是尊重他们教会中的高级官员的；而且也不会忍受财富和名誉的傲慢，或者是何种其他的骄傲自负，以鄙夷之情来藐视他们所尊重的；更甚或去践踏凭借后天努力获得的个人的高贵，这种高贵他们希望是，并且也往往是后天努力的结果，而不是对知识、虔诚和美德的回报（又有什么能成为其回报的对象呢？）。他们看到一个主教走在公爵前面丝毫不觉痛苦或者勉强。他们看到一位达勒姆主教或者温彻斯特主教一年有高达一万英镑的收入也不会这么认为，即为什么这些人握有这笔钱就会比手握同等数量不动产的勋爵或者乡绅更坏呢？尽管实际的情况是前者并没有把本该用来喂养人民孩子的食物喂给数量众多的犬和马。整个教会的收入并不总是把每一个先令都用于慈善的，而且也许也不应该这样，但大部分还是都用于这个方面了。对美德和人道的珍爱最好应该留给自由意志，尽管有时候不能实现目标，但总是强于把人仅仅当作政治慈善的机器和工具。如果世界整体不是通过自由而获得的，那么美德就难以存在了。

一旦共和国确认教会的不动产也属于财产权，就不会经常听到关于其多寡的评论。"太多"或者"太少"都是对财产权的背叛。当最高权威对所有的财产都拥有一种绝对的监督权，可以防止对它的任何一种滥用时，只要一旦出了明显差错，就把它引导至一个符合其制度目的的方向，不论它在何人手中，又能产生什么样的罪恶呢？

在英国，我们多数人都会认为是出于对白手起家之人的妒忌和恶意，而不是出于对自我否定的热爱和教会古老的禁欲主义，才使有些人对并不是剥夺自任何人的、与美德无干的名望、荣誉和收入横眉侧目。英格兰人民的耳朵是灵敏的。他们听见这些人大肆谈论这些。但是他们的舌头背叛了自己。他们的语言是骗人的行话、满口伪善的假仁假义和胡言乱语。这些夸夸其谈的人假装要把教士带回到最初传递福音时的那种贫困境地——尽管他们应当一直在精神上保持着这种状态（我们也应当保持，不论我们是否喜欢），但是当那个机构和国家的关系发生变化，当礼仪习俗、生活方式以及整个人类事务的秩序都发生了翻天覆地变化的时候，有些东西就必须得变了——英格兰人民一定会这么想。

由于这些观念在不列颠下议院议员们的头脑中已经根深蒂固了，在处理国内紧急事务时，永远都不会想到以没收教会和穷人财产的方式来扩充财力。渎神和剥夺人权也不是我们供应委员会能想到的招数和办法。伦敦交易所街（Change Alley）的犹太人也没敢流露出他们希望把属于坎特伯雷教区的收入作为抵押的想法。我毫不担心当我向您做出如下保证的时候会遭到否定，即在这个王国任何一个党派或者是阶层的公共人物中，您都不能如愿以偿地找到一个人，是不谴责国民议会被迫进行的不诚实的、背信弃义的、无情的没收行为的，本来对财产权的保护应该是国民议会

的首要职责。❶

我要略带民族自豪感地告诉您，我们英国人中有些本来是希望向巴黎的社团举起盛满他们厌恶之情的酒杯的人，已经开始感到失望了。对你们教会的洗劫为我们的财产安全提供了一份保障。它惊醒了世人。他们怀着恐惧之情警觉地目睹了这场穷凶极恶、不知廉耻的掠夺行径。他们已经睁大双眼，并将更进一步看清阴险小人内心私欲的扩张和狭隘的心胸气度，他们以深藏不露的伪善和欺骗作为开始，以公开的暴力和劫掠作为结束。在国内我们已经看到了类似的端倪。我们将严密防范出现类似的结局。

我希望我们永远都不会彻底失去社会联合体的法律所加诸我们的责任感，而以任何公共服务为借口，去没收一个无辜公民的财产。除了暴君，还有谁能想到不经控告、听证、审判，就让另一帮人、成百上千的人一起去霸占别人的财产？哪一个尚存一丝人性的人会想到要把出身高贵、担任神职的人打倒？他们中一些人的年龄，会让人立刻对他被从共和国的最高地位（这个地位是因为他所持有的土地所有权而在国内获得的），打到一个贫穷、悲惨而又耻辱的境地而产生敬意和同情。

财产被充公的受害者之前的餐桌，是摆在残忍而贪婪的掠夺者眼前的一场盛宴。充公者粗暴地将他们从自己餐桌旁赶走，然

---

❶1789 年 11 月，法国教会的财产被宣布"由国家处置"，在被出售之前被用于冲抵国债。——编译注

后的确倒是从中弄了些残羹冷炙作为对牺牲者的打赏。但是把人从独立状态转变成依靠施舍度日本身就是非常残忍的行为。人们在某种生活状态下可能容忍的条件，可能对其他事物就难以适应了，当其他所有条件都发生变化时，可能会发生一场可怕的革命。一个具有美德的心灵，被判决犯了任何罪行都是痛苦的，除非这种罪行是要剥夺其生命的罪行。对有些心灵来说，贬低侮辱和名声扫地是比死亡还要严厉的惩罚。一个由于教育经历和他所从事的宗教职位这双重的教导而对宗教持有格外偏爱的人，要从将他洗劫得一贫如洗的那些渎神的、没有信仰的人的手里领取从自己过去财产的一点剩余中所划出来的施舍；不是接受虔诚信徒的慈善捐赠，而是从不堪一击的、公然嚣张宣称自己是无神论者的人那里领取（如果他们终究还是接受了的话）维持基本宗教生活所需的费用（这点基本费用的发放标准是根据他们所持的鄙夷态度决定的，目的只是让领取这点救济的人在世人眼里变得卑贱和一文不值），更无疑是无限地加剧了这种苦难的残酷性。

但是这种对财产的占有行为，看似好像是依法做出的判决，而不是一场没收。他们似乎已经从罗亚尔宫（Palais Royale）和雅各宾派❶那里找到了学术依据。（这些学术主张）有些人对他们依据法律、依据习俗，根据法院判决、根据千百年来所形成的惯例

❶罗亚尔宫是奥尔良公爵在巴黎的府邸。当时的奥尔良公爵由于觊觎王位，一直在国内煽风点火，鼓动暴乱和革命，唯恐天下不乱。十月事件他就曾有所参与。

雅各宾派，在法国革命最开始就已经成立，是巴黎俱乐部里处于领导地位的一个，在圣誉街的"前多明我会"修道院聚会。——编译注

而拥有的财产是没有权利的。他们说教会是法人、是国家的创造，国家可以任意将其摧毁，理所当然可以对其任何一个方面加以限制和改造。因此他们所拥有的财产并不是他们的，而是属于创造了这个法人的国家；因此我们也无须自寻烦恼地为了我们对他们这种拟制人格的所作所为而带来的自然情感或者作为自然人所遭受的痛苦而担忧了。你们究竟是以何种名义去伤害他人，并剥夺别人正当的职业报酬的？更何况这种职业在过去不仅是被政府允许的，而且还是受到鼓励的，正是基于这种对确定薪酬的预期，他们形成了自己的人生规划，缔结债务，并且使大众都对他们形成了完全的依赖。

先生，您不会以为我还要长篇大论地对这种可悲的对人的区分示以祝贺。暴政的力量有多可怕，为它辩护就有多么可鄙。如果你们国家的财产抄没者们，不是通过早期的犯罪获得了可以确保赦免他们所犯之罪及欲犯之罪的权力，那么本应该驳斥诡辩家成为盗窃罪和谋杀罪帮凶的，就不是逻辑学家的三段论推理，而是行刑人的鞭子了。巴黎现在那些强词夺理的暴君在高声谴责那些已经离开统治之位、在旧时代里给这个世界带来烦恼的暴君。他们之所以这样英勇无畏，是因为他们绝不会被他们的旧主人关入地牢和铁笼子里去了。当我们看到我们旧日的暴君在我们眼前所上演的更凄惨的悲剧时，我们会不会对他们稍温和一些呢？如果我们能够像他们曾经的那样，可以安全地行使自由时——当说出一个正直的真理，只需要对我们所厌恶的人表示鄙视就足够了的时候，我们是否也会跟他们一样呢？

按照他们的行动体系，对一切所有权的侵害最初都是以令人惊诧莫名的借口即对信守国家约定的尊重为幌子的。财产权的敌人起先佯装成出于对国王所欠公共债权人的债务最小心谨慎、无微不至的关怀。这些人权的教授们太过忙于教导别人了，自己都没有任何闲暇进行自我提升；不然的话他们就会明白，是国民的财产，而非国家债权人的要求，才是公民社会所要求信守的首要的、最初的约定。公民的要求在时间上是先在的，在资格上是最高的，比平等权还要居于优先地位。个人的财产，不论是后天努力得来的，还是继承而来的，抑或是由于参股了某个团体而获得的，都不应当成为债权人抵押担保的一部分，不论该担保是明示的还是暗示的。况且当他达成这一交易的时候，他根本还不知道这回事。但他非常清楚，不论政府是由君主还是议员来代表，它都只能以公共财产作为抵押，而且除非是通过对全体公民按照正当比例征收的，否则它就不能拥有任何公共财产。这才是应该向公共债权人保证的，除此以外就别无其他了。没人能够以他自己的不义作为他忠诚的抵押物。

不可避免地会看到，由于在信守这场变革中有重大影响（不是根据债务的性质，而是根据缔结合约的人的类别）的新公共合约方面走了严格和随意两个极端，而出现了矛盾。除了现金债务，法国国王旧政府的所有行为和法令的合法性都得不到国民议会的承认。其他所有的法案在合法性上也都是极其含糊不清的。国王政府其他所有的法案都被如此深恶痛绝，以至于根据它的权威提出任何权利主张看起来都像是一种犯罪。国家津贴作为对国家提供服务的回报，如预付给国家的现金债券一样，当然是财产权的合理基础。它甚至是更合理的基础，因为需要支付薪酬，而且是优厚的薪酬才能获得那些服务。然而，我们看到了，法国这类人中的大多数，即便是在最专制独裁的大臣手下，在最武断独裁的年代，都不曾被剥夺过他们的薪俸，却遭到了这个人权议会无情的劫掠。当他们在要求自己用血汗换取的面包时，他们被告知，他们所提供的服务，并不曾服务过现存的这个国家。

公共信誉的这种随意性并不仅仅局限于这些不幸的个人。这个议会，它必须以其完美的一致性，着力于认真考虑它究竟在何种程度上应该受到前政府与其他国家签署的条约的约束，他们的委员会应当报告哪些他们应当要予以批准，哪些不用。通过这种方式，他们就把这个新生国家的对外信誉放在了与其国内信誉同等的水平。

并不难想象究竟是基于什么样的推理原则，王室政府就不应该具有凭借其本身的特权而支付服务薪酬以及缔结条约的这两种权力，但是可以有以国家的实际收入和可能收入对债权人做担保的权力。在所有事物中，国家财富最不被允许成为法国国王及其他欧洲任何君王的特权的。对公共收入的抵押意味着对公共钱袋在最大程度上的完全控制。这甚至都已经远远超出了对临时的、偶然的收税权的一种委托。然而，这一项危险的权力（是极权专制的最明显标志）所实施的行为却成为唯一神圣的了。它的资格来自一个民主议会对某个财产主体的偏袒，竟然是凭借其对君主权威中最受非议和憎恶部分的行使，那么这种偏袒产生的根源又是什么呢？理性不能用来调和这种不一致，偏袒也不能解释公平原则。但是，尽管承认对于这种矛盾和偏袒是不能合理解释的，但并不等于承认没有充足的理由解释其原因，而且我发现其原因并不难找。

由于法国庞大的债务，一股颇有势力的大金融利益群体也在不知不觉地壮大。❶ 但是由于这个王国中盛行的古老习俗，财产的一般流通，特别是土地和金钱以及金钱到土地的互相流通，始终都是很困难的一件事。比英国更为普遍和严格的族规、jus retractus❷ 以及根据法国法律的一项基本原则，王室拥有的不可转让的庞大地产、教会机构的大量不动产——所有的这些都导致法国土地和金融资本之间更为疏离，更加不可融合，于是，这两种不同财产的所有者也就不如英国这样彼此存在好感。

百姓在很长时间以来都以一种嫌恶的眼光在看待金融资产。他们把它与自己的悲惨境遇关联起来，而且认为这还使他们的悲惨处境恶化。而旧的地产利益集团对它的嫌恶也并不更轻。部分

---

❶柏克坚持认为，有相当数量的法国革命的支持者，比如公共债权人，更多的是出于保住自己的金钱的目的，而非理想。

❷jus retractus 是罗马法中的一种创制，根据这一权利，不可转让的继承权就可以恢复。

原因与人民嫌恶它的原因是一样的，但更多的是因为他们对奢华的招摇炫耀，使一些没有门第的以及只有头衔的空头贵族相形失色。即便是当代表永久性土地利益的贵族通过跟其他阶层的联姻（这是常有之事），用其财富使自己的家族免于没落，但是他们依然还是把这些财富视为是对自己门第的玷污和贬斥。这样一来，通常可以化敌为友、化干戈为玉帛的方法，反而倒是加剧了各方的敌意和怨恨。与此同时，那些不是贵族或者是新晋贵族中的富人，却因其事业的发展而越发骄纵。他们对自己的低人一等充满怨恨，对自己低人一等的理由也拒不承认。只要是可以打击对手的高傲气焰，同时把他们的财富提升到与其自然等级和名望相称的地位，他们乐于无所不用其极。他们通过王权和教会来打击贵族。他们专门攻击自认为对手最为脆弱的方面，那就是教会的财产，那一般都是经由王室的赏赐而移交给贵族的。主教职位和受举荐的大修道院圣职，几乎毫无例外的都由那一阶层担任。

在古老的贵族土地利益与新兴的金融利益之间不易为人察觉的真正较量中，最大的力量掌握在后者手中，因为它更便于应用。金融利益天生就适合于任何类型的冒险，而其拥有者也倾向于从事各种新的事业。作为新生事物，它天然地就适应各种新奇之物。它就成为所有希望变革的人所要取得的那种财富。

伴随着金融利益，一个新的阶层也成长起来了，并与这种利益迅速结成了一个密切而显眼的同盟——我指的是政治文人。文人喜欢标新立异，很少会去反对创新。自从路易十四去世、他的伟大雄风衰落以后，他们不再受到不论是来自他本人还是其摄政王❶以及其王位继承人所给过的那么多栽培了，也不会像在那个铺张奢华却并不明智的统治时期那样，可以靠那么按时按例的恩惠和赏赐来献身于宫廷了。失之东隅收之桑榆，对于在旧时宫廷庇护下所丧失的，他们通过加入一个类似自己的团体来加以奋力弥补；在这之中，法国的两个学派以及后来被这些先生们所推进的《百科全书》❷这项伟大事业，所做的可不是一般的贡献。

这帮文人集团在多年前就业已形成了一个类似于要摧毁基督教的定期计划。他们对于实现那个目标的狂热程度，迄今为止只在某些派系虔诚的布道者身上看见过。他们所具有的让人改变宗教的精神已经达到疯狂的程度，因此根据他们的方法，很容易就会发展成为一种迫害精神[18]。任何不符合他们伟大目标的事情，不管是直接的还是间接的行为，都可能会通过长期的舆论媒体来加以改造。要实现这种舆论，第一步就是要对掌控它的人建立起控制。他们千方百计地以高明的手法和不屈不挠，使自己获得了通往文学名声的所有方法。他们中的不少人确实在文学和科学方面具有很高的地位。这个世界对待他们非常公平，因为对一般才华的偏爱，而原谅了他们古怪原则中邪恶的倾向。这是一种真正

---

❶摄政王：奥尔良公爵菲利普二世（1674—1723）在路易十五未成年时期，从1715年到1723年是法国的摄政王。——编译注

❷《百科全书》：在启蒙时期许多最伟大的天才作家的号召下，为了提供关于艺术和科学的全面词典，于1751年出版了第一卷。——编译注

的雅量，但他们对此的回报却是竭力将他们在见识、学识和审美上所具有的名望，都悉数归于自己和自己的追随者。我敢说这种褊狭的、排外的精神对文学和审美的危害，丝毫都不亚于对道德和真正哲学的损害。这些无神论的神父们对自己有一种偏执，并且他们学会了以教士的精神来反对教士。但在有些事情上他们还是世俗之人。阴谋诡计也被他们用来以弥补论据和智力上的不足。在这种文学垄断的体系中，又加入了一种坚持不懈的努力，不惜以各种方法、各种手段来抹黑和败坏那些不属于他们派系的人的名声。对于早就看透他们精神的人，这一切都再清楚不过：除了缺少能将他们不宽容的言论和文字变成可以打击财产权、自由和生命的权力外，他们已经万事俱备了。

而加诸他们的那些零星的无力的迫害，更多的是出于形式和面子，而非重大的怨恨，因此既没有削弱他们的力量，也没能延缓他们的努力。全部问题就在于，不论面对何种反对，不论面对怎样的成功，一种世人前所未知的暴虐和邪恶的狂热，已经完全占据了他们的心灵，使得他们本来应该是悦人而有教益的谈话，变得十足令人作呕。一种结党图谋、改变信仰的精神已经弥漫于他们的思想、言词以及行动中了。因为一种广受争议的狂热很快就会把自己的思想变成武力，他们开始偷偷摸摸地与外国君主通信，希冀假借他们的权威（最初他们是巴结这种权威的）来实现他们所希望的变革。至于这些变革是通过专制主义的雷霆还是群众叛乱的地震来实现，他们对此则完全漠不关心。这个阴谋集团与普鲁士先王的通信，❶ 充分展露了他们行动的精神。[19] 出于他们与君王们暗中勾结相同的目的，他们以一种引人注目的方式，培植起了法国的金融利益阶层；另外，还部分通过个别官员提供给他们的以最大限度和特定方式的传播思想的方法，他们小心地把持了所有言论的渠道。

作家们，特别是当他们以一个团体而朝同一个方向行动时，会对公共的思想产生巨大的影响力；因此这些文人和金融资本[20] 所结成的联盟，在打消民众在这种财富的憎恶和嫉妒方面，其发挥的作用非同小可。这些作家，就如所有新事物的鼓吹手一样，假装对穷人及下层百姓怀有极大的热情，同时，通过对宫廷、贵族和教士每一个过错的夸大和嘲讽而使他们显得可憎。他们就成了蛊惑人心的煽动者。为了偏袒一个目标，他们就成了联系可恶的富人与骚动而绝望的穷人之间的纽带。

因为这两种人是最近革命中的主要领导者，那么他们的联合和政策就可以解释为什么教会机构的所有地产在遭受攻击时所面临的普遍的狂怒了，而无须用任何法律或政策原则来做解释了；也可以解释为什么会与他们宣称的政策相反，他们居然会给在王室权威下发展起来的金融利益那么大的关照了。对财产和权力的所有嫉恨，都被人为地导向去反对其他富裕阶层了，除了我已经说过的之外，还有什么其他原则可以解释对教会财产这种反常的、

---

❶腓特烈二世（Frederick，1712—1786），曾经与法国的许多作家有书信往来。——编译注。

变态的态度？这些财产已经经历了多少世代的变迁、内乱的袭击，也曾受到正义及偏见的保护，如今却被用于支付一个由已经被推翻了的、广受非难的政府新近缔结的不公平债务。

公共财产是否足够抵押公共债务？如果认为它不是，那么必定会在什么地方产生损失——当仅有的和合法财产恰恰不足够抵押时，缔约的各方在他们进行交易的时候肯定考虑过。那么根据天然而合法的公平原则，谁应该成为受损的一方呢？当然应该是赊卖方，或者是说服对方做出赊卖的一方，或者是双方共同承担，但肯定不能是与这项交易没有任何利益牵涉的第三方。如果遇上资不抵债，应当由借给有不良担保的一方的不争气的出借人，或者是被误导而持有无效担保的一方来承担损失。除此之外，法律不知道还有其他的判决规则。但是在这个人权的新机构里，根据他们的公平原则，唯一应该承担损失的人是那些完全无辜的人：他们既不是出借人，也不是借贷人，更不是抵押人或抵押权人，却要承担债务。

教士们与这些交易有什么关系？他们与这些远远不在自己债务范围的公共债务有什么关系？可以肯定的是，为了这些，他们连最后一亩土地也都贡献出去了。没有什么比国民议会，依据其新的平等和新的道德，在对教士这一债务问题的处理上，更能将其真正的精神引导到参与公开的没收了。这个财产抄没机构，除了对金融利益是忠诚的以外，对其他一切阶层都是虚假的，他们发现教士特别能够承受法律债务。当然，他们宣称教士对这些财产具有合法的拥有权，也就是承担债务和附随的抵押地产的权力。他们是在确认这些受迫害的公民拥有权利的同时，又在同一法案中这样粗暴地践踏了它。

如果，确实如我所言，除了全体公众外，还有什么个人应当补足公共债权人的亏空的话，那么就必定是那些处理这一合约的人了。但是，为什么不去没收那些总审计长的财产呢？[21] 为什么不是那一大帮因为他们的行为和建议而让国家贫困，却肥了自己口袋的部长、金融家和银行家呢？难道拉波德（Laborde）先生❶的地产不比巴黎大主教的财产更应该被没收吗？后者与公共债务的产生和倒卖可是丝毫没有关系。或者，即便你们要通过没收旧的地产来照顾金融家的利益，为什么一定要把惩罚局限于一个阶层呢？我不知道舒瓦瑟尔公爵（Duke de Choiseul）从他旧时的主人那里获得的不计其数的赏赐里还有没有剩余，正是因为在战争及和平时期的各种挥霍造成了今日法国的债台高筑。如果那些还有剩下来的，为什么不将其充公没收？我记得我曾在旧政府的时期去过一次巴黎。当时正值艾吉永公爵（duke d'Aiguilion）被专制主义的护佑之手从断头台上抢救下来（大家普遍是这么认为的）。他当时是部长而且与那个时期的种种挥霍浪费都有一定关系。为什么没有把他的地产交给其所在的市政府呢？诺瓦耶

---

❶拉波德：法国的总审计长，是法国监管全国金融和经济生活的第一大臣。拉波德家族对王室金融涉入得很深。弗朗索瓦－路易－约瑟夫·拉波德·德·梅雷维尔（？—1801）于1785年接替他的叔叔成为王室财产的总管。他的助手则是他的父亲让·约瑟夫·德·拉波德（1724—1794）。——编译注

（Noailles）这个贵族世家长期以来就是法国王室的臣仆（我必须承认他们是很值得称道的），当然也分到了一定的赏赐。但为什么我从不曾听说要把他们的地产拿来充抵国债呢？为什么罗什福科公爵的财产就比罗什福科红衣大主教❶的财产更神圣呢？我毫不怀疑前者作为一个富人，对他自己的收入支配有方（如果说谈论财富的使用方式——因为影响到了财产权的资格——并不是一种亵渎的话），但是我根据可靠的消息说，（我这么说并不是想对他不敬），他的兄弟[22]鲁昂红衣大主教对自己财产的使用也是同样合理，而且他更受称道和更具有公益精神。有哪个人听到这样的人被剥夺公权并且没收财产而不会感到愤慨和恐怖？如果在这种情况下都不会产生这样的感情他就简直不是人了。不表达这种情感的人不配享有自由人这一称号。

还不曾有过哪个野蛮的征服者，在财产上做过如此可怕的变革。罗马任何一派的首领，在其拍卖掠夺物竖起 "*crudelem illam hastam*"❷ 时，所出售的他所掠夺的公民的财产，也不曾达到这样惊人的数额。不得不偏袒这些古代暴君，他们的所作所为，很难说是因为冷血无情才做的。因为复仇的情绪、因为由鲜血和掠夺

---

❶ 舒瓦瑟尔公爵（Étienne‑François, Duke de Choiseul, 1719—1785）和艾吉永公爵（Emmanuel‑Armand de Vignerot du Plessis de Richelieu, duc d'Aiguilon, 1720—1788），都是路易十五在位期间的重臣，前者死后给妻子留下巨额债务。诺瓦耶子爵（1756—1804）、罗什福科公爵（1747—1827）和罗什福科红衣大主教（1713—1800），在革命早期都是支持革命的，都是来自支持王室的大家族。——编译注

❷ 拉丁语，意为"血腥的矛"。进行拍卖的时候，在地上树立一柄长矛是古罗马的一个习俗。引自西塞罗《论义务》，第二卷，第8章，第29节。——编译注

而产生的不计其数的报复和新近的惩罚，将他们的热情点燃了，脾气变暴戾了，理解力也变得混乱。由于他们已经无望获得这些家族的宽恕，出于对交出权力、交出财产的担忧，他们被迫突破了节制的所有限制。

这些罗马的劫掠者，仅仅只是暴君的初级水平，也不曾受过关于人权的教导，会在没有任何缘由激怒的情况下就彼此动用各种残暴手段，虽然很有必要为其不正义扯个幌子来进行掩护。他们把这些被征服者视作是以武器或者其他敌对行为来对抗共和国的叛徒。他们把这些人当作是因为他们的罪行才被剥夺了财产权的人。但是对于你们法国，在你们已经进步了的人类头脑中，并没有这样的传统的规章。你们没收了五百万英镑的岁租，并把四万到五万人赶出他们的家园，仅仅是因为"你们高兴这样"。英国的暴君亨利八世，由于他并不比古罗马的马里乌斯和苏拉❶之类受过更好的启蒙，也没有在你们的新学校受过教育，所以不知道在专制主义攻击性武器的大仓库中，居然有一项有效的专制主义工具是叫作人权的。当他下定决心要去抢劫修道院的时候，就如同雅各宾俱乐部洗劫所有教士一样，他还着手建立了一个委员会来审查在这些机构中存在的罪行和滥权。如其所被料想的，他的委员会报道的有实情，有夸大的事实，也有谎话。但是，由于滥权

---

❶亨利八世（1509—1547），为了与第一任妻子离婚而脱离罗马教会，创立英国国教，在创教早期，他曾没收过教会土地。马里乌斯（Gaius Marius，前155—86）和苏拉（Lucius Cornelius Sulla，前138—78），这三个人都被柏克视作是滥用专制权力的贪婪之人的典型。——编译注

是可以被纠正的，由于个人的犯罪并不足以剥夺整个机构的财产，由于在黑暗时代，财产权并不被认为是偏见的创造，所有这些滥用职权（这些都已经够了）都并不足以构成他想进行的没收财产的充足理由。因此他就想方设法让这些地产被迫交出。一个史册上公认的暴君费心费力地采用的这些程序都是他采取冒险行动之前的必要的步骤，他还需通过共享赃物以及永久性免除他们的赋税来贿赂对他卑躬屈膝的两会议员，让他们以议会的法案来肯定他不公正的诉讼。如果命运能够让他活到我们的时代，只需四个技术性的术语就可以搞定他的事情并且解除他的所有烦恼；他所需的不过是一个简短的咒语——"哲学、光明、自由、人权"。

我不能对这些暴君的行为做任何赞扬，迄今为止，不论打着何种旗号都不曾有一种声音称颂过他们。然而，打着虚假旗号也是专制主义对正义致以的敬意。置于所有恐惧和所有怜悯之上的权力也并没有完全不顾任何廉耻。只要羞耻心还在坚守它的岗位，美德就不会被从心中彻底根除，节制也不会被完全从暴君的头脑中驱逐出去。

在此情形下，我相信任何一个正直的人都会在心中认同我们的政治诗人，无论何时，只要贪婪的专制行为呈现在他眼前或者出现于他的想象，他都会祈祷，希望避开这种凶兆：

请勿让风暴

降临于我们的年代，毁灭必须于此改良。

告诉我吧（我的缪斯），何等可怕的冒犯，

什么样的罪行能够激起一个基督徒国王，

雷霆大发？奢侈，抑或贪婪？

他是这样的节制、庄重而又正义么？

这些是他们的罪行么？这些主要是他自己的，

但是对于贫穷的他，财富就足够成为一项罪恶了。[23]

  同样的财富，一直以来都是作为贫困而贪婪的专制主义的对立面和背叛者，却能引诱你们为了一个目标而去侵犯财产权、违反法律、亵渎宗教。但是难道法国真的凄惨到毫无办法了，只能靠抢劫来维持自己的存续了吗？关于这一点我希望能得到一些信息。难道法国的财政真的到了各个部门都依照正义和善良的原则去节俭，所有等级公平分担债务都无法得以恢复的地步了吗？如果这样平等的分配就足够了的话，你们很清楚它是很容易做到的。内克（Necker）先生❶曾经把预算摆到在凡尔赛开会的各个等级面前，详细地解释过法国的国内状况。

---

❶雅克·内克（1732—1804），日内瓦银行家，路易十六政府最后几年中担任财政总监。他于1777年改任财政总监，取消杜尔哥的改革试验，采取借贷办法弥补财政赤字。1781年公布政府财政报告，透露预算赤字和特权等级年俸数额，引起宫廷不满，被迫辞职。1788年复任财政总监，支持召开三级会议，促成第三等级代表人数与特权等级代表人数相等，主张各等级纳税平等，因而触怒国王和特权等级，1789年7月11日被免职。7月14日革命爆发后，路易十六召回内克，再任财政总监。他反对没收教会产业和发行捐券，主张实行温和的改革，与制宪议会的政策相抵触，遂于次年9月辞职，退隐日内瓦。——编译注

如果我们对他给予信任，就没有必要为了使法国维持收支平衡而摊派任何新的税了。他说明，各类永久性开支（包括4亿新贷款的利息）为531444000里弗；固定收入为475294000里弗，就等于产生了56150000里弗或者是2200000英镑的赤字。但是为了平衡赤字，他提出通过节约和增加收入的手段（被认为是完全确实的），其数额已经超过了赤字的额度；他用以下令人印象深刻的话总结说：*"Quel pays, Messieurs, que celui, ou, sans impots et avec de simples objets inappercus, on peut faire disparoitre un deficit qui a fait tant de bruit en Europe?"* [24] 至于内克先生的讲话中所涉及的偿债、消减债务以及关于公共债务和政治安排的其他伟大目标，无疑都是可以接受的，不过需要无差别地对所有公民的要求在最大程度上进行一个公平和合理的评估。

如果内克先生的这个报告是错误的，那么国民议会就应该为逼迫国王选择内克来作为自己的大臣而受到最严厉的谴责了，因为国王的被黜，就是因为任用了这样一个竟然胆敢在这样一个紧急关头，在与自己的专门职责直接相关的事情上臭名昭著地滥用其主人及议会信任的人。但是，如果这份报告是正确的（跟您一样，一直以来我对内克先生都怀有一种高度的敬意，因此我毫不怀疑它的正确性），还能说些什么来偏袒他们呢？他们不去使用公平的、合理的、普遍的捐税摊派，而是毫无必要地求助于冷血的、不公平的、残酷的没收。

教士和贵族是否以特权为理由拒绝过这种捐税呢？绝对没有。

至于说教士阶层，他们甚至走在了第三等级的意愿之前。在召开三级会议之前，他们就已经给他们的代表发出了直接而公开的指示，说是要放弃任何让他们与他们的同胞国民地位有明显不同的豁免权。教士在放弃豁免权方面甚至比贵族还要明确。

让我们假定，就算是财政赤字如内克先生一开始说的那样，还有5.6亿里弗（即220万英镑）。那么我们进一步假设他所说的用来弥补赤字亏空的所有财政来源都是厚颜无耻、毫无根据的捏造，因而国民议会（或者是雅各宾派负责文件审查的老爷们）[25]也有正当理由将所有的负担都摊到教士头上——但是即便如此，只需要220万英镑并不足以支持他们没收500万英镑的财产。尽管从教士那里强行征收220万英镑是不公平的、暴虐的和不正义的，但是不足以毁灭那些被强制征税的人，因此还不符合这些管理者真正的目的。

也许不了解法国状况的人，在一听到法国的教会和贵族拥有免税特权时，就会以为在革命以前，这些机构从来不给国家缴纳任何的税。这真是大错特错了。他们自然并不是每个人缴纳的捐税都一样多，即便是与平民所缴的相比也都是不一样的。但是他们缴纳的数量都不少，不论是贵族还是教会，都并不享有消费税方面的豁免，从海关税到其他数量种类众多的间接税，这些税种不论在法国还是英国，都构成了公共纳税比例中的绝大部分。此外，贵族还要缴纳人头税。他们还缴纳一种叫第二十个便士的土地税，有时候高达每英镑三先令，有时候高达每英镑四先令。这两种直接的捐税都并不轻、数量也不小。法国政府的附属省份（在面积上占了全国的八分之一，但在财富上所占比例则大得多）的教会需要缴纳一种类似的人头税和第二十便士税，跟贵族的纳税比例是一样的。在旧省的教会不需要缴纳人头税，那是因为他们花了 24 百万里弗，也就是略多于一百万英镑赎来的。他们是被免除了第二十个便士的税，但是他们随后作为一个免费的礼物，替国家签订了贷款，他们还承担了一些其他的支出，全部加起来大约占了他们纯收入的十三分之一。他们每年支付的税差不多有四万英镑，这跟贵族所负担的税捐相同。❶

当惊人的剥夺公权的恐怖高悬在教会头上时，他们通过埃克斯大主教，提出了要贡献一份税捐，这份税捐数量太大了，其实根本都不应该被接受的。但是很明显，这对公共债权人来说却是比没收者所能理性承诺的任何东西都对自己更为有利。但是为什么它没有被接受呢？原因很明显，他们不希望教会来为国家服务。为国家服务本来是他们用来摧毁教会的借口。只要能以他们的方式摧毁教会，他们不惜摧毁国家；他们的确也摧毁了它。但是如果敲诈勒索的计划被用来代替没收计划的话，这项计划的一个伟大目标就要落空了。那么一个为了自己的生存而与新共和国有联系的新的土地利益阶层就不会产生了。这就是那份巨额的赎金计

---

❶关于法国贵族的纳税情况，请参考 C.B.A.贝朗的《法国旧政府下特权阶层的纳税详情》，《经济史观察》1963 年第 15 期和《法国历史研究》1974 年第 6 期，第 8—9 页。——编译注

划没有被接受的原因之一。

这个疯狂的没收计划，在计划的最初还是遮遮掩掩的，但很快就露出了本来面目。立刻把这大量不易出手的地产（由于对王室拥有的所有大宗地产的没收而数量更多了）抛向市场，显而易见必然会因这些土地，乃至法国所有的土地的贬值而无法获得预期的利润。把它所有的流动资金从贸易一下转移到土地上，必然会多添一场祸端。那该采取什么措施呢？国民议会在逐渐意识到他们的土地出售计划所具有的不可避免的负面后果之后，是否会重新考虑教会的捐税呢？没有什么危难能逼迫他们走上一条被任何正义的表象所不齿的道路。在放弃了立即全部出售的所有希望之后，另一个计划似乎随之而来。他们提议用股票来交换教会的土地。但这个计划最大的困难在于如何等分要交换的标的。其他的困难也接踵而至，这又把他们带回到出售之类的计划上来。市政府都已经发出了警告。他们不能接受把整个王国的掠夺物都交到巴黎股票经纪人之手。许多市镇都已经（制度性地）沦入绝望的贫困境地。哪里都缺钱。因此对钱的热烈渴望已经达到了顶点。他们渴望任何一种可以振兴他们萧条工业的货币。后来市镇也被允许参与分赃，这就使其最初提出的设想（如果说它曾经被认真对待过的话）变得彻底得不可行了。公共的紧急开支所形成的压力从各个方面汇聚起来。财政大臣以万分急迫、焦虑和预兆不祥的声音反复重申他需要财政支援。迫于各方面的压力，他们放弃了最初把他们的银行家变成主教和修道院院长以清偿旧债的做法，而是发行了一种年息3%的新债，并以最终全部出售教会土地为依据发行了一种新的纸币❶。他们发行这种纸币首先直接满足的是贴现银行的要求，这是生产他们想象中的财富的一个大机器，或者是造纸厂。

对教会的掠夺现在已经成为他们财政运作的唯一来源，所有政策的救命原则，维持他们权力存续的唯一保障了。为了维持这一行为以及维护做出这些行为的人的权威，他们有必要动用所有手段，乃至于最暴力的手段，把每一个人都拖下水，以一个罪恶的利益把全国都捆绑在一起。为了拖最不情愿的人加入到他们抢劫的行列，他们强制所有的支付都必须使用他们的纸券。那些认为他们一切计划都是以这一目的为中心的，并且随后的所有措施都是以这个中心为出发点的人，就不会觉得我在国民议会的这一部分行动上花费了太多的笔墨了。

为了切断王室与公共正义的一切表面联系，并让所有人都对巴黎的独裁者绝对地服从，高等法院❷古老的独立司法权，包括它所有的优点和缺点，也都被全部废除了。高等法院还存在的时候，显然人们还可以偶尔地求助于它，并团结在其古老法律的准则之下。但是一个值得考虑的问题出现了，那些已经被废除了的法庭

---

❶这种新的纸币叫指券（assignat），正如柏克所指出的，因为它是以对教会土地的出售为支撑的，所以它的价值随着法国革命的沉浮而起起落落。——编译注

❷高等法院：1789年法国一共有13个高等法院。其中最大的一个是巴黎高等法院，判决的案子占全国的三分之一。这些法院的地方法官都享有贵族的地位。但是高等法院体系于1790年9月7日被废除了。——编译注

的地方法官和官员们，为了购买他们的职位以及其所要履行的职责付出了很高代价，但是收到的回报率却低得可怜。简单的没收只是对教士的恩惠；我们会看到他们也以某种表面上的对待法律从业者公平，后者将会收到一笔数额巨大的补偿。他们的补偿金也成了国债的一部分，为了清偿这笔债务，就有了一笔用之不竭的资金。这些法律从业者们得到的补偿金是新的教堂纸券，这是为了跟上新司法原则和立法原则的步伐。那些被解雇的地方法官要么和教士一起分享苦难，要么以这样的方式从这样的资金中得到自己的财产，因为所有这些古老法理学原则锤炼过的人，以及财产权最恒定的守护者，都必定对此极为嫌恶。甚至于那些教士也要接受这些少得可怜的贬值纸币作为补贴，否则他们就必然会饿死。这种贬值纸币，烙上了擦不掉的渎神的印记和他们自我毁灭象征的印记。因为这种强制性的纸券，对信用、财产权以及自由之践踏的暴力程度，是任何时代、任何国度的破产联盟和暴政都不曾有过的。

通过这些运作，终于出现了伟大的神迹（arcanum）❶——实际上，从一个公平的意义上说，教会的土地并没有被真正出售（就目前为止他们全部的行动合起来看可以确定的）。根据国民议会最新的一项决议，它们的确是被转移给了最高出价人。但是可

---

❶ arcanum 一词从字面意思上来说，就是某些隐藏或者是秘密的东西，但这个词被用于炼金术时是指神奇的力量或者是长生不老药，在此处差不多就是这个意思。——编译注

以看到的是，只有一部分购买款是交清了的。其余部分允许在十二年之内交清。因此那些明智的购买者，只需要缴纳一定的押金，就可以立即拥有地产。从某种意义上说这成了送给他们的一种礼物——封建占有制对新制度献上的一份热忱。这项计划显然是允许没有现金的购买实体也可以进入。其结果就是那些购买者，更确切地说是受让人，不仅可以用租金来支付（本来国家也可以收取的），还可以用对建筑材料的掠夺、对森林的浪费，以及不论是什么样的钱，哪怕是用他们那惯于高利盘剥的手从可怜的农民那里压榨出来的钱来支付。这些农民被交给唯利是图、恣意妄为之人随意裁量，而这些人为了满足新政治制度贪婪的规定下日益增长的对土地利润的要求，是不惜动用一切手段的。

当所有这些烧抢掠杀、欺诈、财产没收、强制使用的纸币、各种暴政和残酷手段都被用来推进和维护这场革命，那么其产生的自然效应，会使所有正直和清醒头脑的道德情感震惊。这一哲学体系的教唆者就会立即厉声斥责法国旧的君主政府。当他们把那个被废除的政权抹得足够黑了以后，他们就会论证说，任何不赞同他们这种新的滥权行为的人，必然是旧政府的遗党余孽，任何反对他们这种暴虐自由计划的人都应被视为奴役制的鼓吹者。我承认他们使用这样卑鄙下流的欺骗是迫于无奈。没有什么可以让人去认同他们的行动和计划，除非能假定除了在他们和某些史书中所记载，或者是诗人们所编造的最臭名昭著的暴政之间就没有第三个选择。这样的胡言乱语连被称作是诡辩都不够资格。它纯粹只是厚颜无耻。难道这些先生们，在全世界所有的理论和实践中，从来没有听说过在君主专制和多数人专制之间还有别的统治形式吗？难道他们就没听说过法制的君主制吗？法制君主制既受到一个国家世袭富豪和世袭贵族的制衡，也受到由全体人民的理性和情感明智地制约的一个合理而永久机构的约束。难道就找不出一个没有邪恶犯罪意图或是没有可怜的荒唐言行的人，更喜欢温和的混合政府而不是上述那两种极端的政府吗？难道他不会同时认为，一个缺乏一切智慧和美德的国家，如果轻易选择了这样一个政府，或者是对已存的这种政府给予肯定，为了避免这种后果，即便是犯成千上万次罪并且让他的国家陷于累累罪恶中也是应当的吗？难道这是一个普遍公认的真理吗——纯粹的民主是人类社会唯一能够接受的形式，任何人都不容对其存有片刻疑虑，否则他毫无疑问就是暴政的朋友及人类的敌人？

我不知道该将目前法国的统治当局归类到哪一种。它伪装成纯粹的民主制，虽然我个人认为它会迅速蜕变成为一个邪恶卑鄙的寡头政体。但就目前而言，它还是一个符合其所宣称的性质和作用的一个发明物。我不会仅仅根据抽象的原则就去拒斥任何形式的政府。可能在某些形式下，纯粹民主形式会变得十分必要。可能在有些地方它会变得十分可取（尽管这种特殊的情况非常罕见）。但是我认为这并不适合于法国或者是任何其他大国。到目前为止，我们还没有见过大规模的民主。古人其实比我们更了解民主。他们难道就完全没有读过那些见过民主制度，并对其了解最深的作者写的书吗？他们认为绝对的民主并不比绝对君主制具有更多的合法性，他们甚至认为它是一种腐败堕落的政体，而不是健康的共和政体。如果我记得没错的话，亚里士多德认为民主跟暴政有很多惊人的相似之点。[26] 对此，我可以确信，当在民主政体下产生了严重分歧的时候，多数公民是会用最残酷的手段来镇压少数人的，事实上他们常常也是这么干的；而且对少数人的迫害很快就会演变扩大，其暴虐要远远超过单一王权统治下我们所能想象到的程度。在这种普遍的迫害下，个体所遭受的痛苦要比其他任何情况下都凄惨。在一个暴君的迫害下，他们还能获得他人的同情来抚慰他们伤口的剧烈疼痛；他们还能从人们的赞誉中激发出他们慷慨坚毅以对抗苦难；但是在群众那里蒙受了冤屈的那些人，却是被剥夺了所有外界的安慰。他们就好像是被人类遗弃了，被自己所有同类的共谋击垮。

不过民主制即便没有我所设想的那样，必然会导致党派的专制，不过我也承认，当它和其他形式的政体混合在一起时还具有很多优点，但是君主制本身，难道就完全是不足称道的了吗？我很少引用博林布鲁克，他的书也几乎没有在我头脑中留下过什么长久的印象。他是一个自以为是而且肤浅的作家。但是在我看来，他的有一点观察还是不缺乏深刻和根据的。他说在所有的政府中，他最喜欢君主制，是因为将其他的共和国形式嫁接到君主政体的容易程度，远远超过将君主制嫁接到其他制度中去。我深以为然。事实与历史如此吻合，也与推测的结论完全一致。

我深知老是揪着一个过往的伟大的人或事的过错是很容易的一件事。经过一场国内革命，一个昨天的溜须拍马者可能摇身一变成为今日最严厉的批评者。但是一个坚定的有独立思想的人，当他们考虑诸如政府这类对人类有重大关系的问题时，他们会不齿于这些讽刺者和反对派演说家的角色的。如同他们对人性的了解那样，他们也能够对人类的制度作出判断，他们能够从混杂在一起的有朽的人中分辨出孰善孰恶，从有朽的制度中识别出何为是何为非。

　　你们过去的法国政府，尽管一向被认为是所有君主制中最好的（我认为这些看法都是合理的），但对权力的滥用也是很普遍的。正如在任何一个缺乏群众代表持续监督的君主制下对权力的滥用都积习重重一样，它对权力的滥用也由来已久。对法国那个被颠覆的政府的种种弊端和缺点，我本人并不陌生。而且不论是就本性还是策略上而言，我都不会对一个天然就应当受到责难的对象大唱赞歌。但现在的问题不是去讨论那个君主制的缺陷，而是讨论它的生存资格问题。那么，法国政府当时真的是已经不堪到那种地步，已经不能够并也不配加以任何改造，因而有绝对必要性立刻将整个大厦推倒，为建立起那个理论的、实验大厦而腾让地盘吗？所有法国人在 1789 年初可是持有完全不同的看法。这个王国每个地区的代表所发给其在三级会议的代表的指示中❶，满

---

❶参加三级会议的代表携带了陈情表，内容包含了他们所遭受的苦难以及对此加以改善的计划。——编译注

篇都是关于对政府改革的计划，没有任何计划表露出要将其摧毁的蛛丝马迹。如果真的表露出有这种计划，我肯定必定会遭到大家不约而同因鄙夷和恐惧而发出的拒斥。人们有时是被一步步的，有时候是被一下子推向某些事，但是，如果他们在之前就能够看清楚事物的全貌，他们不会允许最轻微的尝试的。那些指示，除了对已有的权力滥用要求改革以外，并没有其他问题，直到目前为止也还是如此。但是在指示和革命之间，有些东西变形了；正是由于这种变化，真正出现了现在的问题，那些改革了政府的或者说是摧毁了政府的人，他们有权利这么做吗？

听有些人说起法国旧的君主制，你还以为他们是在说在塔赫玛斯普一世（Tahmas Kouli Khan）❶ 暴虐之剑下血流不断的波斯，或者至少是在描述土耳其野蛮混乱的专制主义，尽管在那里，有着世界上最宜人的气候，但是被和平给消磨得比任何一个国家所能被战争毁坏的程度还要严重，在那里艺术变得无人知晓，工业凋敝、科学消失、农业衰退，就连人类自身也从观察者的眼中消失绝迹了。法国也是这样一幅景象吗？我除了引用事实之外没有其他办法来回答这个问题。但是事实并不支持类比。尽管带有这么多的邪恶，君主制本身也有一些优点；法国政府想必已经接受了通过宗教、法律、风俗礼仪、观念等方面进行某种程度的自我矫正；这就使得它只是表面上的专制（由于它并不是自由的，因

---

❶塔赫玛斯普一世，在英语世界中以 Nadir Shah 这个名称更为人所熟知，是波斯统治者，1736 年至 1747 年在位。——编译注

而也不具有良好的宪制），而非实质上的。

在对一个政府功效的诸多评判标准当中，我认为一国的人口是很确凿的标准之一。没有任何处于为非作歹的政府统治下的国家能够人口兴旺，并且不断发展改善。大约 60 年前，法国的各省省长（Intendants of the generalities）❶ 就其治下的几个地区的人口，以及别的几个问题一起做过一项调查。我手头没有这些书，这些书有很多卷，我也不知道何处可以买到（我只能根据自己的记忆了，所以也不是很确定），但是我记得当时法国的人口，根据他们自己在那个时期的估计就多达 2200 万人。而到上世纪末初步估计的人口是 1800 万。不管以哪种估算结果看，法国的人口都不算少。内克先生（在他的时代是这方面的一个权威，至少不亚于各省省长）认为，根据清楚、准确的原则，法国在 1780 年的人口为2467 万。但这是否已经达到了旧体制下人口的极值？普赖斯博士认为法国人口的增长在那一年绝对没有达到峰值。我对普赖斯博士在人口评估方面权威性的尊崇，当然要远远超过对他的一般政治观点的尊崇。这位先生在内克先生数据的基础上，他确信自从这位部长对人口进行估算以来，法国的人口又已经快速增长了——其增速之快，以至于他认为到 1789 年，法国的人口数量不可能低于 3000 万。即便是从推测的数值中大量扣除了普赖斯博士乐观计算的部分（我认为应当大量地除去），我不怀疑法国人口在最

---

❶ generality，即法语中的省，由省长（Intendant）负责全部事务，是古代政权的基本行政单位。——编译注

近的这段时期内是急速增加了，但是即便是假设其增长的数值不超过 2467 万—2500 万之间，2500 万不断增长的人口分布在 27000 平方里格❶的土地上，依然是很巨大的。

如果说法国是一个土地肥沃的国家情况并不属实。它的大片土地都十分贫瘠，人们还需要在其他一些不利的自然条件下进行劳作。但是据我观察而言，在其条件较为优越的地域内，人口的数量与自然的恩赐成正比。[27] 早在十年前，在利勒（Lisle）❷（我承认这是最有力的一个例子）404.5 里格的领域内，一共有 734600 人，也即每平方里格生活有 1772 人。法国其他中等条件的省内相同面积内的人口数量大约是 900 人。

我没有把这众多的人口归功于那个已经被废黜的政府，因为我不喜欢把主要是来自造物主的馈赠当作是人类的创造来称颂。但是那个备受指责的政府，并没有成为阻碍因素，甚至还可能是有利于这些因素（不论这些因素都有哪些）发挥作用的，不论是由于土地的自然条件或者是人民中存在的勤劳习惯，（竟然能够）在整个王国中繁衍了数量如此之众的人口，而且在某些地方还创造了这样的人口奇迹。从经验说来，我也绝不相信在一个被视为所有政治机构中最糟糕的国家组织中，能够发现对人口增长有益

---

❶里格（league），长度单位，约为 3 英里（约 4.828 公里，适用于陆地上）或 3 海里（约 5.556 公里，适用于海上）。平方里格为旧时土地面积测量单位，1 平方里格约为 4400 英亩。——编译注

❷即里尔（Lille），古时称为 Lisle。——编译注

的原则（不论这种益处是何等的不明显）。

而一个国家所拥有的财富是衡量一个政府就整体而言是应该受到保护，还是应该被摧毁的又一个不可等闲视之的标准。法国的人口数量远远超过了英格兰的人口数量，但是我认为她的相对财富却远不及我们，在财富的分配上不如我们公平，在财富的流通上也不如我们畅通。在诸多的原因当中，我相信是两国政府形式上的差异导致了我们英格兰这边更具有优势。我说的是英格兰，而不是不列颠全境，如果以不列颠整体与法国比较的话，在一定程度上会削弱我们这边财富上的对比值。但是这笔财富，虽然不及英格兰的，但其丰裕程度已经是相当可观了。内克先生 1785 年出版的著作中[28]，涵括了大量与公共经济与政治算术有关的准确而有趣的事实；他就这一题目的思考总体而言是有见地且开明的。在那部作品中，他所描述的法国的图景，可完全不是一个十足悲惨的、绝对邪恶的政府，好像除了以一场彻底革命的暴力和不确定的药方以外，这个政府就无药可救了。他确认，从 1726 年到 1784 年，法国铸币场所铸造的金银货币的数量约有 1 亿英镑。

内克先生绝对不会弄错造币厂用来铸造货币的金银条的数目。这是有官方记录可查的。这位能力出众的财政家在 1785 年，即法国国王被废黜和囚禁前的 4 年，对流通中剩余的金银数量的推算，没有官方记录这么精确，但是由于其理论的基础如此坚实，以至于我们在相当程度上很难不同意他的计算。据他的估算，当时法国所有的钱币数量（在法国叫作 numeraire，在英语中叫作 specie）相当于我们英国的 8800 万英镑。这对于一个国家来说是相当巨大的一笔财富了，即使是对法国这样的大国来说亦然。内克先生毫不认为这种财富的积累可能会停止，就在 1785 年他写书的时候，他还认为，在他进行推算的那段时间，将要流入法国的货币还会以每年 2% 的速度增长。

其铸币厂所铸造的所有货币能从最初就被吸引到那个王国，一定是有充足的理由的。而像内克先生所估算的这么一大笔巨额财富依然在国内流通，也一定是有一些原因让这些钱能够留在国内，或者是又重新回到她的怀抱。假使从内克先生的推算中进行一些合理的消减，剩余的数目依然是非常惊人的。在一个工业不受鼓励、财产权得不到安全保障、明显有害的政府下，是不可能发现能有这样强有力的原因来获得并保留住巨额财富的。的确，当我想到法兰西王国的外观，想到其数量众多的富庶的城市，想到其宽阔、实用宏伟的公路和大桥，想到在幅员辽阔的坚实土地上，为了海上交通的便利而开凿的人工运河和水道；当我回顾其不论是为了战争还是贸易而修建的令人惊叹的口岸和港口，以及她的海事设施时；当我眼前看到她那些为数不少、斥资不菲，以大胆而高超的技术所修建和维持的、不论从哪个角度对其敌人来说都固若金汤的防御工事；当我回想起其辽阔疆域内尚未被开垦的土地已经所剩无几，而其又是以何等完美的农业技艺生产出世上最好的产品时；当我想到她所生产的除了我们之外就无可匹敌的优秀的工业制造品和纺织品时（有个别的种类不输于我们），当我考虑到其在慈善、公共及私人领域的重要基金会；当我纵览这个国家所有可以美化和提升生活的艺术时；当我历数她所培养出来的通过战争而壮其国威的军事天才、才干卓著的政治家、大批学识渊博的法学家和神学家、哲学家、批评家、历史和考古学家、诗人和演说家，不论是世俗的还是神职的——我注意到，在所有这一切之中，有些东西让我们心怀敬畏并要求我们去想象、让我们积极思考并以公正的审视来认真检查一下，究竟是什么样的以及多么巨大的邪恶，才能给我们那样的权力，立刻将这样一个宏伟的建筑夷为平地。我不认为这一切都跟土耳其的专制是一样的。而且我也没有看出来这个政府总体而言就有这样的特征：它是那么暴虐、腐败和玩忽职守，以至于都完全不配进行任何形式的改革。因此我认为这个政府是完全值得进一步强化其优点，纠正其缺点的，而且她有能力发展成为不列颠式的宪政。

任何一个人对那个被废黜的政府在过去几年中的行为稍加审视，就不可能看不到在宫廷自然的变幻沉浮当中，一种为了该国繁荣和进步而做出的热切的努力；他必须承认，那个政府早就已经开始在很大程度上去纠正在这个国家长期以来所盛行的各种滥用权力的做法和习惯了，而且有时候还对这些滥权行为和习惯予以全部清除。甚至是对其臣民的人身所拥有的无限制的权力——这毫无疑问与法律和自由是不相容的——在实践中也开始日渐加以控制和减弱了。那个政府非但没有拒绝改革，而是对与这一议题相关的所有计划和提议人都敞开大门，由于提供的方便之门太过便捷，都应该受到指责了。或者确切地说因为给那些革新精神提供了太多的支持，反而遭到那些受到它扶持的人的倒戈一击，终以自己的毁灭黯然收场。如果说那个倒台的君主政府更多的是因为多年以来在很多计划中的轻率和缺乏判断，而不是由于缺乏勤勉和公共精神而被推翻的，那么这个评价是冷静、公正、不含奉承的。将法国最后这十五年或者十六年的政府与同时期或者任何别的时期最明智、制度最完善的政权来做比较，是不公平的。但是就挥霍钱财、权力行使上的严酷这几点，与任何之前的统治者相比，我确信公正的判断是不会相信那些抓住路易十六统治时期对其宠臣的赏赐、宫廷的奢侈、巴士底狱的恐怖景象不放的人的美好愿望的。[29]

不论在哪个旧的君主制的废墟上建立起来的新政府，是否名副其实，能否给它精心呵护下的国家带来更多的人口和财富，还是一个存在有很大疑虑的问题。我认为这个国家要从这场哲学革命的负面影响中恢复过来，回到她以前的起点，必将需要很多年的时间。如果普赖斯博士认为，在几年以后，适合于再给我们提供一份对法国人口数量的评估，他将很难再得出如他所计算出来的 3000 万（1789 年）这样一个神话般的数字了，或者是国民议会那年所计算出的 2600 万，更或者内克先生所计算 2500 万人口（1780 年）。我听说有一大批的法国移民，许多人都放弃了宜人的气候和喀耳刻❶般诱人的自由，逃到加拿大不列颠专制主义统治下的酷寒地区了。

没有人会认为目前这个国内见不到一分钱的国家，跟她现任的财政大臣之前曾经发现她有 8000 万英镑的国家是同一个国家。就普遍情况看来，人们会推断说，这个国家过去一直以来都是受着拉普他岛（Laputa）和巴尔尼巴比国（Balnibarbi）饱学之士❷的专门教导的。尽管巴黎的人口已经急剧下降，内克先生指出说国民议会所提供的生存必需品比起之前所需的已经减少了五分之一。[30]据说那个城市，虽然已经成了被囚禁的宫廷和国民议会的所在地，但是依然有一万人失业了。据可靠消息称，没有什么比那个首都的乞讨场面更让人震惊和恶心的了。国民议会的投票已经证实这一事实是确凿无疑的了。他们最近任命成立了一个行乞常务委员会。这个委员会上任伊始立刻就这一问题配备了强大的警力，他们第一次征收了济贫税以维持穷人的生存，为的是减少贫困公共账目上已经出现了的大量支出。[31]但是与此同时，各个法律俱乐部和咖啡馆的领袖们还陶醉于对其自身智慧和能力的赞美。他们以君临天下目空一切的声调发号施令。为了安抚那些以

---

❶喀耳刻，希腊神话中的美丽女巫，居住在埃阿亚岛，有着强大的魔力，她能透过药草的协助，诵念咒语与召唤神明来施法，冒犯她的人会变成动物，并创造出不存在的幻影，她可以藏住月亮与太阳，让大地一片漆黑，也会下毒来杀害敌人。——编译注

❷拉普他岛，英国作家 J.斯威夫特所著《格列佛游记》中的飞岛，岛上居民好空想，不务实际。巴尔尼巴比，也是《格列佛游记》中的假想国。这两个假想国都是由哲学家所统治的国家，深受哲学的影响。——编译注

破烂遮体的人们，他们对人民说他们是一个哲学家的民族；他们时而以骗人的游行、示众、骚乱等各种手段，时而以对阴谋和入侵的警告，试图来淹没穷人的呼告之声，并转移观察者对这个国家的崩溃和苦难的注意。一个英勇的民族毫无疑问宁愿选择清贫却拥有美德的自由，而不愿意选择富裕却堕落的奴役。但是在以安逸和富裕作为代价之前，每个人都应当基本上搞清楚他要购买的是真正的自由，并且再无须付出其他的代价了。不过我一直以为，不与智慧和正义为伴的自由无论从表面上看如何模棱两可，也不会带来繁荣和富裕。

这场革命的鼓吹者们，不满足于只夸大其旧政府的弊端，还要通过不遗余力地将能够吸引外国人关注的阶层，我是指贵族和僧侣，描黑成恐怖的对象来打击自己国家的声望。如果这仅仅只是中伤诽谤，倒也没什么大不了的。但这是产生了实际的影响。你们国家中构成你们国家地主主体和军事将领全体的贵族们，如果跟德国那时候，即汉萨各城❶不得不为了保卫他们的财产而联合起来反抗贵族时是一样的，或者是跟过去常常从他们坚固的窝点

---

❶汉萨各城，即汉萨联盟，是德意志北部城市之间形成的商业、政治联盟。汉萨（Hanse）一词，德文意为"公所"或者"会馆"。"汉萨同盟"一名首次出现于1344 年，最初是共享特权的商业联盟。13 世纪 80 年代，莱茵地区各商人组织互相合作以维护共同的利益，并与吕贝克及其他控制波罗的海贸易的北德城市结成同盟，以防御劫匪和海盗，确保贸易安全。鼎盛时期，加盟城市最多达到 160 个。15世纪转衰，1669 年解体。——编译注

冲出来抢劫商旅的意大利的奥尔西尼（Orsini）以及维特利（Vitelli）❶一样的，抑或跟埃及的马穆鲁克（Mamaluke）或者马拉巴尔（Malabar）海岸的奈瑞（Nayr）❷之流一样，那么我肯定会承认过分追究将世界从祸患中解放出来的手段是不可取的。公平和仁慈女神的雕像有时可能会被暂时遮起来。面对可怕的紧急状况（在这些情况下为了自己的原则，道德也不得不暂时悬置自己的规则），当遇到要用欺骗和暴力对声称是贵族的阶层（他们由于人性上遭受到的摧残而蒙羞了）进行毁灭时，最敏感的心灵也会把头扭到一边的。而那些对流血牺牲、背叛和专断的没收深恶痛绝的人，可能在这场内战的种种罪恶之间，充当一个沉默的旁观者。

但是那些根据国王的令状而于1789年在凡尔赛宫集会的特权贵族，或者是他们的代表，是否有资格被视作当代的奈瑞或者是马穆鲁克、古代的奥尔西尼或者是维特利呢？如果当时提出这个问题，我一定会被视作一个疯子。但是从那之后他们做了什么以至于要对他们本人进行拘捕、人身伤害和折磨拷打，让他们的家庭妻离子散、房子化为灰烬，还要消灭他们整个阶层，如果可能的话，就连对他们的记忆也恨不得通过让他们改名换姓的方式加

---

❶奥尔西尼是意大利最显赫的罗马家族之一，有数位教皇出自这个家族。维特利是十五世纪的一个大富商家族。——编译注
❷马穆鲁克（1250—1517），统治埃及的军事阶层的一成员，原为奴隶，而奈瑞人是指居住在印度马拉巴尔海岸的一个好战的人种。——编译注

以磨灭。❶ 读一读他们写给他们的代表的指示吧。他们呼吸着同样热情洋溢的自由精神，与其他任何阶层一样强烈地欢迎改革。他们自愿放弃了捐税方面的特权，就如同国王一开始就放弃了在征税权方面的一切要求一样。对于自由宪政问题，全法国的意见都是一致的。绝对的君主制结束了。它没有呻吟、没有挣扎、没有痉挛地呼出了它的最后一口气。对相互制约的民主专政政府的偏爱，所有关于它的斗争和分歧，都是后来才出现的。而成功一方的胜利是对不列颠宪政原则的胜利。

我注意到，巴黎在过去很多年都盛行着一种把亨利四世偶像化了的做作之风，已经到了十分幼稚的程度。如果说有什么能让人对这种王者特征的赞美感到不悦的话，那么就是这种口蜜腹剑的过分吹捧的姿态了。那些最卖力使用这一引擎的人，正是那些通过推翻其后代中的王位继承者——一个天性善良，至少与亨利四世一样善良的，受到其人民爱戴的，比那位伟大君主（或者我们确信他根本就没打算去）更不懈努力地去纠正这个国家旧有弊病的人——而结束了他们奉承的人。因为纳瓦拉的亨利是一个有决断力、积极而又手段高明的君主。他的确怀有很强的人道主义、性情温良，但是这种人道和温良从来不会妨碍到他的利益，他不会在没有将自己置于使人畏惧的位置之前就寻求别人的爱戴。他语言和缓，但行动果决。他总体上主张并维护他的权威，只在一

---

❶1790 年 6 月 19 日，国民议会通过一项法令，废除了所有贵族的头衔和徽章。——编译注

些细节上做出些许让步。他豪爽地使用他的特权收入，但是又小心地不去损害这笔资产，他从来都不会放弃基本法所赋予他的任何权力要求，更不会吝惜让他的反对者在战场，有时是断头台上流血。因为他深知如何让那些忘恩负义之徒来尊敬他的德行，他理所当然受得起那些人的称赞，如果这些人生活在他的时代，他会把他们关进巴士底狱，并将他们跟弑君者（他会用断粮使巴黎投降的）一起绞死来作为对他们的惩罚。

如果这些讴歌者对亨利四世的仰慕是真诚的，他们必须记住他们对他的赞美绝对不可能高于他本人对法国贵族的赞美，这些贵族的美德、高贵、勇气、爱国精神和忠诚是他永恒的主题。

但是法国的贵族自从亨利四世❶时代以来就腐化了。这可能是真的。我相信。我从来都不伴装自己对法国的了解跟别人一样准确，但是我一生都在致力于对人性的研究，否则的话，我就不配担当为人类服务的那部分属于我自己的卑微职责了。如果在这个岛国24英里之隔的国家里，我们本性中很大一部分出现了变化的话，我是不会遗漏掉的。据我的最佳观察结论，并与我最能深入探讨的进行比较，我发现你们贵族的绝大部分都是情操高尚并重视荣誉的人，对不论是其本人，还是其整个阶层的荣誉都很重视。此外，与别的国家相比，他们还对自己的整个阶层保有一种监督

---

❶亨利四世（1553—1610），在整个法国大革命期间，都被视作是善治和宗教宽容的一个倡导者。他位于新桥（Pont Neuf）的塑像是巴黎仅存的没有遭到毁坏的君主雕像。——编译注

的眼光。他们大致来说教养良好、乐于助人、富于同情心、热情好客；言谈直率坦诚，有一种优秀军人的腔调，带有适度的文艺气质，特别是深受自己法语作者的影响。有些人的抱负是远远高于这里所描述的。我说的只是一般情况。

如是说到他们对低于自己的阶层的行止，我觉得与他们良好的本性是符合的，比起我们这里上层与下层在生活中的交往，要更随意亲和一些。殴打一个即便是地位最低微的人，也是闻所未闻之事，会被视为是极不名誉的。其他虐待同一共同体内地位较低人的例子也非常罕见，至于说攻击平民的财产或者个人自由的事儿，我从未听说有谁曾这样干过；何况，即便是在旧政府治下，法律也严格禁止臣民中发生这种暴虐之事。虽然在旧的土地占有之中，有很多可供指摘之处，也有许多应作改进之处，但是作为地产的所有人，我没发现他们的行为有什么过失。在他们出租土地时与农民所签订的协议，我也没有发现存在什么压迫；更不曾听说他们在与农民经常性的合作经营中，强占最大的份额。比例分配似乎没有不公平。可能会存在一些例外，但也肯定只是特例而已。我没有理由认为在这方面法国的土地贵族就比我们英国的土地贵族更坏，当然也不能说在其他方面就比他们国内的非贵族的土地所有者更喜欢招惹事端。您是知道的，先生，很多民事管理职能和一些关键地区的治安管理职权，并不在贵族手中，尽管他们是我们首先会想到的。税收体系和征收体系是法国政府最头疼的部分，但并不是由佩剑的阶层来掌管的，因此他们也不应对

其原则性的恶果或者灾难（如果有的话，那问题也出在管理上了）
负责。

尽管我有充足理由否认法国贵族并不曾参与过对人民的现实
压迫，但是我承认他们并非就没有重大过失和错误。由于对英国
贵族最糟糕的行为模式愚蠢地模仿，他们还比不上自己本来的样
子，由于这种邯郸学步并没有学到其本意可能想模仿的对象，反
而损害了他们本来的性格。已经过了那种恣意放纵自己的年龄，
但还保留那种放纵的生活习惯的人，在他们之中远比我们这里的
贵族普遍；虽然可能被更多表面的端庄行止所掩饰，看上去好像
不那么有害，但实际上更为积习难改，他们太过认同那种会将其
引向毁灭的纵欲哲学了。此外，他们之中还存在另外一个更为致
命的错误。那些通过合理和良好的手段取得跟他们有相近的财富
甚或超过他们的平民没能获得在其他任何国家都应当享有的地位
和尊重，尽管我不认为他们可以跟其他的贵族完全一样。尽管还
不及德国和其他一些国家严重，但对这两种贵族的区分却是过于
一丝不苟了。

这种隔离，正如我已经冒昧提出过的，我认为是导致这些旧
贵族毁灭的主要因素。特别是军职，过于排他性地留给了世族。❶
但是尽管如此，这也只是一种观念上的过错，可以由一种相反的
观念加以纠正。一个即使平民也能在其中得享权力的永久性议会

---

❶1781 年 5 月 22 日颁布的塞居尔法令规定，要想担任部队某个级别以上的职务，需
　要证据表明其有四代的贵族身份才有资格。——编译注

可以迅速地废除任何太过不公和侮辱性的区别对待，一个由各个阶层所组成的机构可以使职业多样性程度大大提升，从而甚至可以纠正贵族们道德上的过失。

　　所有这些对贵族的猛烈反对在我看来都是人为的行为。在我们国家被法律、观念以及根深蒂固的习惯所尊崇甚至是视为特权的，在世代的偏见中壮大起来的事物中，没有什么是可以激起任何人的恐惧和愤慨的。即便是对这些特权太过偏执也绝对算不上什么罪过。每个人为了保留特别属于自己，并使自己与众不同的东西时所做的种种斗争都是根植于我们天性的一种对抗不正义和专制的保护物。它作为一种本能在保护一个固定国家的财产和共同体的安全。这有什么可以令人吃惊的呢？贵族是国内秩序的一件高雅的装饰。它是一个文雅社会中的科林斯式柱头。❶ 曾有一位善良的智者说过 "*Omnes boni nobilitati semper favemus*"❷，易于对贵族产生偏爱，的确是一个开明而仁慈的心灵的标志。只有一个自己内心毫无高尚原则的人，才希望铲平一切能将短暂易逝的尊重及其观念常态化的人为制度。只有暴戾、恶毒、善妒，在现实

❶科林斯式柱头是建筑柱头装饰，因起源于古希腊的科林斯城邦而得名。是希腊古典建筑的第三个系统。它形成于古典时期后期，约公元前 4 世纪罗马受希腊殖民城邦的影响开始应用柱头，公元前 2 世纪希腊归入罗马的版图后，罗马建筑中柱头更加流行。柱头以毛莨叶纹装饰，毛莨叶层叠交错环绕，并以卷须花蕾夹杂其间，看起来像是一个花枝招展的花篮被置于圆柱顶端，其风格豪华富丽，装饰性很强，雅典的宙斯神庙（Temple of Zeus）采用的就是科林斯式柱头。——编译注
❷拉丁语，意思是所有的好人都是拥戴贵族的。引自西塞罗的《为塞斯提乌斯辩护》，第 9 章第 21 页。——编译注

生活中毫无品位，又不具有美德追求的人，才会为长期繁荣的辉煌和荣耀的不幸衰落感到欣喜。我不希望看到任何东西被毁灭，社会中产生任何的空白，大地上形成任何的废墟。因此，经我的研究和观察，我没有发现法国贵族中存在任何除了改革就无法马上清除的不可救药的过错或者是滥权，对此，我既不失望，也无不满。你们的贵族不应受到惩罚，但是贬黜就是惩罚。

我对你们国家教士阶层的观察结果也并无什么不同，对此我也同样感到满意。听到说在人类伟大的机构中存有不可救药的腐败，这可不是什么让人宽慰的消息。当我听说他们有谁居然邪恶得要去劫掠时，我对此一般都不怎么相信，我更愿意相信这些罪恶都是捏造和夸大的，因为对他们施以惩罚就可以获利丰厚。敌人不是适格的证人，他的抢劫者则更不是。那个阶层中毫无疑问也有过错和滥权，这是肯定的。那是一个并不能经常得以改革的古老的机构。但是我没有见到他们有哪个个人所犯的罪足以到了对他们的财产加以没收，或者是对他们进行残酷的侮辱和贬黜，或者是到了要用这种变态的迫害来替代温和的管制的程度。

如果说进行这种新型的宗教迫害有什么正当理由的话，那就是这些无神论的诽谤者，他们充当了煽动民众进行抢劫的号手，因为他们对任何团体的爱都不曾达到能够不再洋洋自得于揪着现在教士们的过错不放的地步。他们的确没能做到。他们只好到过往时代的历史中去收罗（他们不怀好意地、异常勤奋地仔细寻找）由教会所实施的或者为了他们而实施的每一个关于镇压和迫害的实例，以图用不公平的、逻辑不通的报复原则来证明他们自己所实施的迫害和残酷手段的合理性。摧毁了所有显赫的家族之后，他们发明了一种犯罪谱系。因为自己的祖先所犯的过错而去惩罚一个人是不公正的；但是以一个编造出来的有着共同血统的祖先为基础，而对与他们所犯的罪行毫无关联的人（除了有共同的姓名和阶层外）进行惩罚，这是属于这个启蒙时代的哲学对不正义所特有的一种美化。国民议会惩罚的人，如果说不是绝大部分，也有相当多的人与他们现在的迫害者一样，对教士们在以前的时代里所做过的暴虐行径一样的痛恨，如果他们不知道这种谴责所依据的基础的话，他们是会大声地、强烈地表达出这种感情的。

社会机构是因为对其成员所具有的善而不朽的，而不是为了惩罚他们。国家本身也是这样的机构。正如我们英国人认为对你们全体法国人发动一场无法和解的战争是对我们在相互敌对时期你们所带给我们灾难的合理报复。你们那边也可能认为，因为我们的亨利们和爱德华们的不正义入侵给你们带来无比巨大的灾难，从而进攻我们全体英国人是合理的。❶ 的确，我们双方都可能会认为彼此间进行这种灭绝性的战争是合理的，就跟你们现在的同胞因其他时代跟他们有过同样的姓名的人的行为而对他们进行无端的迫害是一样的。

我们没有从历史中得到应有的伦理教训。相反，稍不谨慎它

---

❶这段指的是英法百年战争期间英法两国之间的种种敌对行为。——编译注

还会腐坏我们的心灵，毁坏我们的幸福。历史是一部展开在我们面前，为我们提供了教导的大书，可以从人类过去的错误和缺点中吸取未来智慧的材料。反过来说，它也是一本杂志，为教会和国家中的各方提供进攻和防御的武器，提供维持和再起纷争及仇恨的手段，为内乱火上浇油。

历史上，降临到世上的大部分苦难都是由骄傲、野心、贪婪、仇恨、欲望、叛乱、伪善、难于抑制的狂热以及失调的欲念引起的，并以同样令公众震惊的——

> 动荡不宁的风暴　　碾碎
> 私有状态，给生活带来不幸❶

这些罪过是造成这些风暴的原因。宗教、伦理、法律、特权、自由、人权都可以被当作借口。这些借口总是假借真善的外衣。你们不可能为了保障人们免于暴政和叛乱，而从人们头脑中铲除被用作借口的原则吧？你们要想做到这点，就得铲除人类胸中一切有价值的东西。因为所有这些借口都是国王、教士、官员、议员、议会、国民议会、法官和军官们用来制造公共大恶的惯用工具。你们不可能通过决定不再设立国王、大臣、传教士、法律阐释者、将领以及公共委员会而挽救这些罪恶。事物必会以某种形式继续存在。一定份额的权力一定还会以某些名义而在社会上某

---

❶出自英国诗人埃德蒙·斯宾塞的代表作《仙后》第二卷第七章。——编译注

些人的手中存在。智者要去矫正的是过错，而不是更改名称；要
铲除的是促使邪恶长期存在的原因，而不是其发挥作用的偶然机
构，或者是它表现出来的短暂形式。否则你们就是只会纸上谈兵
的蠢材。很少会在两个时代出现同样形式的借口或者同样类型的
祸患。邪恶多少还是有些创新精神的。当你讨论这种形式的时候，
它早就已经成为过去式了。同一种恶总会找到新的瓶子来装旧酒。
精神在轮回的过程中不会因为改变外形了就丢失自己的原则，它
在新的肌体中会焕发出新的精神和青春活力。当你在暴尸和平坟
的时候，它已经走出来继续肆虐为患了。当你在为鬼魂和幽灵而
惊恐战栗时，你家里已经成为强盗频频光顾的地方了。于是这些
对历史只知皮毛的人，以为是在跟不宽容、傲慢、残酷开战，殊
不知，打着对古代党派错误原则厌恶的旗号，他们已经准许和哺
育了与不同派系同样可憎的邪恶，说不定还要更糟糕。

　　你们巴黎的公民在之前的针对加尔文教徒的臭名昭著的圣巴
托洛缪之夜大屠杀❶中充当过杀人工具。对于那些认为应该为了那
时的暴行和恐怖而对今天的巴黎人施以报复的人，我们又能说些
什么呢？他们的确是被引导着去憎恶那场屠杀的。尽管他们很凶
残，但是要想使他们憎恶它也并非难事。因为政客和时髦的教导
者没有兴趣将他们的情感都引导到完全相同的方向去。不过，他

---

❶圣巴托洛缪大屠杀：是当时的法国国王查理九世在其掌握实权的母亲凯瑟琳·德·
　美第奇的强迫下，在圣巴托洛缪对新教徒展开的大屠杀，大概有 2000 名的新教徒被
　杀。——编译注

们发现保持这种同样残暴的性情是自己的利益之所在。这是为了在有朝一日，能够由之前屠杀者的后裔来上演同一场屠杀。❶ 在这场悲惨的闹剧中，他们虚构了一个身着道袍的红衣大主教，在下达屠杀命令。是想用这个场面让巴黎人憎恶迫害、厌恶流血牺牲吗？——不，这是在教唆他们去迫害自己的牧师；通过激起他们对教士的厌恶和恐惧，从而去制造一场粉碎那个阶层的灾难。如果教士应该存在，那么就应该不仅有安全保障，还应当受到尊重。这是在用各种调味品刺激他们的吃人胃口（本来这种胃口就已经够大了）；这是要加速他们准备新的谋杀和屠杀，如果这还符合今天的吉斯家族的目的的话。一个坐了那么多神父和主教的议会，竟然不得不去忍受在自己家门口的羞辱。既没有把编剧送去船上做苦役，也没有把演员送去感化院。但是在这场演出结束后不久，这些演员就径直跑到议会里，在元老院以一副妓女一样脸孔要求举行他们敢于揭露的那些宗教仪式，而与此同时，巴黎大主教（人们只有通过他的祷告和祝福才能知道他的职责，通过他的布施才知道他的财富）却被迫离开自己的家，像逃离饿狼一样逃离他的信众，仅仅是因为，16 世纪真的有过一个叫洛林的红衣大主教是作乱分子和杀人犯。[32]

这就是那些心怀歹念的人歪曲历史所产生的效果，他们不惜歪曲所有的知识。但是站在理性的高度上，就会将多少个世纪都

---

❶此处所指的是一部由约瑟夫·德·谢尼埃创作的名为《查理九世》的剧本。——编译注

展现在我们眼前，并能够进行真正的比较，就会不理会名誉、不以有色眼镜看待党派，除了人类行动的精神和道德力量就没有什么可以抵达那种高度。站在那种高度上的人，会对王宫的导师们说"洛林大主教是 16 世纪的杀人犯，而你们是 18 世纪的杀人犯，这就是你们之间唯一的区别"。但是，我相信，到了 19 世纪，当人们对历史有了更好的理解和运用，就会教导我们文明的后代去憎恶这两个野蛮时代的斑斑罪行。它会教导我们将来的神父和官员不因今天那些狂热分子所犯的可鄙过错（这些过错在其静止状态时，一旦受到了欢迎，就不只是惩罚了）而报复未来那些思想而非行动上的无神论者。它会教会我们的后代不要因为伪君子的滥权而发起宗教或哲学上的战争，因为宗教和哲学是我们无所不在的、在所有事物中都明显地护佑着我们人类的主所赐予我们最有价值的两种恩典。

如果你们的教士或者任何教士，所显示出来的过错超过了人类弱点所能允许的合理界限，或者是与他们的职业道德难以分割的职业过错，即便他们的过错还远达不到进行镇压的地步，但是我承认我们对以过分手段对他们进行不公平惩罚的暴君的愤慨自然会有所减弱。我能够接受所有教派的教士对他们自己的观点存有一定的偏执，对于宣传自己的观点有过多的热情，对自己的国家和职务有些偏爱，对自己所属的机构的利益多有维护，在洗耳恭听和嘲笑鄙视他教义的人之间有所偏袒。我接受所有这一切，因为作为一个人我需要与人类打交道，我不希望通过破坏宽容，而成为最不宽容的人。只要这项弱点还没有发展成为犯罪，我就必须容忍。

毋庸置疑，在人的情感从弱点发展成犯罪的自然过程中，应该有警觉的眼睛和坚定的手来阻止。但是，你们教会机构真的已经超过了正义所能允许的底线了吗？从你们最近的各类出版物的普遍风格看来，一个人会被误导着相信你们法国的教士就是一群集合了迷信、无知、懒惰、奸诈、贪婪、暴虐等所有缺点的可怕怪物。但这是实情吗？从时间的推移，利益冲突的停止，党派仇恨的危害后果所吸取的教训难道就没有渐渐在他们心中留下任何好的影响？难道他们真的每天还在侵犯政权、扰乱他们国家的国内和平，让政府变得软弱不稳定？难道我们时代的教士们真的还在以铁腕压制着我们俗世，到处煽点野蛮的迫害之火？难道他们是在用各种欺骗的手段来增加自己的地产吗？难道他们对自己土地的使用提出了什么非分的要求了吗？又或者，他们颠倒是非，把一项合法的诉讼请求指为无理的勒索了吗？当手中不握有权力的时候，他们心中充满了权力的妒忌者所怀有的种种邪恶吗？他们激昂着猛烈、好斗的论战精神吗？他们是在精神统治的野心的引导下，随时准备不顾一切行政长官，烧毁教堂，屠杀其他派的所有教士、推倒他们的祭坛，在倒台政府的废墟上建起通往他们教义帝国的康庄大道，动用吹捧或胁迫等手段使有良知的人脱离公共机构的判决而屈从于他们的个人淫威，以对自由权的主张开始，而以对权力的滥用收场吗？

说他们中的有些人居心叵测，并非是全无根据的。他们有些人就隶属于在过去使欧洲陷于分裂混乱的两大阵营。如果在法国，跟其他国家一样，这些祸乱已经大为减少，而不是有所增加，那么就不应该以他人或者其他时代的劣迹来打压今天的教士，而是应当按照普遍的公平对他们给予赞扬、鼓励和支持，因为他们放弃那些使他们先人蒙羞的精神，而是具有一种与其神圣的职责更为相符的温和心性和举止。

在法国先国王统治末期，我因偶然机会去过法国。法国各类教士，引起了我极大的兴趣。我没有发现（除了个别人，虽然为数不多，却极为活跃）某些出版物让我所误以为的对教会机构的各种抱怨和不满，我也很少或者说没有机会看到因他们而导致的公共或私人的不安定。更深入地考察，我发现教士们不论男女、不论僧职的还是俗职的，普遍都性情温和、举止得体；我未能有幸结识大多数教区的牧师，但是总体上来说我得到了对他们的道德责任感和他们敬业心非常全面的记述。我跟某些高级教士有私交❶，对这一阶层的其他人也有很好的信息渠道。他们差不多都出身贵族。他们与自己阶层的其他人差不多，如果与他人有所不同，那也是与他们有利的不同。他们比军人出身的贵族受教育程度更高，因此不可能会在行使自己的权威时因为无知和不胜任而玷污他们的职业。他们在我看来，除了教士的特点以外，是自由开明

---

❶私交：柏克于 1773 年参观法国时，有很多时间都与欧塞尔地区的教士们在一起，包括 Jean – Baptiste – Marie Champion de Cicé 主教。——编译注

的，富有绅士之心和荣誉感，言行举止不卑不亢。对我来说他们倒是一个优异的阶级，是一个在他们中发现了费内隆（Fénelon）❶也不会觉得惊讶的群体。我在巴黎的教士中发现了一些富有学识的正直之士（有些类型是其他地方都没有的）；我有理由相信这些人并不仅限于巴黎。我曾在其他一些地方偶遇了几个，因此可以作为一个例子。我曾经在一个边远小镇，在那里的主教外出期间，与另外三位教士，即他们的代理主教在一起待过几天。他们都是能为任何一座教堂带来荣誉的人。他们都博闻强识，其中的两位有深度、有广度、学识渊博、博古通今、学贯东西，在他们的专业领域更是如此。他们在英国神学方面具有的知识大大出乎我的预料，他们对那些作家们才华的评价分析异常精准到位。其中的一位就是已过世的阿贝·莫朗吉（Abbé Morangis）神父，我在此欣然将我的敬意献给这位高贵、可敬、博学、卓越的人。如果要是不怕对另两位我爱莫能助的人带来伤害的话，我也应当会同样欣然地给他们致上我的敬意，我相信，他们也都还健在。

法国有一些身份较高的教士从各个方面来说都是值得受到人们的普遍尊敬的。他们配得上我和我们诸多的英国人的感激。如果我的这封信有幸能够传到他们手里，我希望他们能够相信，在我们这个国家，有些人是怀着非常的感触来感受他们所遭受的不

---

❶费内隆：指的是弗朗索瓦·德·萨利尼亚克门斯·费内隆（François de Salignac de la Mothe－Fénelon，1651—1715），康布雷大主教，著有不少重要的政治和神学作品。——编译注

公正打击以及他们财产所受到的粗暴没收的。就我个人微弱的声音所能传达的，我所说的都是对真理的证言。不论何时涉及这样反常的迫害，我都会给予关注。没有人可以阻止我保持公正、心存感恩。现在是尽这份义务的合适时候了，特别是在那些于大众的诽谤和压迫性权力的迫害❶下苦苦求生的人们最需要我们和全人类表达我们正义和感恩的时候。

在大革命以前你们拥有 120 名主教。他们中的个别人无比卓越地神圣和仁慈。当我们谈论英雄的时候，当然是在谈论一种世间罕有的美德。我相信他们之中那些极为腐败的例子与他们之中那些极为良善的例子一样罕见。我还不怀疑可以从其中挑出一些贪婪和放纵无度的例子，对于那些乐于打探的人来说是不难做出这些发现的。一个人活到我这个年纪是不会吃惊于每个行当中总有一些人在财富和享乐方面，不过自我约束的完美生活。财富和享乐，对于每个人都是可欲的，有些人则是渴望的，但是那些最关注自己利益，最纵情于自己欲望的人，对它却是最严格的人。当我在法国的时候，我确定堕落的高级教士并不多。他们中确实有些人，在生活方面不是很检点，只能用他们对国家和教会有益的品质来弥补他们的品德上的不足。我听说路易十六在提升教职的时候，比起他的前一任，更是毫无例外地加倍注意他们的品行；就其在位期间所盛行的一些改革精神来看，我觉得这是可信的。

---

❶1790 年，有一半的法国教士欢迎这项改革，这就使柏克关于法国教会困境的尖刻批评打了折扣。——编译注

但是现在的统治政权表明了它对教会只存有洗劫的意图。对所有教士的惩罚其实是对堕落的教士有利，至少就名誉上说是这样。它所建立的那种侮辱性的补贴制度，使任何一个有自由思想或者有条件自由的人都不会把自己的孩子托付给教会。它只能建立到最底层的民众中去了。由于你们稍低等的教士数量不足，而他们的职责琐碎、劳累、耗时；由于你们中等阶层的教士不能享有安逸闲暇，那么将来法国的天主教会不可能有科学和知识的存在了。为了完成这一计划，你们的国民议会完全无视有圣职授予权的人的权利，对未来所有的教士都实行选举制，这一安排会将教士职业中所有清醒的人、所有那些在声称保持职位和行为独立性的人都赶出教士职业，而把引导公众心灵的任务交给那些不守规矩的、无法无天的、奸诈的、拉帮结派的、溜须拍马的恶棍，具有这样条件和有这样生活习惯的人，为了这点可怜的薪水（英国一个税务官的薪水都要比这更多、更光荣），也要动用卑劣粗鄙的阴谋。那些依然被称为主教的人，是被那些已知的或者是编造出来的宗教派别，以同样的艺术（即竞选的艺术）选举委任的。这些新的立法者，对他们的相对任职条件，不论是在教义还是道德方面都还没做什么规定。对下级教士也没有，似乎不论是高级的还是低级的，都可以随心所欲地去践行或者是布道任何形式的宗教或者是非宗教的内容。我也没有看到主教对下级的管辖权，或者他们是否有任何的管辖权。

先生，简而言之，在我看来这些新的教会制度，只是暂时的，或者是为了彻底废除所有形式的基督教做准备的。一旦使牧师遭到普遍鄙视的计划实现了，对此进行最后的一击的思想准备也算完成了。指挥这些事情的哲学狂热分子老早就制订了这样的一个计划，对此表示不相信的那些人，对他们的性格和行为可谓是一无所知了。这些狂热分子毫不顾忌地承认，一个国家没有任何宗教比有宗教要好，他们可以通过他们自己的一项计划而替代所有宗教上的善，即用他们所假想的教育，以人类生理需求上的知识为基础，会逐渐进入一种开明的自利，当这种自利被深入理解之后，他们告诉我们，就会等同于更广泛的公共利益。这种教育设想早就众所周知了。最近他们给它起名为公民教育，❶ 就好像他们命名了一个全新的技术术语一样。

我希望他们的英国信徒（我更愿意把这归咎于行为不慎，而不是为了实现这种可憎的阴谋）不论在对教会的掠夺，还是将公众选举主教和教区牧师的原则引入国内的如意算盘全部落空。在当今的世界形势下，这可能成为教会最后的腐败，造成对教士品格的彻底摧毁，会成为一个国家由于错误的宗教安排而遭受的最危险的打击。我非常清楚有些主教和牧师在国王和领主的庇护下，如在目前的英国和以前的法国，有时候他们的职位是通过不光彩的手段获得的；但是如果通过其他的拉票方式，他们一定会更加受制于卑鄙的野心所能动用的一切邪恶手段，当它被用于数量更

---

❶公民教育：有时也称世俗教育。与公民教育体系有重大关系的两个人，即让－雅克·卢梭和马奎斯·德·孔多塞都是柏克所非常厌恶的。——编译注

多的人时，所产生出来的祸患会成比例增大。

你们那些对教会进行掠夺的人想当然地认为他们的行为会受到其他新教国家的认同，因为他们以这种方式劫掠、贬黜、嘲笑和鄙视的是罗马天主教，也就是他们自己所宣称的派别。我毫不怀疑，在我们这里跟任何其他地方一样，会有些拙劣的教条盲从者，对不同于自己的派别的恨要远远超过对宗教本质的爱，对不认同他们具体计划和体系的人的恨超过对攻击了与我们有共同理想的人的恨。这些人在这一话题上的言谈和行文方式，可以从他们的脾气和性格上看出来。1683 年，伯内特（Burnet）❶ 在法国曾说过"想要让那些最高雅的人认同罗马教会，那方法就是——让他们怀疑所有的基督宗教。一旦完成这一步，他们对表面上自己属于哪一派就会变得漠不关心了"。如果这就是当时法国的宗教政策，那么他们太有理由为此而感到悔恨了。他们宁愿选择无神论也不要一种不符合他们理念的宗教形式。他们成功地摧毁了那种让他们不悦的形式，但是无神论也成功地摧毁了他们。我是很容易相信伯内特说的话，因为我已经发现在我们之中已经有太多类似的精神了（已经是多得不能再多了）。不过这种情绪还没有普遍流行。

主导我们英国宗教改革的导师跟你们巴黎目前进行改革的医生毫无相似之处。可能是因为他们（跟他们的反对者一样）比预期的更多地受到了党派精神的影响。但他们更是虔诚的信徒，怀

---

❶吉尔伯特·伯内特（Gilbert Burnet, 1643—1715），索尔兹伯里（Salisbury）主教、神学家，在政治上支持温和的辉格党观点。——编译注

有最热忱的虔敬，就像战场上真正的英雄一样，随时打算为了他们特别的基督教理想而慷慨赴死（正如那些已经为此而献身的人那样）；他们以同样的坚毅，更欣然地为那个他们曾以热血去捍卫的普遍真理宝库的一个分支而死。这些人对那些声称是他们同胞的恶棍感到深恶痛绝，只因这些人抢劫过那些跟他们存有争议的人，并且鄙视他们共同的宗教，而他们曾经以自己的全部热情来维持宗教的纯洁性，这清楚地表明他们对自己希望改革的那个制度的实质怀有最高的敬意。他们的许多后裔保留了同样的热忱，但是由于卷入的冲突较少，显得更为节制。他们不会忘了正义和仁慈是宗教最基本的两个部分。不虔诚的人是不会让自己以邪恶和残酷的手段跟他的任何其他同类进行密切交流的。

我们听说这些新的导师对他们自己的宽容精神赞不绝口。❶ 那些对一切都缺乏敬意的人，却认为所有的观点都应当受到宽容，这种想法是没有多少意义的。给予同等的忽视并不是公正的善行。出于鄙视的善意并不是真正的仁慈。在英格兰有很多具有真正宽容精神的人。他们认为宗教教义，尽管各有不同，但是都各有价值，在它们之中有所偏爱，就如同对所有有价值的东西怀有偏爱一样，是合理的。因为他们喜欢，所以他们宽容。他们的宽容，不是因为对观念的鄙视，而是因为他们尊重正义。因为他们热爱和尊敬他们所一致同意的伟大原则，以及他们共同朝向的同一个

---

❶1789 年 12 月 24 日，国民议会颁布法令给予法国的犹太教徒和新教徒以完全的公民权。——编译注

目标，他们就会虔诚而深情地保护所有的宗教。他们越来越清楚地知道，在面对共同的敌人时，我们有一个共同的事业。他们没有被派系精神所误导，以至于分不清哪些行为是对他们的派别有益的，哪些敌对行为虽然是针对某一个特定阶层，却意在消灭包括他们在内的整体。我不可能说清我们英国每类人的特点。但我可以说清他们中的大部分，我必须告诉您的是，对他们来说，亵渎神明可从来都不是他们关于善行教义中的一个部分；因此，他们是不会以我们的伙伴这样的称呼来称呼你们的，假使允许你们（人权的）教授跟他们密切往来，这些教授们必须要小心遮掩关于合法剥夺无辜之人人权的学说，同时还得把他们偷来的一切都悉数奉还，否则他们永远不可能成为我们中的一员。

你们可能会认为我们不同意你们没收你们主教、教长以及牧师会、教区内拥有独立地产的教士来自地产的收入，是因为我们英国也有这样的制度。但是你们会说，这种反驳并不能用于对僧侣和修女财产的没收以及对他们这一阶层的废除。的确，你们的普遍没收政策作为一个先例还没有影响到英国，但是它所依据的理由，却有更大的影响力。长期国会❶对英格兰教长和牧师会土地

---

❶长期国会是与短期国会相对的。英格兰国王查理一世为了减少议会对其王权的限制，于 1629 年解散了议会，此后的 11 年都没有议会。后来为了镇压苏格兰及波及英格兰北部的起义，急需筹集大量军费，查理于 1640 年 4 月被迫召开国会，但于三个星期之后就再度解散，于是这届议会被称为"短期国会"。后来迫于形势，查理一世又于同年 11 月召集国会，这届国会存续了 13 年之久，史称"长期国会"。——编译注

的没收所依据的原则跟你们国民议会出售修道院财产的依据是一样的。但是真正的危险在于不正义的原则，而不是这些原则对哪种类型的人先下手。我已经看到在我的邻邦，一项无视人类共同利益和正义的政策正在被执行。对国民议会来说，财产权是无关紧要的，法律和习惯也是无关紧要的。我见到国民议会公开地谴责习惯法学说，而他们自己的法学家中最伟大的一位[33]曾告诉我们这样一个真理：习惯法乃是自然法的一部分。他告诉我们，对习惯法界限的明确肯定，保障它免受侵害，是公民社会得以建立的原因之一。如果习惯法一旦受到动摇，就没有任何一种财产是安全的，尤其是当这项财产多到足以引起贫穷政权的贪欲的时候。我看到他们的政治实践跟他们对自然法最伟大最基本的部分的蔑视如出一辙。我看到他们从对主教、教长和修士们进行财产没收作为开始，但是没有看到他们有在那里收手的意思。我看到那些由于最古老的习惯而在那个王国拥有大量地产的世袭王公，几乎不经辩论就被剥夺了所有权，他们丧失了稳定独立的财产，反而还得寄望于国民议会的慈善救济。但是这个无视合法的财产所有者权利的机构，必然不会对这些受救济者的权利给予哪怕是最轻微的关注。被他们最初的可耻胜利冲昏了头脑，外加他们对肮脏钱财的欲望所产生的压力，他们尽管失望，但是并不气馁，他们最终还是胆大妄为地完成了对那个王国辽阔疆域内所有阶层所有财产权的彻底颠覆。他们强制所有的人在进行任何商业交易、土地交易、民事交易，以及所有的交易活动中，都要用指券——这是拟对他们的赃物进行出售的投机行为的标志物——作为完全的、良好的和合法的支付手段。他们留下些许自由和财产权的遗迹吗？一个菜园的租赁权、一个小茅屋的利润、一间酒馆或是面包店的商誉，某项推定财产权上笼罩的一丝阴影，在我们议会受到的隆重待遇，都要强于你们国家最受尊重的人手中所握有的最古老最有价值的土地所有权以及你们国家整个金融和商业利益所受到的重视程度。我们对立法的权威持有高度的敬意，但是我们做梦也不敢想象议会能够拥有何种权力去侵犯不管是何种类型的财产，或者是有权去否决习惯法、强制使用他们伪造的通货来代替受到这个国家法律所认可的真正的货币。但是你们，从拒绝承认应当受制于最温和的限制开始，而以建立一种闻所未闻的专制结束。我发现你们的没收者行动的基础是这样的：的确，他们的行为不会受到任何正义法庭的支持，但是习惯法却不能约束一个拥有立法权的议会。[34]因此这个自由国家设立的这个拥有立法权的议会，不是为了保障财产，而是为了摧毁它，不仅仅是摧毁财产，还要摧毁一切能够保证它得以稳定独立流转的手段。

当16世纪明斯特再洗礼派教徒❶以他们的平均主义制度和他们对财产权的野蛮观念而使德国陷于混乱的时候，他们的狂热难道没有给欧洲的国家提供警示吗？在一切事物中，智慧最害怕的便是这种狂热病的蔓延，因为它的所有敌人都没有能力提供任何

---

❶再洗礼教派是16世纪的一个教派，他们否认婴儿受洗的合法性，由于他们在1532—1535年统治德国城镇明斯特期间的极端行为，他们的名称就成为所有反常事物的代名词。——编译注

的力量去有效对抗它。我们不会不知道，无神论的狂热病被各种文字所煽动，以令人难以置信的勤谨、令人咋舌的花费，通过巴黎街头和所有公共场所的布道四处散播。这些文字作品和布道给人们的头脑中灌输一种黑暗、野蛮、残暴的思想，取代了他们心中共同的自然情感以及伦理和宗教情感，以至于这些悲惨之人竟然被诱导着以一种隐忍的耐力去承受由于在财产权方面的剧烈变动所产生的难以忍受的痛楚。[35] 这种引诱他人改变宗教的精神一直伴随着这种狂热病。他们在国内外都有很多阴谋社团为他们的教义做宣传。伯尔尼共和国❶，这个世界上最幸福、最繁荣、治理得最好的国家，是他们要摧毁的最大目标之一。我听说他们已经用某些方法成功地在那里散播下了不满的种子。他们在整个德国也一样忙于这项事业，在西班牙和意大利也都做了尝试。英格兰也没能逃出他们那包罗万象邪恶的慈善计划的魔掌；我们发现有些人已经在英格兰对他们投怀送抱了，这些人在不止一个布道坛上来推销他们的事迹，在不止一个定期的公共集会中与他们唱和，为他们喝彩，把他们奉为我们模仿的对象，接过他们团体的徽章以及他们神秘宗教仪式上祭献的旗帜。[36] 就在我们国家的宪法所授权代表整个王国的政权认为应当对这些狂热分子开战的紧急当口，我们英国的这群人还建议与他们结为永久的友好同盟。

我所担心的并不是我们会学习法国的榜样没收我们教会的财

---

❶1790 年，巴黎的厄尔维迪克俱乐部（Club Helvetique）给对法国的行为提出官方抗议的伯尔尼派送了革命宣传员。——编译注

产，尽管我认为这绝不是什么小奸小恶。我最大的关切在于，英国是否会考虑把没收财产来扩充财政来源，或者是将某一类公民的财产引作其他公民的专门猎物作为自己的一项国家政策。[37] 现在，各国越来越身陷在国债这个无边的海洋里了。公共债务在最初通过吸引人们对公共安全的关注而可以保障国家的安全，但是一旦超过了界限，就可能成为颠覆政府的手段。如果政府通过课以重税来偿还这些债务，就会因引起人民的憎恶而灭亡。但是如果不偿还这些债务，政府就会因所有党派中最危险的一派——我指的是一个日益不满的、受到打击却还没有被摧毁的金融利益阶层——的努力而消灭。这一利益阶层的人在起初会以对政府的效忠来寻求安全保障；其次则是利用政府的权力。如果他们发现旧的政府软弱无能、气数将尽、精神松弛，没有足够的魄力和精力来实现他们的目的，他们就可能会去寻找一个拥有更强行动力的新的替代者。然而，这种力量不是来自新增的财富资源，却是源自对正义的鄙视。革命总是倾向于没收财产；很难预料下一次没收又会以什么样可憎的名目获得批准。我确信法国的主导原则已经在所有国家很多阶层的很多人中蔓延开来，这些人的这种好逸恶劳是无害的和安全的。财产权人的这种无知或许可以视作是无能，而无能就会被认为是不适合于管理自己的财产。欧洲的许多地方都陷于这种公开的混乱；其他一些地方则是从地下传来了空洞的抱怨之声；山雨欲来风满楼，一场骚乱已经被提前觉察到了，一次危险的政治世界大地震就要来了。在一些国家[38]，最反常的一些秘密结社和暗中往来已经形成了。在这种态势下，我们要保持警觉。在所有这些剧变中（如果这些剧变是不可避免的），对磨钝其祸端之斧的锋利之刃以及能够在剧变中促进所蕴含的善最有用的，就是我们心中对正义的坚持以及对产权的守护。

但是可能有人会说，别的国家没必要对法国的这种没收大惊小怪。他们会说，这不是出于恶意的贪婪，而是用于扫除广泛的、积习已久的迷信祸患的国家政策中的一个重大举措。但是，我很难将政策和正义区分开来。因为正义本身就是公民社会的一个重要的长期政策，不论在何种条件下，对它的任何重大背离都会让人怀疑究竟是否真的有政策。

当人们被现有的法律鼓励去过一种确定的生活方式，并且那种生活方式像合法的职业一样受到保护——当他们所有的观念和习惯都已经适应它的时候；当法律长期以来已经使他们觉得对法律规则的遵守是荣耀，对它的背离是耻辱乃至于惩罚时——我确信，通过一个粗暴的法案，而给他们的心灵和感情造成猛烈冲击，强迫他们贬低地位和身份，把之前作为他们幸福和荣耀衡量标准的品行和习惯污蔑为耻辱和恶行，那么这种立法就是非正义的。如果再雪上加霜地把他们逐出自己的家园，没收他们所有的财产，那么我着实是缺乏足够的智慧，看不出这场用情感、良知、偏见、财产权所制造出来的专制运动与最臭名昭著的暴政有何区别。

如果法国目前所追求的路线明显是非正义的，那么这一措施的可取之处，也就是预期可以从中获得的公共利益，至少应该是同样显见和重要的，对于一个不受感情杂念影响而行事，心中除了公共福利再无其他考虑的人，在这些制度最初被引入时将带来的公共福利和完全废除这些制度——它们早已广泛地深深地扎根，并且由于长期的习惯，一些比这些制度本身更有价值的东西，已经完全适应了它们，并且与它们交织在一起，以至于要想毁坏其中一个而另一个却不受到严重伤害已经成为不可能的事——所产生的问题之间做一个比较，他会立刻分辨出其中的巨大差别。如果实情真如诡辩者们在他们下作的狡辩风格中所展现的那样，他一定会很难为情的。但是这就跟在大多数国家问题上一样，是有中间路线可走的。在彻底毁灭和毫无更改的保留这两个仅有选择之间还有别的可以选择。*Spartam nactus es*；*hanc exorna.* ❶ 这在我看来，是一个正直的改革者心中永远都不能背离的一条具有深刻意义的规则。我想象不出有什么人居然能自以为是到那种程度，居然会认为他的国家就是一张任由他随意涂鸦的白纸。一个热情的怀有善意的好思考的人会希望他的国家与他所看到的不一样，但是一个好的爱国者和真正的政治家所思考的往往是如何最充分地利用他国家现有的这些材料。一个既能够传承，又有能力去改善，能将这二者结合起来的才符合我心中政治家的标准。除此之外的一切，在观念上是粗鄙的，在实行时则是极为危险的。

　　每个国家在命运攸关的重大时刻都会需要一些特别的人物能以其强大的头脑来改善处境。在这样的时刻，即便是他们享有来

---

❶拉丁语，意思是既然斯巴达已经成为你的命运，那么就为它增光吧。选自西塞罗《至阿提乌斯的信》，第四章，第6行。——编译注

自君主和国家的信任，被赋予了最大的权威，他们往往也并不是现成的工具。一个将大有作为的政治家，需要的那种权力就相当于被手艺人称为起重装置的东西。如果他找到了那种权力，他在政治中就如同在机械中一样，用起来就会万无一失。在我看来，在僧侣制度中就可以发现一种为了政治仁慈的机制而存在的伟大权力。他们的收入受到公众监督；那些僧侣是完全独立于公共关系和世俗理念，并致力于公共目的的；他们不可能将公共的财产变成私人的财富，他们摒弃个人利益，他的贪心也是为了某些社区；对他们而言，个人的贫穷是一种荣誉，绝对的服从替代了自由。临时抱佛脚是行不通的。这些制度是热情的产物，是智慧的工具。但智慧不能凭空创造出物质，这些是自然和机遇的礼物，智慧可以引以为傲的地方就在于对它们的利用。这些长期存在的法人机构及其财富，对于一个有长远眼光的人来说是非常合适的。对这样的人来说，他的计划需要很长的时间才能成形，但是一旦完成就能长久存在。而一个人如果已经得到了这种团体的财富、纪律和习惯中所具有的支配权和指挥权（你们国家已经轻率地把它摧毁了），而不能将其转化成自己国家巨大而永久的利益，那么他就不配享有很高的地位，甚至都不配在伟大政治家的行列中提到他。这样看来，是一千种习惯才培养出一个有谋略的头脑。在伦理世界中摧毁人类心灵中最具创造性的力量所培养起来的任何一种旺盛成长的力量，就几乎等同于从物理上摧毁一个机构最有用的财产。这就相当于要去摧毁（如果我们真的有能力摧毁的话）硝石中固定气体的膨胀力，或者是蒸汽、电和磁的力一样。这些能量在自然界是永远存在的，尽管它们往往都不易察觉。但它们中的有些看来似乎是无法利用的，有些是有害的，最多不过是小孩子的玩意儿，直到思考能力加上实践技巧，驯服了它们狂野的本性，使它们为我们所用，并且使其成为服务于人类伟大目标和计划的最有力、最易于操作的工具。难道你们本来可以引导的五万体力和脑力劳动者，以及不是由于懒惰和迷信而得来的多达数十万的年收入，超出了你们指挥能力的范围了吗？难道你们除了把僧侣变成津贴领取者以外，就没有其他办法发挥他们的作用了？难道你们除了以这种目光短浅的办法挥霍出售以外，就没有其他办法有效使用这些收入了？如果你们的智力储备是如此贫乏，那么事情自然就会是这样了。因为你们的政治家们对他们的生意完全外行，所以就只能倒卖他们吃饭的工具了。

但是教会制度在其基本原则上就有迷信的性质，并且他们还有长久持续的影响来培养这种迷信。这一点我不想否认，但是这并不妨碍你们从迷信本身中得出一个对公共利益有益的东西。你们从人类心灵的许多倾向的情感中也都得出了有益的东西，如果像看待迷信本身一样，用一种道德的有色眼镜去看待它们的话，那么这些也都是可疑的。纠正和减缓这种感情（就跟其他所有感情中都包含的害处一样）中有害的一切就是你们的责任了。但是迷信本身就是一切罪恶中最大的罪过吗？当它超过应有的限度时，我承认那就会成为一大罪过。但是，这就是一个道德问题了，它允许有不同的程度和适当的变化调整。迷信是脆弱心灵所信奉的宗教，应当允许它与其他一些琐碎的或者是一些狂热的形式有所掺杂，否则的话，你们就是剥夺了一颗脆弱心灵的源泉，而这对于心灵最强大的人来说，都是必要的。所有真正宗教的主要构成部分，无疑就是对这个世界至高无上的统治者意志的服从，对祂的指示的信赖，对祂完美性的模仿。剩下的就只能靠我们自己了。它可能对这一伟大的目的是有害的，也有可能是有所助益的。智者（他们并不是盲信者，至少不是大地的礼物❶的盲信者），既不会猛烈地攻击这些事物，也不会强烈地憎恨它们。智慧并不是愚蠢最严酷的矫正者。只有敌对的蠢货，才会相互发动如此无情的战争，残酷地动用自己的所有优势，就正如他们在争吵中对彼此使用最粗俗的谩骂一样。而谨慎是中立的，但是，如果要在一件本不值得如此大动肝火的事情上，非得在热烈拥护一方和激烈反对另一方的竞争中做出一个选择，究竟是选择错误，还是选择过分的热情？对这种过分的热情，他可能持谴责态度，也可能会给予容忍。可能他会觉得一种建设性的迷信要比毁灭性的迷信更能容忍——粉饰一个国家比毁灭它更可容忍——给予比掠夺更可容忍——倾向于做出错误善行的要比刺激真正的不义更可容忍——引导一个人拒绝他的合法享受比抢夺一个自我禁绝的人所欲无几的生活资料更可容忍。我想，这种情况就比较接近古代僧侣迷信的奠基人与今日自称是哲学家的人的迷信的问题了。

---

❶大地的礼物（Munera Terrae）指不会持久的事物。出自贺拉斯《歌集》（Odes）第
  二卷，第 14 节第 10 行。——编译注

眼下，我暂不考虑（国民议会）拟对公共利益进行出售这一问题，尽管我认为这是一个彻头彻尾的骗局。在此，我只把它视作是一次财产的转移。对于这种转移的可行性，我打算再啰唆几句。

在任何一个繁荣的社会，一个生产者所能制造的都要超过他直接需要的。这种剩余就构成了土地资本。它将被并不从事劳动生产的业主花费掉。但是这种闲暇本身是劳动的发条，能够对产业形成刺激。国家唯一需要关心的就是让由地租产生的资本再重新回到那个行业，同时还要确保这种开销对花费它的人以及所要返还的人的道德伤害程度是最低的。

在对收入、支出、个人就业率做了全面审查之后，一个清醒的立法者会仔细在被建议加以逐出的产权所有人和被建议代替他们的陌生人之间做一个比对。在发生种种不便之前，必然会伴随因大规模的财产没收而导致的财产权上的剧烈革命，那我们就应该提前准备一些理性的保险措施，保障购买没收财产的人会在相当大的程度上都更加勤勉、更德行高尚、更清醒节制且更不愿意不理性地使用其劳动所得的任何一个部分，或者他们本人消费的不应当超过其一个个体所需要的适当限度。或者他们能够称职地以一种更加稳定和公平的形式支配其剩余，从而比那些主教、牧师、受荐修道院长或者僧侣等随便你们怎么称呼的那些旧的所有者更符合谨慎消费的目的。僧侣们是懒惰的。就算这是真的。假设他们除了在唱诗班唱歌以外就没有其他事可干，那他们跟那些既不唱赞美诗也不布道的人是一样有用的，甚至跟那些在舞台上唱歌的人也一样有用。如果他们只有从早到晚都在从事繁重而卑贱的、不名誉、不体面、怯懦的而且也往往是最不健康的传播疾病的职业（由于社会经济方面的原因，这对很多不幸的人来说注定是不可避免），才能算是有用的；如果打断事物的自然进程不具有普遍危害性，也不会在任何程度上妨碍这些被奇妙之手所引导着劳动的不幸之人伟大的轮回之轮的旋转的话，我毫无疑问地倾向于用武力将他们从悲惨的辛劳中拯救出来，而不是粗暴地去打扰平静的修道院的安宁。人道，可能还有智谋，都能够证明我这样做而不是那样做的合理性。这是我经常思考的一个问题，而且每次想到它都并非不带感情。我确信不论出于何种考虑，除非有必要屈服于奢侈的束缚和异想天开的专制——他们以自己专横的方式来分配土地产品的剩余——在任何一个秩序井然的国家都没有理由去容忍这样的交易和职业。但是就分配的这一目的，对我而言，僧侣们这些没有意义的花费与世俗社会中懒汉们无意义的花费作用是一样的。

当地产由教会占有和出售计划所具有的优点是一样的，就没有理由去做任何改变。但是在目前的情况下，它们可能并不一样，二者中的差异是明显有利于教会占有的。在我看来，你们计划要驱逐的人，他们的花费事实上并不比你们闯入其家中的人的花费更能走上一条直接且普遍败坏和不体面的道路，并且使他们都变得凄惨。为什么通过为巨型图书馆收藏大量图书（那是人类思想的力量和思想弱点的历史），通过大量收藏能够印证和解释法律及习俗的古代文献记录、勋章、钱币，通过收藏因模仿自然而超越了创造极限的绘画和雕像，通过为逝者修建的、超越了坟墓的阻隔而维系着对生命的关怀和敬意的宏伟纪念碑；通过收集代表世界上所有类别和种属的自然界的标本（在人类天然倾向和好奇心的驱动下而开启了通往科学的大道）等方式对其土地产品的剩余所进行的分配、对大宗地产的支配，对你们或者我来说就是不可容忍的呢？如果这些大型的永久性机构，对所有这些物品的消费能比个人随意的变化无常的消遣和个人挥霍更好，那么就会比同样的品位风气在分散的个体间流行会更糟吗？难道石匠和木匠为了分担农民的汗水而辛勤劳作所留下汗水，不是与建造和修缮宗教宏伟建筑以及建造和修缮画亭、罪恶和淫欲的藏污纳垢之所是一样愉快的吗？他们在修复那些年久失修的神圣作品与修复那些满足一时感官享受的临时风月场所不是一样光荣和有益的吗？在剧院、青楼、赌场、俱乐部或者是战神广场的方尖碑所留的汗有什么不同吗？用橄榄树和葡萄藤所结出的剩余果实来维持那些因虔诚想象为上帝服务而变得尊贵的人节俭的生活所需，难道就比供养那些曲意逢迎、自贬身价甘当无用家仆的人更有害吗？难道花钱装点寺庙就比豪掷重金于勋带、花边、帽徽、别馆❶、小晚宴，以及其他一切数不胜数的散尽千金的纨绔习气、愚蠢的奢侈

---

❶别馆：原文是指法语 petits maison，字面意思是小房子，实际特指专供情妇住的房子。

娱乐活动更不明智吗？

即便我们容忍这些，也不是出于对它们的爱，而是因为担心更糟糕的。我们容忍这些是因为财产权和自由从某种程度上来说要求那种宽容。但是，为什么要禁止另外一些，不论从哪个角度看都更值得称道的对地产的使用呢？为什么要通过对所有财产权的侵犯，通过对每一项自由原则的践踏，强行地让它们从好到坏呢？

对新的个人和旧的法人之间的这种对比是建立在后者不会进行任何形式的变革的基础上的。但就改革这一问题而言，我一向认为法人，不论是单一法人还是有很多个分支机构的法人，在其财产的使用、对成员的管理模式和生活习惯方面，都比公民个人更容易受到国家权力的公共引导，也许也更应该受到这种引导。这对我来说，对于任何承担了政治大业的人来说都是非常现实的一个考虑。——对教会不动产的讨论就此打住。

关于主教、牧师和受荐修道院长所拥有的地产，我不明白是基于什么理由，除了继承以外就无法拥有其中的有些地产。有哪个哲学式的破坏者能够证明拥有那样大宗的地产就是实实在在的或者就是一种相对的罪恶？这些地产是通过那些不论是从理论上讲还是事实上讲，在虔诚、道德及知识方面都非常卓越的人所传承下来的——这种财产，它的最终作用就是通过它的价值而回报给最高贵的家族以生机和支持，给最卑贱的家族以获得尊严和自我提升的手段；这种财产的占有是对某种义务的履行（不论你们选择为这种义务上赋予何种价值），对其所有者性格要求是至少外表文雅、举止庄重，慷慨大方但又在热情好客方面懂得适度节制，把他收入的一部分作为慈善款加以信托，即便当他们失信于人，不再具有之前的品质并且降级为一个普通贵族或者绅士，难道就一定比接手了他们被没收财产的人更坏吗？难道没有责任感的人拥有这些地产比这些有责任感的人拥有地产更好吗？——由那些其所有的品性和目的都是为了美德的人所拥有，不是比那些在对地产的支配上除了满足他们自己的意愿和胃口之外就没有任何规则和方向的人强吗？何况这种地产的拥有并没有固有永业所料想的种种弊端和总体特征。他们在流通中转手的速度要比其他的地产形势快得多。过犹不及，因此可能有相当比例的地产被正式地终身拥有，但是这对我来说，只要还存在以其他形式获得地产的机会，就并不意味着能对任何国家产生实质性的伤害。

这封信不知不觉中已经写得这么长了，不过，对于这个讨论不尽的主题来说还有些短。总有一些分心的事不时打断我对这个话题的思考。不过我倒是不后悔自己用空余时间来观察，国民议会的进展是否能给我提供一些理由来改变或者修正我最初的某些想法。每一件事情都强烈印证了我的最初看法。我最初的目的是想对国民议会有关重要基本制度的原则，与你们用以代替你们摧毁掉的制度的全部原则，以及我们英国宪法的某些部分做个比较。但是这个计划范围太大，超出了我最初的预估。所以我眼下就只能对你们的制度做出些许评论，至于之前计划讨论到的我们英国君主制、贵族制和民主制的精神，以及他们在实践中的操作，只好留待以后其他时间再谈。

我已经对法国目前统治政权的所作所为发表了自己的看法，而且是一些完全随意的看法。那些以鄙视古老而永久的人类观念为原则，意图将社会建立在新原则基础上的人，会理所当然地认为，我们当中的有些自以为对人类的见解比他人高明的人，应该由他们来检验前者及前者的发明。他们理所当然地认为我们太过挑他们的理，而无视他们的权威。但是对人类产生重大影响的偏见中，没有一个是支持他们的。他们声称对舆论存有敌意。自然，他们不可能指望那些被从他们的审判席上剥夺了影响力和其他权力的人能给他们以任何支持。

我从来不认为国民议会不是由一些人为了伺机夺取国家权力而组成的志愿者联盟。❶ 他们已经不再具有最初将他们聚集起来的那种公认的权威特征了。他们现在已经变质了，并且已经彻底改变和颠覆了他们最初所处的所有关系。根据任何国家的宪法，他们都没有资格行使他们现在的权力。他们已经背离了将他们推选出来的人民的指示了，由于该议会已经不再根据任何古老的惯例或者是制定法行事，所以这些指示理应就是他们权力的唯一来源。

---

❶1789 年夏天，"除了三级会议的权力以外，其他所有的权力都被大众的立法加以废除"，柏克此处就是针对这一则声明。参见苏格兰法学家、政治学家、史学家詹姆士·麦金托什爵士（James Mackintosh）的《为高卢辩护》（*Vindiciae Gallicae*）（伦敦，1791 年）第 24—25 页。《为高卢辩护》被辉格党人福克斯列为是为法国大革命辩护的最佳作品之一。——编译注

但是他们绝大多数的法案都不是由绝大多数制定的。根据这种类似的划分，他们所行使的是推定的全体权力。如此一来，不了解情况的人就要考虑一下个中缘由，并反思他们的各项决议了。

如果他们建立的这种新的实验政府，是被驱逐暴政的一个必需替代品，那么人们就会料想，一个以暴力起家的政府，经过长期的习惯，会逐渐演变成一个合法的政府。公共秩序是基于便利原则而诞生的产儿，所有正当的政府都是由此产生的，并借此来证明自己存在的合理性，公共秩序即便是还处于襁褓之中，对它还有爱戴之情的人们都会承认它的合法地位。

但是如果要让他们认可的政府，并非依法或者出于必要而成立，相反却是源于总是给社会统一带来祸乱和毁灭的罪行和灾难行为，那么他们一定极不情愿、百般推脱。国民议会为期尚不满一年。他们自己承认说是已经进行了一场革命。进行一场革命，表面上（prima fronte）是需要有理由的，这是对国家旧政权的颠覆，普通的理由是不足以为这样暴力的行为正名的。人类的意识让我们在检验和考察一种新权力的取得方式及其行使方式时，要比对已经成立的及已被公认的权威要持有更少的敬意。

为了攫取和维护他们的权力，国民议会所采用的原则，跟表面上指导他们的原则是截然相反的。观察到这种不一致，会促使我们去探究他们行为的真正精神原则。为了获得和保障他们的权力，他们曾经所做的和将来所做的一切，都不过是最惯用的伎俩。这跟他们那些野心勃勃的先辈简直是如出一辙。追溯他们所使用过的所有诡计、骗术和暴力，你会发现其中毫无新意。他们以一个诉棍所具有的那种一丝不苟的精确性，照猫画虎地模仿着先例和榜样。他们对暴政和篡权之通行公式的偏离，从来没超过一个针尖的距离。但是在与公共利益相关的所有管理规定方面，其精神却正好相反。他们把全部都委诸未经检验的臆测；他们把最宝贵的公共利益丢给他们那靠不住的理论，只不过，他们中没有一个人会把自己哪怕是芝麻大小的私人利益委诸这些理论的。他们之所以会造成这种反差，是因为他们渴望得到和维护的权力欲是无比真切的；他们走的是寻常路。至于公共利益，他们对此并不真正关心，他们完全将之付诸运气，我之所以说是运气，是因为他们的计划中并未打算用任何的事实经验来证明他们有为大众谋利的倾向。

对于那些在有关人类幸福的事情上，小心翼翼并对自己充满顾虑的人所犯的错误，我们往往不能不掺杂有一种同情。但在这些先生们身上，没有看到任何像父母在做试验时，担忧会伤害到婴儿的那种忧虑之情。他们在漫天许诺和对自己预言的无边自信方面，超过了所有江湖郎中所能夸下的海口。他们那种傲慢的自负惹得我们想去探究并质疑他们的基础。

我承认，在国民议会受欢迎的领袖当中，有些人的确是多才多艺。他们有些人在自己的演讲和文字中都展现出了雄辩之才。如若没有非凡的天分和后天的培养，这是不可能的。但是雄辩之才并不需要与智慧成正比。当我谈及能力的时候，我不能不对它加以鉴别。他们为支持他们的体系而进行的所作所为，就已经表明他们异于常人。但在为谋求其公民的繁荣和安全，为了国家的强大而设计的国家制度中，我承认我没有发现任何东西，哪怕仅仅只有一例，能够说明这是出自一个考虑周详的、处事果断的头脑的作品。相反，甚至连一个粗人所具有的审慎都没有。他们全部的目标似乎都是躲避和绕开困难。在所有的战术中，直面并克服困难是大师们的荣耀；在他们克服了第一个困难之后，就将其转变成克服新困难的工具，从而使他们得以扩展其科学的帝国，甚至将其推至一个其原初的思想也不曾抵达的广度，直抵人类自身理解力的边界。困难是一位严厉的导师，是由比我们更了解自己，也比我们更爱自己的父母般的监护者和立法者❶的至高法律所加诸我们的。*Pater ipse colendi haud facilem esse viam voluit.* ❷ 祂通过苦其心志而使我们动心忍性、增益其所不能。我们的敌手是我们的帮手。与困难的这种友好的冲突，会迫使我们进一步熟知我们的目标，并促使我们将它置于所有的关系中加以考量。它不可能容忍我们流于肤浅。正是由于对这样一项任务缺乏了解，正是因为堕落地对虚假的捷径和不可靠的讨巧的偏爱，致使世界上有这么多地方产生了专权的政府。正是这些，导致了法国之前的君主专制；也正是这些，导致了专制的巴黎共和国。他们在智慧不及之处就动用大量的武力来填充。但是他们从中一无所获。他们

---

❶指上帝。——编译注

❷拉丁语，意为：天父祂并不希望稼穑之路是一帆风顺的。选自罗马诗人维吉尔的《农事诗》，卷1，第121—122行。——编译注

的工作是以懒惰的原则开始的，他们所得到也必定是懒汉们所面临的共同的命运。那些与其说是他们避开的，而不如说是逃离的那些艰难险阻，在之后的过程中会再次与他们狭路相逢；并且会更加困难重重和复杂棘手。受困于这些迷宫一样混乱的琐碎，他们卷入了一场没有尽头、没有方向的劳碌之中，最终，他们的整个工作都变得软弱无力、残酷危险并且不可靠。

正是由于没有能力与困难做斗争，才促使专断的法国国民议会以彻底的废除和破坏来开始他们的改革计划。[39]但是在破坏和推翻的过程中能显示出什么本领来么？那么在这一方面你们的暴民至少可以跟你们的议会做得一样好。最粗浅的智力、最野蛮的双手干起这项任务来都绰绰有余。愤怒和疯狂在半个小时内所摧毁的东西，比谨慎、深思熟虑和远见在一百年内所能建造的东西多得多。旧制度的错误和缺陷是显而易见的。不需要什么本领就可以指出来；一旦给予绝对的权力，只消一句话就可以将这种错误和制度一起全部废除。当要开始着力于填补他们破坏之物所留下的空洞的时候，这些政客就被这种同样懒惰却不安分的天性（懒惰却急躁）所支配。将他们所见的一切都加以颠覆，和将之摧毁是一样容易的。不进行任何尝试就不会产生任何困难。批评精神要想发现并不存在的缺陷总是困难重重；而急切的热情和虚妄的希望，却拥有无限广阔的想象空间，可任由它们在其间纵横无阻。

在保留的同时进行革新则是另外一回事。要想使旧制度有益的部分能够得以保留，并且使新增的部分与保留的部分相适应，就需要动用有力的头脑，调动沉着而坚韧的注意力，运用各种能力进行比较和结合，运用机智进行卓有成效的随机应变；在与各种邪恶势力的联合、对所有改革进行的顽固抵抗，以及对其所拥有的一切感到厌倦的轻浮的持续斗争中，这些都有用武之地。但是你可能会反对说："这个过程有些缓慢，它并不适用于一个要将数年的工作都在短短数月就光荣完成的议会。这样类型的改革，可能会花上很多年。"毫无疑问会的，而且也应该如此。一个方法的卓越之处就是在于它能够让时间起到帮助作用，那么它的操作必然是缓慢的，在有些情况下甚至是在不知不觉中就进行的。如果说在处理没有生命的事物时，细心和谨慎是智慧的一个部分，因此当然也成了义务的一个部分，那么当我们的对象不是拆毁和建设的砖块和木料，而是面对有知觉的人的时候，陡然之间改变他们的地位、处境和习惯，可能会带来加倍的苦难。不过在巴黎一个普遍盛行的观念似乎是，铁石心肠和坚定不移的自信才是成为一个完美立法者的唯一资格。不过这与我对那个高位要职所持的看法截然不同。一个真正的立法者应该有一颗高度善感的心。他应当热爱并尊敬他的同类，并对自己怀有忧惧。他的秉性允许他利用直觉去捕捉他的最终目标，但是朝着这一目标前进却要求深思熟虑。政治安排，作为为社会目的而进行的一项工作，只能通过社会性的方法加以锻造。必须是心灵和心灵的协作。那种心灵的联合——其本身就足以产生我们意欲实现的所有的善——的实现，是要花费时间的。我们的耐心能比我们的武力实现更多的成就。如果允许我冒昧地提倡在巴黎早已经过时了的——我是指经验，我就会告诉您，根据我的估量，我一生中认识过的以及共事过的伟人，他们的悟性比起他们所领导的人来，其实要差得多，但是我还从不曾发现，有哪些计划是没有被他们的经验观察所修正过的。通过一个缓慢却持续良好的过程，每一步的效果都能被注意到；第一步不论是好与坏都点亮我们第二步的行动；如是，我们就一步一步地、安然地进行完了整个过程。我们看到整个制度体系的各部分并没有抵触。在前景最被看好的设计中所潜藏的缺陷，我们在其初显端倪之时就已经有所防备了。某一种优势是不可能会牺牲给另外一种的。我们会进行补救、协调和权衡。我们有能力把存在于人类头脑和人类事务中各种不合常规的特例，以及相互冲突的原则整合成一个统一的整体。这样就产生了一种并非是单一的卓越，而是一种远远超乎其上的构造复杂的卓越。在关系到多代后世的人类重大利益问题上，后代们应当被允许在这个会对他们产生如此深远影响的委员会中占有一席。如果这就是正义的要求，那么这项工作本身所需要的帮助就远非一个时代的才智所能提供。从这个角度来看待事物，最好的立法者往往就是那些满足于在政府中建立某些确定的、稳固的、起主导原则制度的人，而这种政府，则被有些哲学家称作是具有可塑性；有了这些确定的原则，他们就由它们自主运行了。

以这种方式行事，也就是说，以一项主导原则和一种富有活力的精神来行事，对我而言才是具有深远智慧的标准。你们的政治家所认为的勇敢坚韧的天才的标志，只不过是能力匮乏的可悲明证。由于他们过激的轻率和对自然进程的无视，他们将一切都盲目地交给了各种规划者和冒险家，交给了各个炼金术师和江湖郎中。他们对利用普通事物不抱任何希望。食疗在他们的补救体系中是一无是处的。最可怕的是，他们这种对以常规方法治疗普通疾病的绝望不是出于认知能力上的缺陷，而是出于天性上的恶意。你们的立法者对所有的职业、阶层和职位的看法，似乎都是来自讽刺家们——如果把他们带到自己的作品面前，他们本人也会感到震惊的——的夸夸其谈和插科打诨。因为只听信这些，你们的领导们看待所有的事物都只看到其有缺陷和错误的一面，并且将这些缺陷和错误加以夸大。虽然看起来是一种悖论，但这却是事实；不过总体而言，那些习惯于吹毛求疵的人，并不胜任改革这项工作，因为他们不仅不能产生出良善的思考模式，而且出于习惯，对思考这类事情也不感兴趣。由于对缺陷和不足太过憎恶，他们变得对人类也没有多少热爱了。于是他们不愿意也没有能力为人类服务也就不足为奇了。因此，你们一些引导者的身上，出现了要摧毁一切的那种性格倾向。在这场邪恶的游戏中，他们展现出了四肢（quadrimanous）❶ 的全部行动力。至于这些雄辩的讽刺作家们的其他吊诡之处，仅仅是他们一时兴起用来试验自己才华的一种消遣，是用来吸引眼球的，但是这些先生们却拾人牙慧，只是这些都不再具有作者们最初的精神了，不再是用来培养

---

❶quadrimanous，从字面意思上看是四只手的意思，在此处是一个比喻，是指像疯狂的猴子一样在撕碎东西的时候四肢并用。——编译注

品位和改善风格的方法了。这些吊诡成为他们行动的严肃基础，他们据此管理这个国家最重要的事务。西塞罗荒唐地把加图形容成一个竭尽全力将斯多亚哲学这种用以磨砺低年级学生智识的学院吊诡，用于国事管理的人。❶ 即便关于加图的这些描述是真的，那么那些先生所模仿的，不过是加图同时代的模仿者的举止，他们以为通过模仿"东施效颦"——就成了光脚的加图了（*pede nudo Catonem*）❷。休谟先生曾告诉我说，他从卢梭本人那里得知了他写作基本原则的秘密。❸ 那位敏锐但是古怪的观察者发现，要想震撼和吸引公众，就必须要标新立异。但是异教神话的奇迹早就失去效果了，其后关于巨人、魔法师、仙女和英雄的罗曼史也早已不再像他们那个时代那样受人相信了；如今那些没能给当下留下些什么的作者，就需要以另一种方式继续制造出之前那样的巨大效果，也就是在生活、风俗、个性以及特殊环境下能够对政治和道德产生全新的、意想不到冲击的奇迹。我相信如果卢梭在世，在他头脑清醒的时刻，他也会被他的效仿者疯狂的实践所震惊。他们都是他那些吊诡之言奴性十足的模仿者，即便是在他们

---

❶请参见西塞罗的《为穆列纳辩护》（Pro Murena）。——编译注

❷拉丁语，出自诗人贺拉斯的《书札》卷一，第 19 章，第 12—14 行。全句是：如果有谁模仿加图，板着脸、光着脚、穿破旧的衣服，就能证明他具有加图的道德情操了吗？——编译注

❸休谟和卢梭有一段时间交往过密。卢梭在遭到法国政府驱逐，流亡英国的时候，英国哲学家大卫·休谟不顾别人的告诫，曾经热情地接待过他。但是卢梭由于长期的颠沛流离患上了迫害妄想症，总是怀疑休谟要害他，最后两人不欢而散。——编译注

的不信任当中也能发现一种隐含的信仰。

那些担当重任者，即便是在最常规的意义上，也应该给我们理由推断他们具有的才干。但是这些国家的医者，不满足于治疗疾病，还要承担起更改宪法的重任。如此看来，他们就应当具有非同寻常的能力。从既不需要实践，也不仿效任何模式的那些人的设计的外表上看，就应该展现出非凡的智慧所具有的模样。但是，可曾有这样的东西显示出来过？我接下来要对国民议会的作为进行逐一考察（对于这一主题是很简短的），先是从立法制度开始；接着是行政权，继之以司法权，其后是军队的模式，最后以财政制度结束，看看是否能在他们计划的任何部分发现不同凡响的才能，以证明这些勇敢的担当大任者是否具有他们所自命的不凡之处。

从最高权力的形式和这个新共和国的主导部分，我们应该可以看到他们所展现出的非凡才能。他们也可借此证明他们是有资格提出自己引以为傲的要求的。具体就这个计划本身以及它所依据的基础而言，我都是参照国民议会 1789 年 9 月 29 日发行的刊物，以及之后的进展中对该计划所做的所有调整。尽管到目前为止比较混乱，但还是可以看出个大概的，整个体系实质上还是保留了其最初设想的框架。我所做的为数不多的评论也仅针对它的精神、趋势及它与一个民选共和国（popular commonwealth）的构建是否合宜。他们自认为他们的计划对于任何一个共和国的构建都是合适的，而对民选共和国尤为适用。同时，我还会考察它自身的连贯性及其原则的一致性。

旧制度可以由其效果加以检验。如果人民幸福、团结、富庶、强大，我们就可以对其余的部分做出推断。我们可以将能够产生善的制度断定为是善的。在旧的制度下，有各种手段来矫正理论的偏差。这些确实是各种必要性和权宜之计的产物。一般说来它们并不是根据何种理论建成的，毋宁说，理论却是从它们这里得出的。通过它们我们往往会发现，最能够达到预期结果的，并不是与最初设想的计划最一致的。经验所教给我们的方法可能比最初的计划中所设想的方法更符合政治的目的。它们还能反作用于最初的制度，有时候还能对设计中已经偏离了的地方加以改进。我认为，所有的这些可能已经以奇特的方式体现在了不列颠的制度中了。即便是在最坏的情况下，每种预想中的错误和偏离都会被发现并被予以考量，从而使这艘国家之舰能够在其航线上继续前行。对旧制度来讲，情况大致如此，但是对于一个全新的并且仅仅只是理论上的体系而言，它要求每一种设计从表面上都应当符合它的目的，特别是在那些设计者无须费心让一个新的建筑与旧的建筑——不论是墙壁或者是地基——相适应的地方。

这些法兰西的缔造者，将他们发现的一切都仅仅视为垃圾，并加以清除，正如他们的园艺师对什么都一刀切一样，他们计划将所有的地方性的和全国性的立法都建立在三种不同的基础上：其一是地理学，其二是几何学，其三则是财政；第一种他们称之为地域基础；第二种是人口基础；第三种则是税捐基础。为了实现第一个目的，他们把他们的国土分为 83 个面积为 18 里格乘以 18 里格的正方形，这些大的分区称为省（Department）。这些划分好的区域又继续以正方形划分成 720 个公社（Commune）。之后又做进一步划分，依然还是以正方形来度量，分成了更小的区域，称作选区（Canton），共计 6400 个。

乍一看来他们的这一几何学基础也并没有太多可供褒贬的地方。这并不要求什么伟大的立法才能。完成这样一项规划，一个精准的土地测量员用尺子、目测，再加一个经纬仪就足以完成了。这个国家旧的行政区划，其边界是由不同时期的种种偶然事件以及不同财产权和司法权的起起落落而共同确定的。自然，这些边界不是在任何一种固定的制度体系的基础上形成的。它们受限于一些不便，但是针对这些不便之处，已经找到了补救的方法，而且经过长期习惯人们已经接受和适应了。在这些由一个个方块所铺就的崭新的阳关大道上，以及在恩培多柯勒和布丰体系❶基础上建立的，而非依据任何政治原则建立的这类机构和准机构中，对

---

❶恩培多柯勒（前 490—前 430），古希腊哲学家，他认为世界的本源可以简化为 4 种最基本的元素：土、气、水和火。

　　乔治·路易斯·勒克莱尔·德·布丰（Georges – Louis Leclerc De Buffon, 1707—1788），法国博物学家、数学家、生物学家、启蒙时代著名作家，著有《论自然史的研究方法》（Discours sur la manière d'étudier et de traiter l'histoire naturelle）、《地球论》（Théorie de la terre）、《动物史》（Histoire des animaux）和《自然通史》（Histoire naturelle, générale et particulière）等书。柏克此处提到这两人，是因为他对前面他所提到的法国大革命中试图把地理和政治特性的多样性约减为几何或机械的形式怀有普遍的敌意。——编译注

于那些对此并不熟悉的人来说，不产生无数地区性的不便捷那是不可能的。不过我打算略过这些，因为这要求对这个国家有非常确切的了解才能具体加以说明，而我在这方面并不具有足够的知识。

这些国家的测量员们，在打量他们的测量工作的时候，很快就发现，在政治中，最荒谬的事情就是几何证明了。于是他们不得不求助于另一个基础（或者更确切地说是支撑）来支持这幢建立在错误基础上的、已经摇摇欲坠的建筑。很显然，土壤的好坏、人口的数量、他们的财富以及缴纳税捐的多寡在每个方块之间都有着无限的差异，这就使以面积测量作为共和国权力分配的标准变得非常荒谬了。而且几何上的平等是所有衡量税捐的方法中最不公平的一种。但无论如何，他们都不肯放弃。他们把政治和公民代表分成三份，其中一份就由这种正方形的面积来衡量，虽然没有根据任何事实或是考量能够确保代表和地区面积的这种比例分配是合理的，或者是基于何种原则就真的应该占三分之一。不过既然已经把三分之一比例的代表划分给几何学这部分了，那么，我想，他们会将剩下的三分之二代表名额，在人口和税捐之间展开混战了。

当他们根据人口分配代表的时候，他们就不能像他们在几何领域那样取得顺利的进展了。他们的算术在这里要给他们法学形而上学施加重压了。如果他们坚持他们的形而上学原则，这一算术的确很简单。对他们而言，人是严格地平等的，并且有资格在他们自己的政府中享有平等的权利。在这个体系中，每个人都应当有自己的投票权，而且每个人都会直接投票选出在立法机构中能够代表他自己的人。"但是温和的——按照常规的方法，还是不够的"❶，法律、习俗、惯例、政策、理性不仅要服从形而上的原则，更要根据自己的意愿服从自己。在代表与他的委托人建立起联系之前，必定要经过好几个级别和阶段。的确，我们很快就会发现，在这两类人彼此之间并无任何关联。首先，各选区中组成他们所谓的"初级议会"的选民，是有资格限制的❷。什么！对不可剥夺的人权居然设有资格限制？是的，不过只是一个非常小的资格限制。我们的不公正是不会产生什么压迫的：仅仅只需向公众支付等值于当地三天的劳动所得而已。我承认，这的确不多，但是足以颠覆你们的平等原则了。作为一种资格限制也可以姑且不论，因为它并不能实现为设立这种资格限制时的任何一种目的；而且，按照你们的观点，它把那些其天然的平等权最需要得到保护和防卫的人排除在选举之外了，我是指这些除了以其天然的平等权进行自我防卫以外就一无所有的人。你们现在却要求他去购买这项权利，而你们之前告诉他那是自然在他出生时就无偿赋予他的、世间的任何政府都不能以合法的形式加以剥夺的权利。

---

❶选自诗人亚历山大·蒲柏（Alexander Pope，1688—1744）的《致理查德·博伊尔的信》（*To Richard Boyle, Earl of Burlington*）。——编译注

❷资格限制，是在积极公民与消极公民之间的一种区分。所有的公民都被赋予了"公民权"，例如法律面前人人平等和宗教宽容。但是只有积极公民才能享有"政治权利"，如选举权和成为陪审员的权利。这种区分的依据就是是否缴纳一定数量的赋税。这项规定使法国600万成年人中的200万人丧失了公民权。——编译注

对于那些无法进入你们市场的人来说，一种针对他的暴虐贵族制，在一开始就被你们这些声称是其势不两立之敌人的人建立起来了。

但还要进行进一步的分级。这些选区的初级议会推选出的代表进入公社；每200名有资格的居民推选1位代表。这是初级选民与立法代表之间的第一道坎；如果想要取得第二种资格，这里马上就设立一个新的关卡对人权进行征税；如果不向区里缴纳十天的劳动所得额，任何人都无法被选为公社代表。但到此还不算结束，还有另外一级[40]。选区选出的代表进入到公社，公社里再选出进入到省；再从省里选出他们的代表进入国民议会。这种毫无意义的资格限制还会有第三重屏障。每位参选国民议会的代表必须缴纳价值1马克银币的直接税。我们认为所有这些资格方面设置的障碍，其作用都是一样的，保障独立不足，用来破坏人权有余。❶

在整个过程中，其最基本的关注点本来佯装只关注基于自然权利原则的人口的，却对财产权表现出了明显的关注，这对其他的规划来说，不论是多么的公正合理，但是对于他们的规划却是完全站不住脚的。

当他们涉及第三个基础，即税捐基础的时候，我们就会发现

---

❶此处对竞选分级的描述是不准确的。如不少批评者所指出的那样，柏克把选举体系跟当地政府系统搞混了。——编译注

他们对他们所说的人权，就更是视而不见了。最后这个基础是完全基于财产的。这一原则与平等权是截然相反且不可调和的，却对此给予承认；只是这条原则一经承认就被推翻了，正如他们通常所做的那样；不过正如我们马上就会看到的那样，推翻它的目的并不是让财富的不平等趋近于其自然的水平。这第三部分所增加的代表份额（这个部分是专门给更高的纳税额预留的），只是针对地区的，而不是每个地区纳税的个人。很容易就会发现，在他们的推理过程中，他们被他们的两个矛盾概念——人权和富人阶层的特权搞得左右为难。宪法委员会几乎已经承认这二者之间是完全不可调和的："在事关个体之间政治权利的均衡方面，税捐（和财富）的关系毫无疑问是无效的（他们自己如是说）。没有政治权利，个人平等就会遭到破坏，而一种富人的贵族制就可能会建立起来。但是当仅仅从大众而且仅仅在省与省之间加以考虑时，税捐与财富的比例关系这种不便之处就全部消失了；在那种情况下，它所起的作用仅仅是在城市之间形成一种公平互利的比例均衡，而不会影响公民的个人权利。"

在此处，（他们）指责人与人之间的税捐原则是无效的，是对平等权的破坏，又因为它导致了一种富人贵族制的建立，因而也是有害的。但是无论如何，它都不应当被废止。解决这一困难的方法就是在省与省之间建立一种不平等，却使每个省的个人之间完全平等。需注意的是，这种个体间的平等早在各个省设立选民资格限制的时候就已经被破坏了，至于这种平等权是遭到大众还是个人的损害，也都无关紧要了。群众中的个体究竟是由少数人来代表还是多数人来代表，是不一样的。如果跟一个很在乎其平等权的人说，有的选民投选三个代表就可以跟他投选 10 个代表拥有同等的公民权，那可就太过分了。

那么现在就让我们换个角度来设想一下，假如他们以税捐也就是财富为基础的代表原则是个极好的构想，而且也是他们共和国必要的基础。这样的话，在他们设想的第三个基础中，财富应当受到尊重，那么基于公正和策略的考量，要求他们给予这些人以某种或其他某种权利，能够在公共事务的管理中享有更大的份额；那么现在我们就会看到，富人所在的地区，因为富人的财富而获得了更大的权力，但其个人却没有任何权力，国民议会就是以这样的方式来为富人提供优越和安全的。我乐于承认（我确实应该将之设定为一条根本原则），在一个以民主制为基础的共和国政府中，富人确实比他们在君主制下需要额外的必要的安全保障。他们遭到嫉妒，又因嫉妒而受到压迫。但就目前的规划中，还丝毫看不出他们能够从对贵族的优待（也就是目前不平等的民众代表制的基础）中得到什么好处。富人们既感受不到对尊严的支持也感受不到对财产安全的保障，因为这些贵族集团是从纯粹的民主制原则中衍生出来的，普遍代表制丝毫没有考虑到他们，也跟他们没有关系，尽管那部分群众是因为他们的财产才获得权力优势的。如果这项计划的设计者们真的有意因为纳税而对富裕的个人给予优待，他们就应当给予富人个人或者是由富人组成的某些阶级以特权（就如历史学家描述的塞尔维乌斯·图利乌斯❶在罗马组建之初所做的那样），因为穷人与富人之间的斗争并非团体之间的斗争，而是在人与人之间展开的竞争，不是各地区间的人与人的竞争，而是不同阶层当中的人与人的竞争。因此，如果能将这项规划倒过来，可能会更好地实现其目的，那就是：每个群体都有平等的选举权，但是在每个群体内部投票权要与其占有的财产成正比。

让我们假设某地有一个人（这是很容易假设的）所缴纳的赋税和他的100个邻居一样多。但是他对他们却只能投一票反对票。如果这一群体只能选出1名代表，在这唯一一名代表的推选中，他的穷邻居们就会以100比1完胜他。这样的话就太糟糕了。如果就他这种情况做一些修改，该怎么修改呢？假如说这个地区因为他的财富而可以选出，比方说10名代表而不是1名；那就是说，由于他缴纳了大量的赋税，在选举这10名代表时，他还是能够幸运地被穷人以在选出唯一一名代表时同样的比例，即100比1而完胜他。实际上，这名有钱人并没有因为更多的代表数量而获得何种实惠，而是遭到更多额外的艰难。他所在省内所多增加的9名代表，或者由于有民主候选人，而远远多于9人，都在密谋怎样以牺牲他和压迫他为代价，去讨好民众。通过这种手段，底层

---

❶塞尔维乌斯·图利乌斯（约前578—前534）：古罗马王政时代的第6位国王，统治时期实行了一系列军事和政治改革。他对罗马自由居民进行财产普查，按财产多寡把公民分为5个等级。每个等级提供数目不等的军事百人队，共计193个百人队。每队有一票表决权。——编译注

的民众不但能够有在巴黎居住的这样的乐事，还能参与到王国的政府中去，此外，还能每天得到 18 里弗的收入（对他们而言这可是一个非常巨大的目标了）。他们的野心越是膨胀、越是民主，富人所面临的危险也相应地越高。

这就是所谓的贵族省份中穷人和富人的情形，而内部关系与其表面特征恰恰相反。就其外部关系即与其他省份的关系而言，我也看不出来这种以财富而给予民众的不平等的代议制如何能够成为维持共和国均衡和安宁的手段的。如果这是防止恃强凌弱（毋庸置疑每个社会都存在这样的情况）的目标之一的话，那么民众中的弱小者和贫困者如何才能免于更富有的人的暴政呢？是进一步给予富人更多制度性的手段去压迫他们吗？当我们要在不同的团体机构、省际利益的代表之间进行平衡的时候，它们之间也充满了个体间所存在的那些钩心斗角和妒忌；而且这些分歧更可能产生一种狂热得多的分裂精神，以及某种几乎能够导致战争的东西。

我看到这些贵族团体是建立在所谓的直接捐税原则的基础上的。没有比这更不公平的标准了。那些由于消费税而产生的间接捐税，在追踪和发现财富方面，实际上是比直接税更好的标准。要根据其中的一种，或者是另外一种，或者是这两种税同时来确立给予一个地方关照的标准，的确是非常困难的，因为有些省份缴纳的某种税或者两种税都比较多，不是因为本来就纳税比较多，而是这些地区因表面上纳的税多而得到了特殊关照。如果这些群众是独立的主权实体，因显然的意外事件而需给联邦国库提供资金，税务局也没有在全体范围内强制征收很多税，而这种税只是个别的，而非共同地对人们产生影响，且因这一特点而混淆了所有地域性的限制，那么我们就需要谈一谈作为民众税捐基础的某些问题了。但是在所有的事物中，根据纳税的多少而确定的代表名额，是最难于依照平等原则在全国范围内加以确定的了，因为一个国家要将其各个地区都视作是整体的一部分。对于像波尔多和巴黎这样的大城市，很显然缴纳了巨额的税款，几乎都要超过其他所有应缴税地区的总税额了，因此其民众也相应地被认为纳税较多。但是这些城市是这部分赋税的真正纳税者吗？不是的。进口到波尔多的商品，其消费者遍布法国各地，是他们缴纳了波尔多的进口税。吉耶纳和郎格多克生产的葡萄酒使这两个城市的出口贸易成了税收增长的途径。那些在巴黎购买不动产的业主，以其来自外省的收入而为巴黎纳税，因此他们是这个城市的创造者。这样的论证也同样适用于依照直接税而对代表份额进行的分配。因为对直接税进行评估的话，需要依据实际的或者推定的财富；而地区的财富本身就不是当地创造的，因此就公平而言不应当对某些地区有所关照。

很值得注意的是，在关于依据直接税而确定民众代表的基本规定中，他们并没有规定该如何征收直接税，以及应当怎样摊派的问题。以后可能还会出台一些政策来延续国民议会目前这种奇怪的做法。不过，除非他们完成了这一步，不然他们是不可能拥有一部确定的宪法的。它至少必须是建立在税收制度的基础上的，而且还必须随着那一制度的变动而做相应的调整。由于他们已经对事情有所规划，他们的税收对宪法的依赖，远远比不上他们的宪法对税收的依赖。这必定会在民众中产生巨大的困惑，因为在一个地区内部不同的选举资格限制——当真正开始竞选的话——必定会导致无尽的内部纷争。

试着根据国民议会工作的指导观念，而不是依据他们的政治推理来将这三种基础放在一起加以比较，并且尽量使其自身连贯一致，那么我们会不可避免地观察到，委员会称之为人口基础的原则跟另外两项被称为地域基础和税捐基础的原则的出发点是不一样的，后两者都具有贵族制的特点。其结果便是，当三者同时开始运作时，由于前者的运作给后两项原则造成了最荒谬的不平等。每个选区有 4 平方里格，我们估计它平均包含 4000 名居民，或者是在其初级议会中有 680 名选民，不过初级议会人数会因选区人口的不同而有所不同，而且每 200 名选民中就选出 1 名公社代表（deputy）。9 个选区组成一个公社。

现在我们以一个包括一个贸易港或者大型制造业城镇的选区为例。我们假设这个选区的人口数量为 12700 名居民，或者是 2193 名选民，形成 3 个初级议会，并能推选 10 名公社代表。

与这个选区相对的是该区中其余 8 个选区中的两个。让我们合理假设这两个选区人口为各有 4000 名居民或者是 680 名选民，或者一共是 8000 名居民和 1360 名选民。那么这两个选区一共只能组成 2 个初级议会，并推选出 6 名公社代表。

当公社议会根据地域基础（这项原则是议会承认的首要运行规则）来投票时，我们假设的第一个选区，虽然面积只有另外两个公社合起来的一半，但是在向省议会推选 3 名代表的时候，却可以明确依据地域代表制，享有（对另外两个公社而言）10：6 的发言权。

这种不平等，尽管已经非常惊人了，但还是可以加倍扩大的。比如，让我们合理假设，如果一个公社里的其他选区的人口远低于公社平均人口，而那个大的选区人口却远远超过平均水平。现在，根据税捐基础，这也是选区议会首先予以承认的原则，我们选择一个选区加以考察，就如本段开头提到的那样。假设一个大的贸易或者制造业城市所缴纳的全部直接税平摊给所有居民，那么每个居民所缴纳的直接税就高于全国平均水平。该市居民所缴纳的全部税额比后者要高，我们合理假设其为三分之一。那么这个拥有 12700 名居民或者说 2193 名选民的选区就与其他选区的19050 名居民，或者说 3289 名选民缴纳的一样多，这几乎就接近于其他 5 个选区的居民数或选民人数。但是，如前所述，这 2193 名选民只能向议会推选 10 名代表；而那 3289 名选民却能推选 16 名代表。这样一来，对于整个公社内税捐的平等份额来说，在依照代表公社总体纳税额的原则推选代表时，就会出现 16 票对 10 票的差异。

遵循同样的计算模式，我们会发现其他那些选区的 15875 名居民，或者说 2741 名选民，只缴纳了不到整个公社六分之一的税收，却比另一个公社的 12700 名居民，或者说 2193 名选民还要多出 3 票。

这就是根据地域和纳税而对代表的权利进行奇怪的再分配时，在民众之间所产生的这种难以置信的不公和不平。这些资格的赋予事实上都是消极资格，与其所拥有的财产正好成反比。

不管从任何角度看，在关于这三项基础的整个设计中，我没有看到把几个不同的对象调和在一个统一的整体中，而是几个相互矛盾冲突的原则被你们的哲学家勉强而又不可调和地拼凑在一起，就像被关在笼子里的野兽一样相互撕咬，直到同归于尽。

就他们制定宪法的方式，只怕我已经探讨得太多了。这其中有不少形而上学，但是很糟糕；有不少几何学，也很糟糕；还有不少比例算术，但是错误的；不过即便它真的就像形而上学、几何学和算术本来的那样精确，即便他们规划的所有部分都是连贯的，它也不过只是一幅较为赏心悦目的幻景而已。值得注意的是，在这样一个对人类的巨大安排中，居然找不到任何不论以何种方式与伦理、政治相关联的东西，也没有什么与人类的关注点、行动、情感和利益相关的东西。*Hominem non sapiunt.* ❶

---

❶拉丁语，选自马提阿利斯（Marcus Valerius Martialis）的《警句诗集》，第 10 卷，第四节。原句为 hominem pagina nostra sapit，大意是我们的书页上还带有人的味道。马提阿利斯，也译作马提雅尔（Martial），古罗马诗人，大约出生于公元 38 年至 41 年，卒于 102 至 104 年。——编译注

如您所见，我仅仅是从选举这方面来考察宪法，并一步步导向国民议会。我还没有深入到各省政府内部以及选区和公社的谱系来加以考察。在其最原初的计划中，这些地方政府的组成方式和原则与选举议会是一样的。他们的每个机构自身都是紧凑而自足的。

您会注意到，在这个计划中，有一种直接或间接的倾向，要把法国分裂成多个共和政体，使它们相互之间完全独立，除了各个独立共和政体的大使都默认全体会议的决议外，就再没有任何直接的宪法的手段来使它们凝聚、联系起来，或者产生从属关系了。这就是国民议会的现实情况，我承认在世界上这样的政府是存在的，但是在形式上非常适合当地的情况和其人民的习惯。确切地说这样的联合体，而非政治实体，往往是出于必要性，而非选择的结果；而且我认为目前的法国政府，是第一个拥有全部权威去随心所欲地处置其国家的公民机构，并且一经获得这种权力之后就以这种野蛮的方式肢解了它。

不可能观察不到，依照这种几何学的分配及算术安排的精神，这些所谓的公民完全像征服者一样来对待法国。他们像征服者一样行为，模仿残暴民族最残暴的政策。这些野蛮的胜利者，他们无视那些被征服的民族，侮辱他们的情感，他们的方法，永远是尽其所能地摧毁这个古老国家在宗教、政治、法律及习俗上的所有遗迹，并混淆所有的地域限制，制造出普遍的贫困，拍卖他们的财产，粉碎他们的君王、贵族和主教，侮辱打击一切高于平均水平的东西，以及能够将处于水深火热中的四分五裂的民众团结和联合在旧观念之下的任何事物。这些人权的挚友，以罗马人解放希腊、马其顿和其他民族国家一样的方式，解放了法兰西。他们打着让每个城市都独立的幌子，摧毁了将他们联系在一起的纽带。

当组成这些选区、公社和省的新机构的成员开始行动时——这种安排是由蓄意的混乱制造出来的——他们发现，在相当大的程度上，他们彼此之间是陌生人。所有的选民和被选举人，特别是在农村选区，往往没有任何的公民习惯和联系，也没有作为真正共和国灵魂的那种天然的行为准则。地方长官和税务官不再熟悉他们的地区，主教不再熟悉他们的主教区，牧师不再了解他们的教区。这些人权的新殖民地与塔西佗（Tacitus）❶观察到的在罗马衰亡政策下军事殖民地有着强烈的相似性。在较好较明智的时期（不论他们对异邦采取什么举措），他们在小心翼翼地建立井然有序的上下级服从关系的同时，还进行殖民开拓，甚至还在军队中设立了公共纪律的基础。[41]但是当所有优雅的艺术都沦为毁灭时，就如你们的国民议会一样，他们还是朝着人类的平等继续前行，并不考虑也不在意能使一个共和国差强人意地存在下去的那些东西。不过这跟几乎其他所有的事例一样，你们的新共和国就是在这种标志着共和国堕落和衰亡的腐朽之中诞生和哺育起来的。

---

❶普布利乌斯·科尔奈利乌斯·塔西佗（Publius 或 Gaius Cornelius Tacitus，约55—120），古罗马时期伟大的历史学家，也是罗马帝国执政官、雄辩家、元老院元老，著有《历史》和《编年史》等重要的罗马史著作。

你们共和国这名婴儿，来到世上时就带着死亡的征兆：希氏面容（facies Hippocratica）❶ 就是它的面貌特征和它命运的预兆。

构建了古代共和国的立法者们知道，他们的事业艰难异常，仅仅以一个本科生的形而上学，以及一个税务官水准的数学和算术这样的装备是远远不足以担当大任的。他们与人打交道，他们就必须去研究人性。他们与公民打交道，他们就必须去研究与公民生活环境相联系的习惯的影响。他们知道，第二天性作用于第一天性就会产生出一种新的结合；由于家庭出身、教育背景、职业、所处时代、所生活的城镇和国家，获得和保护不动产的方法，以及财产本身性质的不同，人类就会产生出纷繁的多样性来，就像动物一样，人也有诸多不同的种类。

因此他们认为自己必须要把他们的公民分成这些类别，并让他们在国家中处于这样的地位，因为他们特别的习惯使他们能够胜任那样的地位，并分配给他们以相应的特权，以便于在一切特殊的情况下他们可能需要以此来自我防卫，并且这能够使每个阶层的人都具有这样的力量能够在冲突（在所有复杂的社会中都一定会因为不同的利益而存这样的冲突和斗争）中保护它。每一位立法者都应当感到惭愧的是，一个粗野老农都很清楚地知道怎样调配和使唤他的牛、马、羊，并且有足够的常识不把他们仅仅抽

---

❶希氏面容：又称希波克拉底面容、病危面容。古希腊名医希波克拉底发现人死亡之时，会呈现出面部瘦削，面色铅灰或灰白，表情淡漠，眼窝凹陷，目光无神，颧骨和鼻尖峭耸的特点。——编译注

象为动物并同等对待之，而是给它们提供适当的饲料、照看，对它们加以合理使唤。但是这位自己同类的管理者、安排者和守护者，竟然将自己升格为高高在上的形而上学家。决意对他所引导和守护的人，除了以普遍的人类加以了解以外就不打算做任何了解。正是基于这一原因，孟德斯鸠（Montesquieu）● 非常恰当地指出，古代伟大的立法者们在他们对公民的分类中展现出了他们最伟大的甚至是超越了自我的才能。而你们现代的立法者却深陷在其反面，沉沦到一无是处。正如第一类的立法者努力把不同类别的公民团结到一个共同的共和国去；而另外一类，那些形而上学的和那些炼金术般的立法者，却反其道而行之。他们试图混淆所有的公民类别，尽可能地把他们混成均匀的一堆，然后将他们搅和出来这堆混合物，分成若干松散的共和政体。他们把人简化为仅仅是为了简单计数的零散筹码，而不是由于其在表格中的位置而拥有力量的数字。他们自己的形而上学的基本要素本来能够给他们更好的教训。他们范畴表的具体各项本来可以让他们知道除了实体和数量以外，精神世界还有别的东西存在。他们本应从形而上学的基本原理手册里学会，在每一种复杂的思虑中，还有另外八类●，但他们却从没考虑过，尽管这全部十个要素中的八个

───────────

●孟德斯鸠，全名查理－路易·德·塞孔达·孟德斯鸠（1689—1755），法国启蒙思想家、社会学家，是西方国家学说和法学理论的奠基人。其代表作《论法的精神》在英法两国皆受推崇。——编译注
●亚里士多德在逻辑学中把范畴分为十类，除了实体、数量以外，还有质量（或性质）、关系、动作（或主动）、承受（或被动）、时间、地点、状态、具有这八类。——编译注

动因，是人类的技巧可以作用于其上的。

他们不但没有某些古代共和国立法者所具有的那种能够以一种格外的准确性把握人类伦理状况和伦理倾向的才能，并且抹平和粉碎了他们所能发现的一切等级，就连君主制下那种非人为安排的、粗糙的等级分类也不放过，尽管在后一种政府形式中，公民的分类所具有的作用，并没有在共和制中更为重要。实际上，即便是这样的分类方式，如果能够等级安排合理，在所有形式的政府下都可以是有益的，能够成为抵制专制主义暴行的强有力障碍，也能够成为维持一个共和国有效且永续的必要手段。因为如果缺乏这样的东西，一旦共和国目前的计划归于失败，实现温和自由的所有安全保障都将随之失败；对专制主义的所有间接限制也会随之清除。就此而言，如果说君主制曾在法国全境占据过主导的话，不论其是这个时代还是其他任何时代，在最初若非大贤大智的君王顾问加以有意的约束，那必定会是世界上最专断的政权。这分明就是在进行一场最孤注一掷的博弈。

但是他们却竟然宣称，在此进程中所产生的所有混乱，就是他们的目标之一，他们还希望通过恐惧——由于惧怕这些他们所制造的罪恶的再次到来——而保障他们的宪法。借此他们说"对于那些不肢解其整个国家就无法将其土崩瓦解的政权来说，它的毁灭要更为困难"。他们预料，如果这种政权获得的权力一旦与他们所获得权力达到相同的程度，它就会以一种更为节制和克制的方式来运用它，并会为这个国家被他们以这样野蛮的方式全部解体而虔诚地战栗。他们期望，由于专制主义复辟而产生的好处，他们普遍邪恶的产物就会享有安全。

先生，我希望您和我的读者能够认真留意一下卡隆先生❶就这一话题所写的著作。它的确不仅是一部雄辩的，而且也是一部出

---

❶查理·亚历山大·德·卡隆（Charles Alexandre de Calonne，1734—1802），1783 年开始担任法国财政总监，当时的财政赤字已经高达1.12亿里弗尔。为了笼络王公贵族，在上台初期一度采取了与其前任内克完全相反的政策，曾为宫廷人员偿还赌债，增加他们的年金，企图以阔绰的假象抬高王室的威望。与此同时，他也寄希望于通过开挖运河、建筑港口、修建道路来刺激经济发展，增加财政收入，但收效并不明显，反而落下了挥霍浪费的名声。迫于日益严峻的财政压力，卡隆向路易十六提交了一份财政改革方案。值得注意的是，在卡隆的改革方案中有许多内容与此后的"温和革命时期"的革命成果十分相近，即向富有者征税。卡隆建议，以土地特征税代替人头税和什一税，一切土地所有者，包括特权等级一律依其收入多寡按比例缴纳，短期国债的偿还期由 10 年延长至 20 年，废除国内一切关卡，取消各领地的关税，延长对盐和烟草的专卖权等。同时政府将每年削减财政支出 2000 万里弗尔。卡隆清醒地认识到，如果将这个带有明显的"杜尔哥色彩"的改革方案直接交由巴黎高等法院审批，势必招致特权阶层的否决，于是，他向路易十六建议召开"显贵会议"，对这一改革方案进行裁决，并对之寄予厚望。1787 年 2 月，"紧急应召显贵会议"召开，出席会议的代表共 144 人，贵族和教士代表占绝对优势，来自第三等级的代表不足 30 人。路易十六希望以这个会议"来证明有必要通过一项和平时期实行的土地征税新方法，试图能够使国家摆脱困境"；"希望以此避开召开法国三级会议，因为已经有 175 年没有召开过三级会议了"，"如果应召显贵可以决定征税，他们就能够决定征税的条件，他们就会从辅助性的机构变成主宰者。但政府很快就发现，紧急应召显贵会议不能达到增加税收的目的"。这些由国王指定的"显贵"们对这份财政改革方案发起了猛烈攻击，而且反对意见也各不相同，争执不下。迫于强大的政治压力，卡隆于 1787 年 4 月辞职，流亡英国。此处柏克所指的著作是《论法国的现状和将来》（*De L'état De La France：Présent Et à Venir*）。——编译注

色且有启发性的作品。我在此仅限于他所论及的与这个新国家的宪法以及税收状况有关的部分。至于这位部长与他对手们之间的争论，❶ 我不想发表任何看法，我也无意于冒昧发表任何意见，来评论他关于将他的国家从目前这种奴役、无政府、破产和赤贫的可耻可叹的状况中解救出来的任何财政的和政治的方法与手段。我对前景的看法无法像他一样乐观；不过他是法国人，比我对这些事物负有更密切的义务以及有更好的方法做出判断。他提到过，国民议会的一位主要领导人曾就他们不仅要把法国从一个君主制国家转变成共和国，还要从一个共和国转变成一个单一的联邦制国家的计划公开声明，我希望这份声明能够得到特别关注。这为我的观察增加了一些佐证，而且在这封信所讨论的多数主题上，卡隆先生的作品的确以许多令人耳目一新、印象深刻的论据弥补了我的不足。[42]

就是这项将他们的国家分裂成诸多共和政权的决议，把他们拖入重重困难和矛盾之中。如果不是因为这一点，那些从来都没有被解决的关于个人权利、人口数量、税捐的平等及平衡的问题，就会毫无用处了。代表虽然是由各个地方推选出来的，但是有义务平等地对待全体。国民议会的每个代表（deputy）都是法兰西的代表（representative），是所有阶层的代表，既代表多数人也代表少数人，既代表富人也代表穷人，既代表较大的地区也代表较

---

❶在 1789 年之前，卡隆陷入了与内克尔和洛密尼（Loménie de Brienne）争辩的旋涡，这两人均是财政总监的竞争者。——编译注

小的地区。所有这些地区都应当服从于某种永久性的权威，一个独立于它们之外，一个他们所有的代表、所有的一切都属于它，源于它，并指向它的权威。这种永久性的、固定的、根本性的政府能够使，而且也只有它能够使一片领土真真正正地成为一个国家。在我们这里，当我们选举民众代表（representative）进入下议院，在这个议院中，每个人从个体上讲都是一位国民，因此要服从于一个日常职能完整的政府。到了你们那儿，选举产生的议会是最高主权，并且是唯一的主权；因此它所有的成员都是这个唯一主权的主要构成部分。但是我们这里全是完全不同的。我们的代表，如果脱离了其他部分，就不能行动、无法存在了。政府是各个议员和各选区的最终参照。这个作为参照的政府是受到全体的委托，而不是部分的委托。❶ 我们公共议院的另一个分支，我是指上议院，也是如此。我们的国王和贵族是地区之间、省之间、市之间得以平等的共同保障。您何时曾听说过大不列颠的哪个地区遭遇过代表不平等，或者有哪个地区竟然根本没有代表这种事儿？不仅我们的君主制和贵族制保障着我们的团结所赖以生存的平等，而且这也是我们下议院本身的精神。可能正是这种经常被愚蠢地抱怨着的代表的不平等，才防止我们以地方议员的方式来思考和行动。如果康沃尔和整个苏格兰选举的代表一样多，康沃

---

❶柏克坚持认为，议会的议员，尽管是由某个选区选举出来的，但是从宪法上讲却是所有公民的代表，因此不能仅仅只代表某一个区域的利益。所以柏克对 deputy 和 representative 这两个词做了区分，认为前者是忠于选举他的选区，但后者就不可以。——编译注

尔就能比苏格兰得到更多的关照了？那些来自某些轻浮的俱乐部的人，几乎就没动脑子思考过你们国家代表制所依据的基础。多数想要根据那些似是而非的理由就进行改革的人，想的都是些其他不相干的。

你们新宪法与我们的宪法原则是截然相反的。更令我震惊的是，怎么还会有人希望将据此而为的任何行动作为我们大不列颠的榜样。在你们那里，你们的初级选民和最终的代表之间几乎没有，或者是说根本没有任何联系。那些被推选为国民议会议员的人，并不是人民选举出来的，也无须对他们负责。在他当选以前要有三次选举，介于他和初级议会之间的两级行政机构，如我之前所言，是为了让他成为一个国家的大使，而不是生活在这个国家的人民的代表。因此整个选举的精神都发生了变化，你们宪法的兜售者不论做出怎样的修改也都无济于事了，他只能成为他现在这样了。做这样的尝试只会带来不可避免的混乱，甚至会比现状还要可怕。没有任何办法能让初级选民和代表建立联系，除非能通过曲线救国的方式，使候选人能在一开始就能够接近初级选民，以便于这些初级选民能通过他们权威的指示，迫使后面的两级选民做出符合他们意愿的选择。但这会从根本上颠覆整个规划。这可能会将他们重新拖回到普选的喧嚣和混乱之中，由于他们强行对选举进行分级，这本来是意在避免的，最终却冒险将整个国家的命运交给那些缺乏相关知识，同时也对此最不感兴趣的人手中。这是因为他们选择了邪恶的、错误的而又矛盾的原则，从而将自己抛入了永久性的困境。除非人民能够打破并抹平这种分级，否则很显然他们完全没有被选入议会的现实可能性；的确，不论在实际上还是名义上，他们都没有进行过什么选举。

我们在选举中所要实现的目的是什么？要想找到其真正目的，第一步就必须要有了解你所选举的人是否合适的手段；然后你就得通过个人义务或者人身依赖性来维持对他一定程度的控制。这些有选择权的初级选民又是由于什么目的而得到恭维，或者更确切地说是嘲讽的？是因为他们对将要为他们服务的那个人的品质都一无所知，对他将要对自己承担的无论是何种义务也一无所知。在所有不适合由那些真正能够做出判断的人委任代表的权力中，尤为不适合的就是与个人选择相关的权力。如果代表滥用权力，初级选民机构永远都无法召回其代表来对其行为进行问责。在代议制的链条中，他离他们已经太远了，实在是鞭长莫及。如果他在两年任期届满之前行为不当，也跟下两年的任期没有什么关系。在新的法兰西宪法之下，最优秀最有才干的代表和最拙劣的代表一起平等地迈向灵薄狱（Limbus Patrum）。❶ 他们的根基已经被人为地腐坏了，他们必须停靠到码头进行重新整修。所有在议会中

❶作者在原文中所用为拉丁语，在英语中又作 limbo，是一个天主教神学术语，介于天堂和地狱之间的区域，那些不曾判罚但又无福与上帝共处天堂的灵魂在此居住。根据一些罗马天主教神学家解释，灵薄狱是用来安置耶稣基督出生前逝去的好人和耶稣基督出生后从未接触过福音之逝者。另外，灵薄狱还安置了未受洗礼而夭折的婴儿灵魂（包括未成形的胚胎）。——编译注

任过职的人，都没有资格再续任两年了。正当这些长官们开始了解他们的行业了，比如烟囱清理工，他们却没有资格去实地操练了。肤浅、陌生、急躁的学习过程，断断续续的、懒散的、破碎的、不良的记忆将会是你们将来所有统治者注定的特征。你们的宪法因为含有太多猜忌的因素，所以就没有什么意义了。你们把代表们是否违背信任看得太过重要了，以至于你们完全不去考虑他们是否胜任的问题。

这个短暂的涤罪间隔期❶，对于一个不忠不信的代表来说，并没有什么不利，因为他游说的水平可能跟糟糕的执政能力一样出色。此期间，他可以谋划得使自己比那些最贤良的人还要显得优秀。因为到最后，这一选举机构的所有成员很容易就解散了，他们只是为了选举才存在的，当他再次参选代表时，他需要对其负责的人，已经不再是选举他的那同一批人了。如果要求区里的所有二级选民对此负责，那是荒唐可笑、不切实际，而且也是不公平的；他们自己可能已经在选举的过程中受到了欺骗，就如省里第三级的选民在他们选举过程中也同样可能遭受到蒙骗一样。所以在你们的选举中，是不存在责任这回事的。

在法国各个新的共和政权中，就其本质和组成而言，很难找到类似于让彼此之间协调一致的原则。我于是就考虑，这些立法者给它们提供的外部黏合剂应该是什么。我没有把他们的联

---

❶是指议员在上一任届满与下一任尚未开始这段时间。——编译注

合会、各种典礼、全民盛宴以及高昂的热情算在内，这都不过是些雕虫小技而已；但是通过他们的行为来考察他们的政策，我想我可以搞清楚他们计划将这些共和国维系在一起的各种安排。第一种便是没收，以及以此为基础的强制性的纸币通货；其二便是巴黎市的至高权力；第三则是国家的全部军队。就最后一点我将暂时不谈，我届时会把军队作为一个单独的要点加以讨论。

至于没收和纸币通货仅作为一种黏合剂所起的作用，我不否认，如果他们疯狂而又愚蠢的安排，最初将各个部分调和在一起时，没有引起反感的话，这彼此依赖的两个手段可能会在一段时间内成为某种黏合剂。即便这一计划在一段时间都是连贯统一的，但是在我看来，如果经过一段时间，发现没收并不能够给纸币制度以足够的支持的话（因为我从道义方面肯定它不能），到那时，它就不再是什么黏合剂了，反而会在这些联邦共和政权之间及其内部各个部分之间，无限地增加分裂、离心力以及混乱。但是如果没收能像减少纸币数量一样成功，那么这种黏合剂就会随着通货的减少而消失。与此同时，它的约束力就会变得非常不确定，而且它还会随着纸币信用的每一次变化而增强或者减弱。

在这一计划中唯一确定的就是，看似是一种伴随而来的结果，但我敢肯定，在指挥这项事业的人的心中却是他们直接（追求）的结果，即要在每一个共和政权中都制造出寡头政体的效果。一种纸币通货，不以任何实际的货币储备或者是担保为基础，数量已经多达4400万英国货币，并且强制性地代替了这个王国之前货币的地位，继而成为其税收以及所有商业和民事交往的实质性中介，那么必定会使这个国家所剩的不论何种权力、权威和影响，也不论其可能采取何种形式，都统统落入到这种货币的经营者和管理者之手。

即便在英格兰，我们也能够感受到银行的影响，尽管它只是一个自愿交易的中心。一个人如果对货币作用的了解确实是所知甚少，那么他就看不到在与货币管理相关的事务中所具有的力量——它是如此的广泛，并且在本质上要比我们的任何其他事务都更多地受制于它的管理者。但这并不仅仅与货币相关。在这一体系中，还有另外一个因素与这种货币的管理是不可分割的。它存在于对被没收土地进行出售的自由处置方式中，以及推动纸币进一步转换成土地，土地转换成纸币的过程中。当我们继续深入考察这一过程的影响，我们可能会认识到这一系统要想运转必须要借助的某些东西的力量强度了。通过这种方式，货币倒卖（money-jobbing）和投机之风就会渗透到大宗地产之中，并与之融为一体。通过类似的运作，这种财产就（好像）挥发了一般，它采取了一种不自然的、畸形的活动，从而落入到某些（包括主要的和下属的、巴黎的和外省的）股票经纪人和所有金融代表的手中，而大约占整个法国足足十分之一的土地，现在所得到的只是一种纸币通货的弊病中最糟糕、最有害的部分，即其价值最大程度的不确定性。他们将拉托娜（Latonia）对德洛斯（Delos）地产的善意颠倒了。❶ 他们让他们的地产随风摇摆，就像失事船只的残骸碎片，oras et littora circum❷ 随波漂荡。

这些新型的交易人，都是积习很深的冒险家，在局部偏好上并没有什么固定习惯，一旦纸币、货币或者是土地市场有利可图，就会再次低价买进高价卖出。尽管一位德高望重的主教认为，农业会从"业已启蒙的"（enlightened）、准备购买教会被没收财产的高利贷者那里得到巨大的好处，不过我——虽然不算是个好农民却是个老农民——以我最大的谦卑恳请已故的主教大人允许我说，高利贷可不是农业的导师；如果说"业已启蒙的"这个词是根据最新的字典所理解的，就如你们新学派们所一直理解的那样，那么我不能明白一个对上帝都不信奉的人怎么能够在没有什么额外的技巧或鼓励下学会耕作土地。一位罗马老人，在他与死神各执犁的一个手柄时，曾说过"Diis immortalibus sero"（为不朽的众神播种）❸。尽管你们要委任你们两个学院的所有管理者都去做

---

❶拉托娜是月亮女神阿耳忒弥斯（Artemis）和太阳神阿波罗（Apollo）的母亲。她把德洛斯海岛固定成海床，以便于成为她孩子们的出生地。相比之下，柏克指责法国本末倒置，不仅不让土地产权稳定，而是更愿意让其处于不稳定的流转之中。——编译注

❷拉丁语，意思是沿着海岸。选自古罗马诗人维吉尔的《埃涅伊德》第 3 卷第 75 行。——编译注

❸这段话出自西塞罗的《论老年》。原文是：一位农夫，不论多么垂老，如果有人问他是为谁播种，他都会毫不犹豫地回答他："为不朽的众神，他们不仅希望我从自己的祖先手中接受这些东西，也希望我把它们传给后世子孙。"——编译注

Caisse d'Escompte（贴现银行）管理者，但是一个有经验的老农就抵过他们所有的人。通过与一位加尔都西会●老年修士的简单聊天，我在奇妙和有趣务农方面所获得的知识，比我所交谈过的所有银行管理者那里得来的总和还要多。不过，没有必要担心货币兑换商会干预农村经济。这些先生在他们那代人里可是太过精明了。可能在起初，他们那善感易变的想象力可能会被单纯、无利可图的田园生活的趣味感到着迷；但是很快他们就会发现农业其实是一个远远比他们所放弃的更为辛苦却更无利可图的一个行当。在唱完赞歌之后，他们就会像他们伟大的先驱和模范人物那样，转身就抛弃了它。他们，可能就跟他一样，唱着"Beatus ille"（有福之人）开场，但是又会以什么结束呢？

Haec ubi locutus foenerator Alphius,

Jam jam futurus rusticus,

Omnem redegit idibus pecuniam,

Quaerit calendis ponere. ❷

●加尔都西会：天主教隐修院修会之一。因创始于法国加尔都西山中而得名。1084 年由法国人圣布鲁诺创立，以本笃会会规做蓝本，但更严格。修士各居一小室，以便独自专务苦身、默想、诵经；终生严守静默，只能在每周六聚谈一次；在每年四十天的封斋期内，仅食面包和清水，有"苦修会"之称。——编译注

❷引自古罗马诗人贺拉斯《诗集》第二卷：
　　高利贷者阿尔法如是说，
　　我想当这样一个农民由来已久，
　　该月中旬收回所有的钱，
　　是为了下个月初再放出去。——编译注

在这位主教神圣预言的召唤下，他们将要培育出的"教会银行"（Caisse d'Eglise），比起葡萄园和玉米地的获利可丰厚多了。他们将会根据他们的习惯和利益来施展他们的才华。只要他们能够掌控财政和执掌省区，他们是不会去推犁的。

你们的立法者，在所有事情上都是生疏的，他们是把共和国建基在赌博上的第一批人，并且将这种赌博风气注入共和国中，作为其生命中必不可少的空气。这些政治活动的伟大目标，就是把法国从一个伟大的王国变形为一个巨大的赌场，把它的居民变成一个赌徒民族；把投机变得跟生活一样无处不在；将它跟它所关注的一切都掺在一起，并且把人民所有的希望和恐惧都从其往常的渠道转向那些靠投机取巧为生者的冲动、激情和迷信上去。他们大声宣扬他们的观点，即如果没有这些赌资，他们目前的共和国制度就没有存在下去的可能性，而且它的命脉就来自那些投机市场。那些旧的赌资毫无疑问害人不浅，但是也仅仅是对个人而言。即便是在波及范围最广的密西西比（Mississippi）事件和南海（South Sea）事件中❶，相对来说，它的影响也是有限的；当它进一步扩展，比如扩展成为博彩时，这种精神也只有一个目的。但是当在绝大多数情况下都禁止并且也从未对赌博给予支持的法律本身堕落到违逆自己的本性和政策，将赌博的风气和标志渗透到最细微的事情上，把每个人都卷入其中，并且公然迫使全民都走向这个毁灭性的赌桌时，一种前所未有的、比传染性的瘟病还要可怕的动乱就要在世界上蔓延开来了。在你们那里，一个人如果不投机的话，就既不能挣到餐费，也无法买到自己的食物。他早晨所挣得的，到了晚上就没有同样的价值了。在旧的债务中他

---

❶密西西比和南海：分别是指法国的密西西比公司和英国的南海公司，这是两个股份制公司，因卷入 18 世纪 20 年代的一桩丑闻而倒闭。

南海公司是在 1711 年西班牙王位继承战争进行时创立的，它表面上是一间专营英国与南美洲等地贸易的特许公司，但实际上是一所协助政府融资的私人机构，分担政府因战争而欠下的债务。南海公司在夸大业务前景及进行舞弊的情况下被外界看好，到 1720 年，南海公司更透过贿赂政府，向国会推出以南海股票换取国债的计划，促使南海公司股票大受追捧，股价由原本 1720 年年初约 120 英镑急升至同年 7 月的 1000 英镑以上，全民疯狂炒股。然而，市场上随即出现不少"泡沫公司"浑水摸鱼，试图趁南海股价上升的同时分一杯羹。为规管这些不法公司的出现，国会在 6 月通过《泡沫法案》，炒股热潮随之减退，并连带触发南海公司股价急挫，至 9 月暴跌回 190 英镑以下的水平，不少人血本无归，连著名物理学家牛顿爵士也蚀本离场。

密西西比公司是一家 18 世纪时的法国公司，在当时隶属于法国的北美地区密西西比河的流域，从事贸易和开发等等的商业活动，1717 年 8 月，由一名叫作约翰·罗的商人买下，当时法国政府承诺给他 25 年的垄断经营权。密西西比公司先后以其雄厚的财力，发展出了法兰西东印度公司和法兰西银行。在这段时间之内，该公司的股票由 500 里弗尔涨到 15000 里弗尔。但是在 1720 年夏天时，投资人对这间公司的信心大减，结果一年之内股票价格跌回 500 里弗尔。密西西比事件与南海事件以及郁金香狂热并称欧洲早期的三大经济泡沫。——编译注

被迫接受别人支付给他的那笔钱，在他自己缔结一个新的债务时，以同样的钱来支付欠款就不会被接受了，就算他尽力避免缔结任何合同而立即进行支付，同样数量的钱也还是不够。（这样下去）工业必定萧条。经济也必会被从你们的国家中驱逐出去。小心谨慎的预防措施必然也荡然无存。如果一个人无法知道他的劳动能得到多少报酬，谁又会去劳动呢？谁又会去研究无人能够评估的事物的增长呢？如果无法知道自己所积累的财富的价值，谁又会去积蓄呢？如果有谁不再把它用于赌博，而是用来积累他的纸币财富，那就不是出于人的节俭，而是出于穴鸟直觉的紊乱。

制度性地将你们整个民族都变成赌徒的策略中，真正可悲的部分在于，虽然所有的人都是被迫参与其中的，却没有多少人明白这是场赌博；能够使自己利用这种知识的人更是少之又少。多数人必定会成为操纵这台投机机器的少数人愚弄的对象。这将会对这个国家的人民产生什么样的影响，是显而易见的。城镇居民可以一天一天的计算，但是对于乡下的居民来说可就不一样了。当一个农民首次将他的谷物带到市场去，镇里的地方官强制他接受等值的指券；当他带着这些钱到商店买东西的时候，他发现已经缩水了百分之七。过条马路的工夫就更糟糕了。这样的市场他是不准备再去了的。而城镇居民必定会火冒三丈，他们会强迫农民交出自己的谷物，这势必会招致抵抗，那么巴黎谋杀和圣丹尼

（St. Denis）谋杀❶就会在法国全境重演。

给予农村的实际代表名额，比你们理论中的名额更多，这种空洞的奖赏又有什么意义呢？你们已经将掌握金融和土地的流通的真正权力置于何种地位？你们已经把操纵每个人的永久业权价值升降的手段置于何种地位？这些能够以这种方式进行操纵，或者使每个法国人的财产都增加10%的人，必定会成为每个法国人的主人。从这场革命中所获得的全部权力，都将落入到市民以及领导他们的金融管理者手中。土地贵族、自耕农以及佃农，他们全都没有什么习惯、倾向或者经验，能够引导他们去分享现在法国所仅存的任何权力资源和影响力资源。农村生活的既有特点以及土地财产的固有特性，在其所能提供的所有职业和所有消遣中，都使农村人以某种方式加以联合和安排（那是取得和运用影响力的唯一方法）变得不可能。不论你怎样以你全部的手段、如何孜孜不倦地要把他们联合在一起，他们最终还是分散成为单独的个体。任何具有结社性质的东西在他们之中几乎都不具有可行性。希望、恐惧、忧虑、妒忌——所有这些东西都是领导人用来扼制或者煽动其追随者思想的缰绳和马刺，但在一盘散沙的人民当中却不易，或者说几乎根本就不能使用——这些故事就跟耳旁风一样，当下所起的那点儿作用，在一天之后就消失得无影无踪了。

---

❶圣丹尼谋杀：由于国内动荡，物价飞涨，很多贫民食不果腹，在巴黎附近如圣丹尼等地，经常发生运载食物的车辆被抢劫的事件。在巴黎还曾发生多起杀害面包店老板抢劫面包的事件。——编译注

他们集合、武装及行动起来都是极其困难的，而且成本极其高昂。即便是能够产生影响，也是难于维持的。他们不能有组织地展开行动。如果这些土地贵族试图利用其仅有的来自地产收入的影响力，那么对那些有十倍于他的财产收入可以出售的、将其劫掠物带到市场出售与其较量并能够打垮他财产的人来说，又能算什么呢？如果一个土地所有者想要做抵押，那么就等于从实际上贬低其土地的价值而抬高了指券的价值。这就相当于以敌之长攻己之短，徒然增加对手的力量。于是乎，这些乡村贵族、这些海洋和土地的代理人、这些拥有自由思想和习惯的人、这些不依附于任何职业的人，就好像被合法地剥夺了权利一样，被彻底地排除在其所在国家的政府之外了。显而易见，在城镇中，所有可以密谋用来反对乡村贵族的东西对货币兑换商和管理人都是有利的。在城镇中联合是自然的。市民的习惯、他们的职业、他们的消遣方式、他们的工作、他们的失业都会不断地促使他们彼此进行接触。他们的美德和恶行也都是社交性的；他们永远处于戒备状态，他们在那些打算将他们组织起来采取公共或军事行动的人的掌控之下，已经被收编了，并且还受到了正规的训练。

所有的这些考虑都无疑让我得出这样的结论，如果这个宪法的怪物能够得以继续，法国必将会完全被各个团体中的唯恐天下不乱者、各城镇指券管理人所组成的协会、出售教会土地的信托人、律师、代理人、货币经纪人、投机人以及冒险家所统治，他们将在摧毁王权、教会、贵族和人民的基础上组成一个卑劣的寡头政体。这将终结所有关于人权和平等的虚假理想和愿景。这些都将深陷并沉沦在这种卑鄙寡头政体的塞波尼斯大沼泽（Serbonian bog）❶中，并将永远地消失。

尽管人类的眼睛不能观察到这些，但是人们忍不住会想，法国所犯的某些深重的罪孽即便是呼告上天，上天也会认为，以对邪恶和可耻的统治的屈服来惩罚它是合适的。即便是在其他的暴政下的虚假的荣光中，也找不到任何安慰或者补偿，能够像在这种统治下一样，使得人类即便是深受压迫也并不觉得自己受到了屈辱。我必须承认，我为少数人的行为深感痛惜的同时，也夹杂了一些义愤。这些人曾经一度具有显赫的身世，至今仍然具有高尚的品格，但是因虚名所惑，而投身于一桩远远超过其自身认知所能看穿的事业；这些人将他们良好的声望，以及由显赫的名声所带来的权威，借给了那些他们并不了解的人的图谋，并因此使自己的这些美德，被用来毁灭自己的国家。

至此则是第一个黏合原则。

将他们的新共和国黏合在一起的第二种材料是巴黎市的至高地位；而这一点，我承认与纸币通货和没收这一黏合原则是密切相关的。我们必须从这项计划的这个部分中寻找摧毁了所有旧时地域及管辖边界、教会和世俗的界分，以及瓦解了所有事物的旧

---

❶Serbonian bog：本意是指古埃及的塞波尼斯大沼泽，常常用作绝境之意。约翰·弥尔顿（John Milton）的《失乐园》第 2 卷 592—594 行，有诗句：在古老的达米亚达和卡修斯山之间/塞波尼斯大沼泽的深渊中/全军沉没。——编译注

有联系的原因，以及形成诸多没有关联的小共和政权的原因。巴黎市的权力显然是他们所有政治活动的巨大来源。巴黎正是因为其手中的权力，现在已经成为投机活动的中心和焦点，这个投机者的领袖从而就指挥或者控制了整个立法机关和整个行政部门。因此要尽一切手段来确保巴黎市对其他所有共和政权的权威。巴黎是高度浓缩的，她具有与其他任何方形的共和政权相比，都不成比例的巨大力量。而且这些力量都被汇集并浓缩到一个狭小的圆圈里。巴黎与其所属的部分具有一种天然的简便的联系，不会受到任何几何学宪法计划的影响，至于其代表比例的多少，也是无关紧要的，因为她早就已经将所有的鱼都收入自己的网中。这个王国的其他地区，早就被分割成一个个碎片，背离了其惯有的路径甚至是统一的原则，至少在短时间内，是无法联合起来与巴黎抗衡了。❶ 在其他所有这些附属成员中，除了软弱、分离和混乱之外就一无所有。为了确保该部分计划的实施，国民议会最近通过一项决议，规定一个人不能同时担任两个共和政权的总指挥。

对于一个能够统观全局的人来说，以这样的方式造就出巴黎的强大，看来是会出现一种制度性的普遍缺陷。但他们却吹嘘说，

---

❶国民议会虽然是法国大革命的领导者，但巴黎市民却在实际上左右了国民议会。国民议会一直追随在巴黎革命行动者之后，做一些善后工作，或者是介于市民暴动与朝廷间的调节工作。它所颁布的一些法令，也往往是既成事实以后给予的追认。从某种意义上说，国民议会已经成为巴黎人所控制的议会。柏克在此处非常具有预见性，在1793年的春天和夏天，法国的很多地方都不同程度地掀起了反对大革命的运动，但是所有的这些运动相互都没有什么配合。——编译注

一旦采用这种几何学的政策，所有的地方观念就会归于沉寂，就不会再有加斯科涅人（Gascon）、皮卡德人（Picard）、布列塔尼人（Breton）和诺曼人（Norman）之分了，只有法兰西人，在同一个国家、拥有同一个议会、万众一心。但是并没有全都成为法国人，更大的可能性倒是那个地区的居民很快就会发现他们没有国家了。没有人会以自豪之感、偏爱之心、钟爱之情而对一种方形格子产生依恋。他也永远不会因为属于 71 号格子或者任何其他编号标记的格子而感到荣耀的。我们公共感情的培养始于我们的家庭。在冷漠的关系中是不会有热忱的公民的。我们进而将这种感情推及邻里之情以及我们所习惯的地方关系中去。这些是栖身之地和安身之所。我们国家的区划如果是因习惯而形成的，而非政府一时兴起而做出的，那么每一个区划就是一个大的国家可以留在每个人心中的具体而微的缩影。对整个国家的爱不会因为对其下属地区的偏爱而消失。反而这可能是对更高级的、更宏大的事物给予关注的一种基本训练，正是通过这个，人们才能像关注自己的利益一样，去关注像法兰西这样一个辽阔的王国的繁荣。公民是由于古老的偏见和非理性的习惯，而不是因为其外形上的几何特征，才对全部领土本身以及各地区古老的名称怀有关注之情。只要巴黎存在一天，她的权力和优势地位就必定会对其他共和政权形成压制，并使它们凝聚在一起。但是如上文所述的原因，我想这是难以持久的。

国民议会，表面上看来是最高权力机关，也以此名义行事，但我们看到的是一个就其组成上而言具有各种权力，却无法从外部对其加以控制的机构；我们看到的这个机构，没有基本法、没有确定的准则、没有受尊敬的议事规则，❶ 因而也就无法固定地坚持任何一种制度。他们的权力观念是立法权至高无上，他们从十万火急的案例中援引出普通案件的判例。将来在绝大多数方面还会跟目前的这个议会的情况一样，但是，由于采用了新的选举方式和交流方式，源自代表不同利益并保留了他们某种精神的少数议员，对国民议会的那一点微弱的内部控制，也会荡然无存。如还能有下一届国民议会，那么它必定只能比这一届还要差。目前的这一届，通过摧毁和改造一切，留给他们继任者可干的事情中，显然已经没有什么是会受到广泛赞同的了。受到仿效对象和榜样的激励，什么肆无忌惮、荒谬绝伦的事情他们都干得出来。指望这样一个国民议会能够沉着行事，那是很荒唐的。

你们这些全能自足的立法者，急不可耐地要做成每一件事，却忘了一个最基本的东西。之前我还从未见过，不论是理论上还是实践中，它会被任何一个共和国的规划者所忽略。他们忘了去

---

❶国民议会当时非常混乱，议员中大多没有多少实际从政经验，流于空谈理想，喜欢在议会侃侃而谈，卖弄口舌。议事之时没有规则，发言现场混乱，往往为了一个无关紧要的提案，也要让每个议员都发表意见；另外，还要经常性长篇累牍地宣读各地雪片般飞来的千篇一律、内容空洞、文字拙劣的请愿书，结果浪费大量时间也都不能做出有效决议。米拉波和穆尼耶都曾提议学习英国议会的议事章程，但都不被采纳。——编译注

建立一个"上议院"❶ 或者是具有类似性质和特点的东西。从未听说一个由立法机构和一个活跃的议会，以及其执行官员所组成的政治机构，居然没有这样一个议院；居然没有一个可供外国与其进行接触的机构；在政府一般的具体事务中，居然没有一个民众可以仰望的机构；居然没有一个可以给予一种偏向性和稳定性、维持国家事务连贯性的机构。国王们往往都还有这样一个顾问委员会。何况君主制无需它就可以存在，可是它对于一个共和制政府来说，确乎是根本性的。它的地位处于由人民行使的，或者是由他们的代表间接行使的最高权力与单纯的行政权的中间。在你们的宪政中没有丝毫迹象能够表明：你们的梭伦们和努玛们❷会觉得，如在其他一些事物中所发现的那样，由于没有设立这样的一个机构从而使主权具有了缺陷。

现在让我们把目光转向在构建行政权过程中他们的所作所为吧。他们选择了一位被罢黜了的国王作为行政长官。他们的这位第一行政官，只能是一台机器，在其任何一项职权行为中，都不应当有任何经过深思熟虑后的自由裁量权。他最多不过是一个用

---

❶上议院：缺少一个参议员或者上议院是对美国宪政模式的一个重大偏离，否则的话还是很值得称道的。法国人民主权的观念坚持认为由普选的代表所表达的人民的意志，不应当受到任何机构的限制。——编译注

❷梭伦（Solon，前630—前560），古代雅典的政治家、立法者。他于公元前594年出任雅典城邦的第一任执政官，制定法律，进行改革。努玛·庞皮留斯（Numa Pompilius，前753—前673），罗马王政时期的第二位国王。在努玛成为国王之前的罗马，一直被邻近城市看成与盗贼集团没有分别，而努玛在统治期间确立了法律和风俗礼仪，使罗马成长为充满文化的城市，对罗马后世的法律制度产生了极大影响。

于向国民议会传达他们应当知道的重要事项的渠道。倘若他真的成为唯一的渠道，那么这项权力也算不得是无足轻重，尽管对于要行使这样权力的人来说是极其危险的。但是通过其他的渠道，公共信息和事实情况同样也能到达国民议会。因此，就通过一个委任的报道人的陈述而为（国民议会）采取措施做出指导的这种方式而言，这样的情报职位简直就是形同虚设。

接下来我们从公共和政治两个自然的划分来考察法国关于行政长官的设计。首先，我们会发现，根据新的宪制，更高一级的司法权，不论是从哪一种划分上来看，都不在国王手中。法国国王并非是司法权的来源。不管是初审法官还是上诉法官，都不是他提名的。他既不能提名候选人，也不具有否决权。他甚至都不是一名公诉人。他只是作为公证人，见证某些地区在选择法官时的真实性，他通过他的官员们执行他们的判决。当我们深入考察他权力的真正实质时就会发现，他看来最多不过是一个讨债执达官（bum bailiffs）❶、权杖兵（sergeants at mace）、法警、狱卒以及绞刑执行人的头目而已。没有比冠以任何可以称作是王室的词更具有侮辱性的了。对于这位不幸的君王的尊严来说，即便他已经被剥夺了所有可敬的东西以及具有类似功能的所有慰藉，他即便没有任何司法权、没有发起任何审判的权力，没有任何缓刑权、

---

❶bailiff 本是指执行法院令状、判决、进行拘捕的执达官，到莎士比亚时，大量的执达官用于协助追缴欠款的执行，于是在大众心目中的形象就变成了讨债人的形象，有了一个新的绰号，就是 bumbailiff。——编译注

减刑权以及赦免权，都要比现在这样强上千倍。现在，司法中一切卑鄙和可憎的事情都丢给他了。国民议会决定把一个前不久还是他们国王的人置于只比刽子手高一级的地位、基本是同一个性质的职位时，他们如此煞费苦心地为某些职位掩盖污点，并非是别无所图的。像法国国王目前这样的处境，要使他能够得到自己或者他人的尊重，那才是不正常呢！

现在就考察一下这位依照国民议会的指令行事的新行政官的政治能力。执行法律是国王的职责，但是执行命令就不应当是一个国王之所为了。然而，尽管只是这样一个行政首脑，也依然是一项重托。这的确是一份信任，因为它完全取决于这个职位的承担者和服从者彼此之间相互忠诚并勤勉的工作表现。履行这一职责的方式应当是由法规加以规定的，但是根据具体情势处理事务时则需要信任。它应当是被尊严、权威、慎思所包围，以荣耀为导向。行政职位是个吃力不讨好的差事，我们指望的可不是权力的无能。一个掌管行政事务的国王，却没有可以用来奖赏的手段，那他还算什么呢？他没有一个永久性的办事机构，没有可用于奖赏的土地，统统没有，连50英镑的年俸也没有，连芝麻小官的虚衔都没有。在法国，就如他不再是司法权的来源一样，他也不再是荣誉的来源了。所有的奖赏和荣耀都在他人之手。那些为国王服务的人不是受到自然原因而是受到恐惧的驱使——对一切但唯独其主人除外的恐惧。他在对内镇压方面的作用与在司法部门的作用一样令人憎恨。如果有向城市提供任何救济的好差事，国民议会就会一马当先的。但是如果要派遣军队去让他们服从国民议会时，国王就得执行命令，每逢这样的场合，他的身上必然溅满了其臣民的鲜血。他没有任何否决权，只能任由他的名义和权威被用来执行每一道严酷的法令。不仅如此，他还必须要同意对那些试图要将他从被囚禁的状态解救出来的人，以及对他个人或者是他旧时的权威表现出丝毫留恋之情的人的屠杀。

行政官职位应当以如下方式设置：构成行政官体系的下级官员对他们必须予以服从的上级应当有发自内心的爱和敬意。蓄意的忽视，或者更可怕的是，不怀好意的阳奉阴违，必能毁坏最明智的决策。但是法律对于事先预防或者事后惩处这些蓄意的无视和假意的关心是无能为力的。要让他们满腔热忱是超出了法律能力范围的。君王，即便是真正的君王，理应且能够忍受他们所厌恶的臣民享有的自由。而且，只要没有违逆自己，国王们甚至能够容忍让这些人拥有权力，如果这能够让他们更好地为国效力的话。路易十三对黎塞留红衣大主教（Cardinal de Richelieu）❶ 简直就是深恶痛绝，但是他在这位大臣与其政治对手较量时，给予他的支持却成了自己统治时期所有荣耀的源泉，并强化了自己统治

---

❶阿尔芒·让·迪普莱西·德·黎塞留（Armand Jean du Plessis de Richelieu，1585—1642），法国国王路易十三的总理大臣。他在法国政务决策中具有主导性的影响力，特别是三十年战争时，他通过一系列的外交努力，为法国获得了相当大利益。在他当政期间，法国专制制度得到完全巩固，为路易十四时代的兴盛打下了基础。——编译注

的根基。路易十四刚即位之初，对马萨林大主教（Cardinal Mazarin）❶并无好感，但是为了利益他还是继续任用他。到了晚年时，他很厌恶卢瓦（Louvois）❷，但是后者几十年如一日，忠诚地为他效力，他也就忍受了他。乔治二世招皮特先生❸进入他的内阁之时，他对他绝对是毫无好感可言，不过他也没做任何辱没其明君声名的事情。所有这些大臣不是由于国王的喜爱，而是因为其才能得到任用的，他们是受国王的托付、以国王的名义在行事，而不是以那些宪法所声称的表面上的主人的名义行事。对于那些由对他本人最无好感的人制定的，他又必须加以接受的举措，我不认为会有任何一位惊魂甫定的国王愿意诚心诚意地为其注入生机和活力。又有哪位假意逢迎国王（或者是别的什么名号）的大臣，会由衷地服从那些说不定哪天就会以国王的名义将自己打入巴士底狱的人的命令呢？他们会听从那些明明是在暴虐司法，却自以为是慈悲地为深陷牢狱的人提供庇护之所的人的命令吗？如果你们期望在你们其他的改革和重建中能够建立起这种服从，那么你们就得在自然界发起一场革命，还要能够改变人类大脑的构

---

❶尤勒·马萨林（Jules Mazarin，1602—1661），红衣大主教、法国外交家、政治家，他受到黎塞留的提携，后成为法国国王路易十四时期的总理大臣。他在位期间结束了三十年战争和投石党运动。——编译注

❷卢瓦侯爵：弗兰索瓦·米歇尔·勒泰利耶（Francois michel le Tellier Louvois，1639—1691），法国路易十四时期的陆军大臣（1677—1691），对法国军队的改组做出了突出贡献。——编译注

❸此处指老威廉·皮特（William Pitt，1708—1778），英国历史上最伟大的首相之一。1756年被乔治二世任命为内阁大臣。——编译注

造。否则，你们至高无上的政府是无法与它的行政体系相协调一致的。有很多例子都表明我们不能只看名称和抽象概念。你们可能会把我们有足够理由害怕和憎恶的半打个人领袖，叫作国家。这除了让我们对他们更加害怕和厌恶之外，再没有其他什么意义了。如果以这样的手段进行这样的革命，就如贵国已经在做的那样，也会被认为是合适的应急之举，那么你们将 10 月 5 日和 6 日的事件❶进行到底则可谓就是明智之举了。那时，这位新的行政官就会将他的地位归功于他的创造者兼主宰者们了；而且他因受制于利益、罪恶的社会（如果这些犯罪之中能有什么美德的话），还要感激涕零地为那些将他提升到一个坐拥巨额财富、纵情于声色犬马地位的人效劳。那些人可能还会让他拥有更多这样的享受，因为他们已经使对手缴械投降了，所以也无必要再对一个纸老虎进行什么限制了。

在目前的状况下，国王如果被他所遭受的不幸完全吓破了胆，以至于认为吃喝拉撒并非是生活的必需，而是生活的额外恩赐和

---

❶1789 年 10 月 5—6 日革命日，有时候又称十月游行、十月事件或凡尔赛游行，是法国大革命最早及最重大的事件之一。当年 7 月攻占巴士底狱后，国内经济形势加速恶化，物价猛涨。游行最初是从巴黎集贸市场不堪忍受物价飞涨及面包短缺的妇女开始的。在革命鼓吹者的鼓励下，她们与参与到她们之中的同盟洗劫了城市军械库，并向位于凡尔赛的王宫游行。群众包围了王宫，并派妇女代表与国王路易十六谈判，暂时平息了人群的愤怒，但是 10 月 6 日凌晨，群众意外发现王宫有一处没有士兵把守，就冲进王宫，屠杀了国王的侍卫，并将他们的头颅挂在长矛上。在拉法耶特的调停下，国王暂时获得了安全，王室一家被游行队伍从凡尔赛带回巴黎，路易十六自此几乎完全失去了对法国的控制。——编译注

特权，并且再也不敢顾及什么荣耀，那么他根本就不能胜任这个职位了。如果他能感受到一般人的感受的话，他一定会意识到，在这种情况下，他从这个职位上不能获得任何名誉和声望。也没有什么重大利益能够促使他去行动。他的行为至多是出于被动的防卫。对下层人民来说，这样一个职位可能会是一种荣耀。但是获得荣升与遭到贬谪，是完全不同的两码事，个人的感受也大不相同。真的是他提名的大臣人选吗？那么他们一定会对他万分同情的。还是他们胁迫他提名的？那么他们与这位有名无实的国王在所有的事务上一定是互唱反调的。在其他所有国家，国务大臣的职位都是至高的荣耀。但这在法国却是极具风险、毫无荣耀可言的。尽管这个职位形同鸡肋，但只要世上还存在浅薄的野心或者是对微薄薪水的渴望，就会激发出短视的贪婪，他们就会有竞争对手。这些大臣的竞争对手会利用你们的宪法攻击他们的要害，而他们，除了以罪犯般的惨状坐以待毙之外，就再没有其他办法来反击对他们的指控了。法国的国务大臣们是举国上下唯一不能参与到国家议会中的人。这是怎样的大臣！怎样的议会！又是怎样的一个国家啊！但是他们却还要承担责任。这种责任只能让他们勉强地应付差事。出于恐惧的威慑而拔高思想境界，是不可能让一个国家辉煌的。责任可以阻止犯罪，它让所有违法的企图都面临危险。但是论及积极而热忱的为国效力的原则，除了白痴，没有人会去考虑。能够将对战争的指挥权托付给一个讨厌战争的人吗？他为了战争的胜利而采取的每一步，势必都会强化压迫他的人的权力。别的国家会严肃对待这个既无权媾和亦无权宣战的人吗？当然不会。不论是他本人还是他的大臣，甚至稍有可能受他影响的人，都不拥有一票的投票权。一个对君主充满鄙夷之情的国家就不再是这个君主的国家了，立刻废掉他要更好些。

我知道有人会说，政府的司法和行政部门的荒唐之举，也仅限于这一代，他们已经让国王宣布说，王储将会受到与其身份地位相符合的教育。但是，如果真要使他与他的地位相符，他不需要接受任何教育。他接受的教育会更糟糕，可能比专制君主所接受过的还差。如果他读书的话——其实不论他读书与否——总会有或良善或邪恶的天才之士告诉他，他的先祖都是国王，所以他的臣民就必须要拥护他，并为他的父母报仇雪恨。你也许会说，这并非他的职责。话虽这么讲，但这是天性使然。当你愠怒于天性而与自己作对时，再去信任所谓的职责就并非什么明智之举。在这个无济于事的政体设计中，这个国家已经在自己的内部埋下了软弱无力、纷扰混乱、相互敌对、低能无效以及衰退的祸根，它已经为自己备齐了最终毁灭的所有手段。简而言之，从这个行政势力（executive force）——我不能把这称之为行政机关（executive authority）——我没有发现哪怕是表面上有活力的，或者说能与其最高权力有丝毫的一致、相称和友好关系，在现存的政府中没有，在未来的政府中也无此计划。

由于扭曲的经济以及同样扭曲的政策，你们已经建立了两套政府制度[43]：一套是真实的、一套是虚构的。维持任何一套的运转都代价不菲，但是我认为，后者的代价要更高。其实像后者这样的机器，连轮子上的润滑油的价钱都不值。成本真是高得离谱，不论是表面的用处还是实际用处，都不值其要价的十分之一。哦，不过我这么说，对立法者的才能有不公允之处，不过也没有必要公允。他们对行政势力的设计也不是出于他们自己的意愿。戏还得继续演下去，因为百姓并不希望它停下来。是的，我理解你们。尽管你们的洋洋宏论能让天地折腰，其实你们知道如何使自己顺应事物的本性和环境，对此你们心知肚明。但是，既然你们为了适应这种形势已经走得这么远了，何不索性走得更远一些，将这种顺应作为一种合适的工具，以用来实现它的目的呢？这是在你们能力范围之内的。譬如，其中之一就是，给予你们的国王以宣战和媾和之权。什么？把所有权力中最危险的权力授予这个行政官？我自知没有比这更危险的权力，也没有比他更能担当这项重托的人了。但是我要说的是，除非再授予你们的国王他现在所没有的、用以支撑这项权力的辅助性权力，否则这项大权是不应当托付给国王的。不过，即便他已经拥有了这些辅助性权力，无疑这还是很危险的。但是，这种安排的好处，足以弥补由此带来的风险。目前，没有别的办法可以阻止某些欧洲君主与你们国民议会某些议员或明或暗的勾结，干涉你们的重大事务，在你们国内的核心腹地煽动内讧中最危险的一种——由国外势力操纵并代表他们利益的派系倾轧。感谢上帝，我们国家目前还没有这种最可怕的邪恶。如果你们能想出什么计策的话，就一定要积极寻找方法对这种危险的权力委托予以间接的纠正和控制。如果你们不喜欢我们英格兰已经选择的道路，你们的领袖可以动用他们自己的才智去设计出更好的。如果非要举出贵国的行政机关在处理重大事务时的这种例子，那么我认为蒙莫兰（Montmorin）先生❶最近向国民议会所做的报告，以及关于不列颠和西班牙的领土争议❷方面的所作所为就是。不过我要是再为你们具体指出来的话就是侮辱你们的理解力了。

我听说那些所谓的大臣已经表达了他们的退隐之意。我倒是惊讶于他们居然到现在才打算辞职。即便是把全宇宙都给我，我也无法忍受他们在过去的一年中所处的那种环境。我理所当然地认为，他们对革命怀有良好期待。按照事态的发展，他们不可能有之前那样显赫的地位，尽管那只是一种屈辱的显赫地位。但是他们却能首先全面地看到，并感受到自己所在部门因那场革命而产生的种种罪恶。他们迈出的每一步，或者每一次隐忍以行，都必定能感受到自己国家的堕落形势，但他们对此却完全无能为力。他们处于一种从属的奴役地位，这是前所未有的。由于他们得不到君主的信任，也得不到国民议会的信任，他们职位的所有崇高的功能都被国民议会的各个委员会执行了，他们个人的或者是职位的任何权威丝毫都不曾被顾及。他们没有权力，却还要行使其职能；没有裁量权，却还背负责任；没有选择权，却还得参加商

---

❶阿尔芒·马克，蒙莫兰伯爵（Armand Marc，comte de Montmorin de Saint Herem，1745—1792），路易十六时期的外交和海军大臣，他是内克的忠实拥护者，1792年在恐怖时期死于大屠杀。——编译注

❷1790年，西班牙和不列颠因为温哥华岛（Vancouver Island）西岸的努特卡湾（Nootka Sound）的归属而引发了外交危机。——编译注

讨审议。他们需要效力于两个君主，但是对于其中任何一者，他们都没有任何影响力，在这种令人困惑的处境下，不论他们意欲何为，他们必定只能时而背叛其中一个，时而背叛另一个。不过他们时刻都在背叛自己。这就是他们的处境，也必将是其后继者将要面对的处境。本人对内克先生一向深为敬重，并希望他一切安好。对他的关照我心怀感激。不过私以为，当他被他的敌人驱出凡尔赛的时候，他的被逐成了最值得郑重道贺的事情❶——*sed multae urbes et publica vota vicerunt*。❷ 而现在，他正坐在法国财政和君主制的废墟之上。

关于这个新政府的行政机构的怪异构成还有很多可考察之处，但是对于这样一个几乎没有限制的题目进行没完没了的讨论是令人疲倦的。

在国民议会形成的司法安排中，我也没有看到有一点天分和才华。根据他们一成不变的手段，你们宪制的缔造者们是从彻底

---

❶ 内克曾于 1789 年 7 月 11 日被路易十六免职，他一度被视为法国财政危机的拯救者。由于他在民众当中威望极高，他的被免激怒了法国公众，7 月 14 日爆发革命，他又被召回。但是随着法国民众的日益激进，他的温和主张已经不再受欢迎了。——编译注

❷ 这句拉丁文的意思是：诸城邦和共和国为他的倒台而欢呼。引自朱文纳尔《讽刺诗》第 5 卷第 284 行。——编译注

废除高等法院❶开始的。这些庄严的机构，跟旧政府的其他部门一样，即便是在君主制下也无须做出任何改变，但是需要加以改良。它们需要做出某些改变以适应一个自由的宪政体系。但是在其具体组成上，不少地方还是很受一些有识之士的赞赏的。它们一个最基本的优点就在于：它们是独立的。这些职位一个最受人质疑的地方就是它们是可以买卖的，然而这却有助于它的这种独立特征。这些职位是终身制的。实际上可以说这些是经由继承而获得的。由于是君主任命的，也可以认为这些职位是来自君主的权力。对它们这一权威所加诸的最坚决的反对，只是显示它们的根本独立性。它们组成永久性的政治机构，抵制各种新的专断；其机构组成及采用的多数形式，都非常适应于保障法律的确定性和稳定性。它们是保障这些法律免于所有革命主观情绪的避难所。它们在专制君主统治横行和派系倾轧恣意肆虐的时期，挽救了这个国家神圣的积蓄。它们保持着对宪法活生生的记忆和记录。它们是私人财产权的伟大保障——在没有个人自由的时候人们可能会这么说，不过实际上，法国与其他任何国家一样，对私人财产权给予了极好的保护。不管一个国家所应当拥有怎样一个至高的主权，其司法权的建立却不能依赖于它，而且还应当对其形成某种制衡。应当保障它的司法权能够对抗它的权力。应当使司法权，就如它

---

❶法国的高等法院对国王的法令有登记权，法令经它登记后再传给全国。法官们就利用这项权力制约国王。由于它长期有力地对抗王权，在民众中颇有威望。他们的反抗能力促使路易十五在 1771 年将其废除。不过路易十六又于 1775 年将其恢复。——编译注

过去那样，成为独立于国家之外的某种东西。

　　法国的高等法院为君主制的极端行为以及恶行提供了某种虽非最好的但也不可忽视的纠正。当民主成为一个国家的绝对权力时，这样独立的司法权就有超过十倍的必要性。在那样的制度组织下，按照你们的设计，临时选举的地方法官在一个狭小的社会范围内运用他们的独立性，必定会成为最恶劣的法官。要想让他们给予陌生人、可恶的有钱人、失利的少数派以及选举中落选的候选人的支持者以哪怕是表面上的公正，都是枉然。要想让这些新的法官远离最恶劣的派系倾轧之风也是不可能的。根据我们已知的经验，用投票的办法来防止任何公开的倾向性是徒劳和幼稚的。这是进行掩饰的最佳之道，也是制造猜忌的上好手段，同时更是酿造偏见的祸根。

　　如果高等法院没有在你们国家毁灭性的变动中被废除，而是得以保留的话，它们虽然不能完全像阿勒奥珀格斯（Areopagus）❶的法院和元老院为雅典服务一样，但也差不多一样可以为新的共和国效力了。也就是说，可以制衡和纠正民主之轻率和不正义的弊端。无人不知高等法院曾是这个国家的伟大支柱，无人不知它曾被给予怎样的呵护，以怎样的一种宗教式的敬畏而受到供奉。高等法院也并非完全没有派系斗争，这我承认，但是这些弊端都是外在的和偶然的，而不是像你们最近设计的六年一选的司法系

----

❶阿勒奥珀格斯：古希腊境内的一座山，是元老院的坐落之地。——编译注

统，在其组织结构内部就有这么多的缺陷。有些英国人赞成废除旧的法院制度，因为他们认为它通过贿赂和腐败来判决一切事务。但是它们经受住了君主制和共和制的共同考验。当它于1771年被解散时，法庭很想证明这些机构存在腐败。再次解散它的人们也一样，但是这两次调查都以失败告终，因此我可以推断说，明显的金钱腐败在他们中间还是比较鲜见的。

如果高等法院能够像它们在过去君主制时代所做的那样，得以保留对国民议会所有法令的古老注册权，或者哪怕是只保留异议权，都能够更稳妥一些。这会是使民主制下临时法令符合若干普遍法理原则的一种手段。古代民主制的弊端，也是其毁灭的缘由之一就是它们跟你们所做的一样，是以临时性的法令即 *psephismata*❶ 进行统治。这种做法很快就会破坏法的稳定性和统一性，使人民失去对法律的尊重，并最终使法度彻底败坏。

你们将君主制时代巴黎高院所拥有的否决权，给予了你们首席行政官（但是按照常理，你们依然还称其为国王），这是非常荒唐的。你们不应当让否决权因它的执行人而受损。这说明你们既不懂议会也不懂行政，既不懂权威也不懂服从。你们要么就别授予你们称之为国王的人这一权力，要么就应当给他更大的权力。

你们目前的安排是严格符合司法的。但是，你们并没有像君主制下的那样，将你们的法官安排在独立的审判席上，你们的目

---

❶psephismata：希腊城邦公民大会投票表决后通过的法令。——编译注

标是将他们降级到盲从的地位。既然你们已经改变了一切，你们也已经发明了一些新的判决原则。你们指派给法官的第一项任务，本来我以为是依法进行判决，但你们却让他们知道，你们打算时不时地根据他们的法律来做出判决。依据你们自己的决议，他们对法律所做的研习（如果他们真的研习过的话）都变得毫无用处了。为了能够继续研究，他们都要宣誓遵照国民议会发布的所有法令、命令以及指示进行判决。只是如果他们屈从于这些，对人民而言就等于铲除了法律的根基。他们就完全成为掌权者——那些能够在诉讼过程中和判决以前完全改变判决规则的人——手中最危险的工具。当国民议会的命令与选举法官的人民之意志相背时，定会发生令人想来都感到不寒而栗的混乱。因为法官把自己的地位归功于地方权威，所以他们宣誓要遵从的命令并非出自任命他们的人。同时还有夏特莱法庭（Chatelet）❶的例子鼓励和引导他们去行使自己的职能。这个法庭审判国民议会或者由其他指控途径送来的罪犯。但是他们还需要护卫来保护自己的生命安全。他们不知道自己是依照何法进行审判，以何种权威行事，也不知道自己的任期有多长。据说有时候他们进行判决是需要冒生命危险的。这未必属实，也无从稽考。但是我们知道，当他们无罪释放了那些完全应免于惩罚的人之后，他们看见他们所释放的那些人，已经被吊死在他们法院的大门上了。

---

❶夏特莱法庭是巴黎最重要的法庭之一，并以它所在的建筑命名。1789 年获国民议会授权审判保皇党的同谋。——编译注

国民议会的确承诺说他们将要形成一套具有短小、简洁、明了等特点的法律体系。这就是说，他们简短的法律会给法国留下较多的自由裁量权，同时，他们却摧毁了要想使司法自主（最多不过是具有危险性的事情）能够名副其实所必需的所有学术上的权威。

不可思议的是，我们会发现，行政机构被小心地排除在这些新法庭的管辖之外。也就是说，那些最应当完全遵守法律的人，却不受法律的约束。那些管理公共资金的人是所有人中最应当恪尽职守的人。人们会认为，如果你们不想让这些行政机构成为真正独立的主权国家，而是想建立一个如你们之前的高等法院，或者是我们王座法院（king's bench）那样令人敬畏的法院，从而使所有公职官员在合法行使职权时得到保护，在违反其法定职责时遭到压制，那么你们就应当早做打算。行政机构不受司法管辖的原因其实明白不过。因为这些行政机构是目前这些领袖们从民主制向寡头制转变的得力工具。有人会说，你们已建立起来的法庭并不适合约束它们。这无疑是正确的。它们对任何合理的目的来说都是不合适的。也有人会说，这些行政机构将会对全体大会负责。恐怕这种说法是没怎么考虑那个议会的性质，或者是这些机构的性质。不过，不管怎么说，服从于那个议会的意志并不等于服从法律的保护和约束。

这一司法体系的完成还需要一些东西。它需要一个新的法庭才算是圆满完成任务。那就是成立一个国家法庭来审判叛国罪也就是反对议会权力的罪行。它似乎具有英国大篡权时期所建立的高等法院（High Court of Justice）的某些特点❶。由于这部分的规划还没有完成，因此不可能对此有正确判断。然而，如果不认真留意去形成一种与处理反国家罪的指导精神不相同的精神外，这个听命于调查委员会（Committee of Research）❷ 的法庭，就会熄灭法兰西最后一息自由的星火，而代之以任何国家都闻所未闻的最可怕的专制暴政。如他们希望这个法庭哪怕只有形式上的自由和正义，他们就必须不能随意提审或者移送与其自己的成员有关的任何案件。而且还应当将法官席转移到巴黎共和国。[44]

在你们国家军队体系的创建中是否表现出了比司法体系的创建更有智慧呢？对这部分做出好的安排要更困难，必须有最大的技巧和最高度的关注，不仅仅是因为其本身就是事关重大，更是因为它是那个你们称之为法兰西民族的新共和国实体的第三项黏合原则。要想预测军队最终将会怎样确属不易。你们已经推选出一支庞大的队伍，并且已经任命好了各种职位，至少跟你们形式上的税收方式是完全一样的。但是至于说它的纪律原则是什么，以及它听命于谁的指挥，就不清楚了。反正你们现在已经是骑虎难下了，我衷心祝愿你们能够愉快地享受你们自己为自己选择的

---

❶柏克此处指的是 1649 年为了审判英格兰国王查理一世而成立的特别法庭。大篡权时期是指克伦威尔统治期间。——编译注

❷调查委员会：为了解决国内混乱和揭露保皇党人的密谋，巴黎当局成立了一个专门委员会，即法语所称的，Comité Des Recherches，但很快这个委员会就因不经法律程序而严加拷问而臭名昭著。——编译注

位置，置身在这个位置上，你们倒是可以好好琢磨一下跟军队有关的事情以及其他任何事情了。

德·拉图·杜·潘先生（de la Tour du Pin）❶ 是军务部的军务大臣及国务秘书。这位先生跟他在行政部门的同僚们一样，是革命最热烈的拥护者，也是对那一事件中产生的新宪法的前景怀有乐观看法的崇拜者。他对法国军队一些相关事实的陈述非常重要，这不仅仅是由于他职位和个人的权威，还因为它非常清楚地揭示了法国军队目前的真实状况，同时阐明了国民议会在管理这一至关重要的对象时所依据的原则。这或许能够帮助我们判断出，我们这个国家若要仿效法国的军事政策能得到什么好处。

德·拉图·杜·潘先生在 6 月 4 日，对国民议会主持下的军务部的现状做了一个报告。没有谁能比他更了解实情，也没有谁能比他表述得更恰当了。在他对国民议会的报告中，他说道：

"国王陛下今天派我来告知诸位，他每天都接到令人万般焦虑的消息——骚乱已经愈演愈烈了。军队（le corps militaire）面临陷入极度暴乱的无政府状态的威胁。所有的军队都敢于去侵犯他们曾经以令人敬畏的庄严宣誓过的、本应当受到尊重的法律、国王以及诸位所发布的命令。我因自己的职责之所在，不得不向诸位通报这些过分之举，当我想到犯下这些罪过的人时，我的心都

---

❶让－弗雷德里克，德·拉图·杜·潘伯爵（Jean－Frédéric, Comtede la Tour du Pin，1727—1794），法国贵族和军事家，1794 年和他的兄弟菲利普－安托万（Philippe－Antoine）被一同执行绞刑。——编译注

在滴血。对这些士兵给予痛彻心扉的控诉超出了我的职权范围。这些士兵中的一部分人在过去的 50 年里还一直都是我同甘共苦的同志和战友，而且直到今天他们依然满怀荣誉感和忠诚之心。❶

　　"究竟是何种不可理喻的神经错乱和妄想症导致他们误入歧途的？虽然诸位孜孜不倦地致力于整个统一帝国的建立，要将其锻造成一个团结的有凝聚力的实体；虽然你们曾经教导法国人说法律要尊重人权，公民要遵守法律；但是目前对军队的管理却只是一团混乱。我在不止一个军团中看到纪律松弛败坏；公然直接地提出各种闻所未闻的借口，丝毫不加掩饰；各种法令都失去了效力；长官丧失了权威；军队保险箱和军旗也被拿走了；国王本人的权威（risum teneatis）❷ 受到了公然的挑衅；军官们受到鄙视、侮辱、威胁和驱逐，他们中的有些人还成为其部队的囚徒，在遭人唾弃的屈辱的深渊中过着朝不保夕的生活。为了使所有的这些恐怖措施得到进一步充盈，有些地方的指挥官，几乎就是在自己部队的士兵的众目睽睽之下，被割断了喉咙。

　　"这些罪孽是深重的。但这还不是这类的军事叛乱所能导致的最恶劣的后果。这迟早都会祸及这个国家本身的。事物的本性要求军队只能作为一个工具而行动。一旦它把自己打造成一个审议

---

❶"国王……忠诚之心"：早在 1790 年的夏天和秋天，部队各个单位中发生了一系列的骚乱，保皇派军官的国外移民摧毁了军队的士气和纪律。8 月在法国东北部的南锡地区更发展为公开的兵变。——编译注

❷risum teneatis：柏克此处插入的这句拉丁语的意思是请忍着别笑。——编译注

机构，不论是什么样的政府，都会立刻蜕变成为一种军事民主制——一种总是以吞噬其创造者作为结束的政治怪物。

"在经历了所有的这些之后，谁能够不为某些军团中由没文化的普通士兵和未经委任的军官所组成的非常规的审议机构和骚动的委员会感到忧虑呢？这些人甚至鄙视其上级的权威，尽管这些高级军官的出席和合作也并不能给这个怪物一般的民主议会（comices）❶ 带来任何权威。"

已经没有必要再给这幅完整的画增添些什么了——它的画布已经完全画满了。不过，我担心，还没有从整体上描绘出这种军事民主制的动乱本质和复杂性，正如这位军务大臣所真实而明智地观察到的，不论它存在于何处，不论采用什么样的正式名称，它必定会成为这个国家真正的宪法。因为尽管他告知国民议会说军队中的绝大部分还没有放弃他们的服从义务，依然忠于职守，但是正如有些旅行者已经看到的，这些表现得最好的军团与其说还存在纪律，还不如说他们只是暂时还没有发动兵变而已。

在此处，我禁不住想停下来暂时讨论一下这位大臣无意中提到的让他感到震惊的过激行为。对他来说，军队背离了他们古老的忠诚和荣誉的原则是非常难以置信的。但是他本人所报告的对象对其中的缘由知道得可是再清楚不过了。他们知道原因就是他

---

❶comices：这个词也应该是柏克的插入语。在拉丁语中，人们把一群暴徒组成的集团称为科米凯司。——编译注

们之前宣称的主张、他们所颁布过的法令以及他们所纵容过的种种行为。士兵们都记得 10 月 6 日。他们也都记得法兰西侍卫❶。他们也没有忘记攻占国王在巴黎和凡尔赛的王宫。这两地的管家都被杀害了，但（行凶者）没有得到惩处的事实并没有被他们从心里淡忘。他们还没有放弃那些费力制定的华而不实的人权原则。他们不能对法国所有被贬斥的贵族以及对贵族观念本身的压制视而不见。在废除所有的头衔和荣誉的时候也并没有遗忘了他们。当国民议会的这些医生在教导士兵们要对法律怀有同样的敬意时，德·拉图·杜·潘先生竟然对他们的不忠诚感到震惊。当存在两种教义的时候，这些手握兵器的人会接受哪一种是很容易判断的。至于说国王的权威，我们从这位大臣本人那里就可以得知（如果说对这一话题的任何讨论都并非多余的话），军人与其他人没什么两样，都并不把这当作一回事。"国王"他说，"已经在三令五申他的命令，以结束这些过激行为；但是在目前这种可怕的危急关头，诸位的（国民议会的）合作对于阻止危害国家的这些罪行是不可或缺的。大家要团结立法权的力量，这对舆论来说更为重要"。也许士兵们这次也明白了，国民议会本身比起王室成员来也并不享有更大程度的自由。

现在就让我们看看在这样一个国家可能是最危急紧要的关头，都提出过什么建议。这位大臣提请国民议会动用它的所有恐怖手

---

❶法兰西侍卫：即前文中多次提到的王宫被攻占以后遭到屠杀的侍卫，他们的头颅被扎在长矛上游街。——编译注

段，以恢复它的所有威严。他希望能够通过他们发布严肃且严厉的原则，为国王的公告注入活力。之后，我们应该求助于民事和军事的法庭，解散一些军队，其余的部分进行大规模裁员。在这种情况下要动用所有必要的恐怖措施，以防止最可怕罪行的进一步恶化，其中特别希望能够对在士兵面前公然杀害指挥官的罪行予以严肃的追究。但是（国民议会）对这些以及与此类似的任何事都不置一词。当他们得知士兵践踏了由国王宣告的国民议会的法令，他们就再通过新的法令，然后再授权国王做出新的通告。当这位军务秘书长汇报说军团对于那些 *pretes avec la plus imposante solemnite*❶ 宣誓没有任何敬意时，他们提出的建议是什么？更多的宣誓。因为能力不足，他们就不断提出新的法令和公告，他们誓言的成倍增加正好与宗教的惩罚在人们心中弱化的程度成比例。我希望能够将伏尔泰（Voltaire）、达朗贝尔（d'Alembert）、狄德罗（Diderot）和爱尔维修（Helvetius）❷ 就"灵魂不朽"，特别是关于"监管万物的主"以及关于"未来天国的奖惩"所做的精彩布道精简成小册子，连同他们的公民宣誓词，一同发给这些士兵。对此我毫不怀疑，因为我知道某些种类的阅读对于他们的军事训

---

❶这句法语的意思是以最威武的庄严做出的。——编译注

❷这四人都是法国百科全书学派的重要代表人物，尽管他们的观点各有侧重和不同，但他们有几个共同特点是宣扬唯物主义、批判宗教神学、反对等级制度。其中狄德罗是《百科全书》的主编，达朗贝尔是副主编，这一学派在法国及欧洲影响深远，他们的很多观点成为法国大革命的理论依据。此处，柏克使用了强烈的反讽，意在指明，他们这四人已经教导得法国人不再信仰上帝了，宣誓也就没有什么价值了。——编译注

练来说可不能小觑，他们给士兵发送足量的政治宣传小册子作为弹药。

为了防止士兵们的阴谋集团、非常规的审议机构、蠢蠢欲动的委员会、怪物般的民主议会（或者说是科米凯司），以及由于懒惰、奢侈享乐、挥霍浪费以及犯上作乱所导致的动乱，我相信人类历史上，甚至包括在当下这个各种发明层出不穷的年代里所有的各种惊世骇俗的手段，都已经用过了。其最终的方法不过就是：国王以他的直接职权向所有的军团发布新的通函，鼓励所有的军团都加入某些市镇的俱乐部和联合会，与他们一同欢宴庆祝，军民同乐！这种悦人的纪律，看来似乎可以软化他们内心的凶残，可以使他们与其他社会底层的同胞和谐共处，并以更为普遍的联合来消融特别的阴谋。[45]但愿如德·拉图·杜·潘先生所言，这一补救措施可以取悦这些士兵；而且，不论他们内心如何想犯上作乱，他们都会恪尽职守地遵守这些王室的布告。但是我的一个疑问是：所有的这些宣誓、集会、庆祝，能让他们服从自己的长官吗？能够让他们比现在更听从他们的长官吗？或者能够教会他们更严格地服从这些严格的军事纪律吗？这可以使他们成为法国式的好公民，但不论从何种意义上讲都不会成为好士兵。我的另一个疑问是，通过围在桌边所进行的谈话，可否使他们更好地符合其仅仅作为工具的职责。正如这位资深的军官和政治家已经合理地指出的那样，由于事物的本性，军队就只应当成为工具。

关于士兵和市镇里节庆组织们的自由交流——王室就是这样

正式给予官方批准的——对于改善军队纪律的可能性，我们可以通过这位军务大臣在那份专门的报告中所描述的各市镇的现状来加以判断。他怀有良好的愿望，希望通过自己的努力，能使某些部署不错的军团在目前成功地恢复秩序，但是考虑到未来的相关方面他觉得前景黯淡。至于要阻止骚乱的死灰复燃，为此，他说，"只要市政当局还霸占着按照你们的惯例全部都只属于君主的对军队的权力，你们就不能对政府进行问责。你们的确规定了军事权和市政权的界限，限制了前者对后者的征用权，但是你们的法令，不论是从文字上还是精神上都从来没有赋权这些城镇的平民去冲击军官，审判他们，指挥士兵，驱逐他们离开他们所应坚守的岗位，阻止他们听命于国王的继续行军令。总之一句话，让部队完全听凭它们所经过的每个城市甚至市集的各种心血来潮的摆布。"

这就是那些为了把军队重新拉回到军事服从的真正原则上去，从而将国家的最高权力机器都交到他们手中的城镇社团的特别之处和意图！这就是法国军队的病症之所在！这就是他们的治疗手段！陆军是这样的，海军也是如出一辙！市政当局替代国民议会的命令，反过来海军又替代了市政当局的命令。我打心眼里同情这些可敬的公仆的处境，譬如这位军务大臣，在这样老迈的年纪还不得不向国民议会把盏示好，满头白发了还要揣度那些满脑子异想天开的年轻政客的想法。这样的计划可不像出自一个经历了人世50年风雨沧桑的人的建议。倒像是出自那些在政治上自命不凡的、想在通往国家的道路上走捷径的和稀泥者，并且他们内心对所有事物都怀有一种狂妄的自信和一套说辞。对于这种自信，这些（国家的）医者中的一位，给以极大的认同，并成功地告诫国民议会不要理会老年人以及任何将自己的价值观建立在自己经验基础上的人。这个国家所有的大臣想必都合格地经过了这种考验——公开地与经验和观察这两种错误和异端邪说彻底划清界限。不过萝卜青菜各有所爱。如果是我，我想我可不想得到这种所谓的智慧，至少我会保留一些傲骨和晚年的尊严。这些先生们是被重新改造了，但是不管付出怎样的代价我都不能让自己的这把老骨头屈服于他们的改造，也不可能让我在我人生的大关口（the grand climacteric）❶，以他们那种新的腔调大呼小叫，或者说在我的第二摇篮期，以那种腔调高喊他们野蛮的形而上学的基本发音。[46] *Si isti mihi largiantur ut repuerascam, et in eorum cunis vagiam, valde recusem*！❷

　　如果不能发现与它直接相关的每部分，甚或是任何关联较远的部分所具有的根本缺陷和危害，就不能揭露出那个被他们称为宪制的幼稚的、纸上谈兵的制度的愚蠢之处。如果不能指出国民议会的无能，也就无法为不称职的王权开出有效的药方。不能揭示出武装的市政当局更可怕的混乱，就不可能考虑去解决国家军队的混乱问题。军队的揭示出政府的、政府的揭示出军队的无政

---

❶大关口：指63岁。——编译注
❷本句是拉丁语，大意为：如果有人让我重回在摇篮中啼哭的孩提时代，我也会断然
　拒绝的。选自西塞罗的《论老年》。——编译注

府状态。我希望每个人都能认真拜读一下德·拉图·杜·潘先生那篇雄辩的演讲（的确非常雄辩）。他认为城镇的救赎之路在于某些军队的良好做派。这些军队本是用于保护市镇中那部分良善的人（因而必须承认他们也是最软弱的）免受最具有歹意的（也是最强大的）那部分人的掠夺。但是这些市镇要冒充拥有主权，进而还想控制这些对于保卫他们的安全所必不可少的军队。它们确实应当控制军队，要不就得讨好他们。这些市镇，根据各自的必要的情势，或者凭借它们从共和国获得的权力，在与军队的关系中，必须要么是主人、要么是仆从、要么是同盟，要么是这三者交替，再要么根据具体情况而不得不将这三者混为一体。政府除了市镇还能用什么来约束军队呢？或者说除了军队又能拿什么来约束市镇呢？为了在其权威尽失之处保持和谐，国民议会不计一切后果，试图以本身的混乱来作为混乱的解决之道，这简直就是饮鸩止渴；他们希望通过给予市镇以堕落的利益而使自己免于蜕变为纯粹的军事民主制（military democracy）。

不论何时，一旦这些士兵融入这些市镇的俱乐部、小团体和联合会中，就会有一种吸引力诱使他们选择最卑劣最铤而走险的部分。当然还会有他们的习惯、情感以及同情心。本打算通过民间团体加以化解的军事阴谋，本打算通过给它们提供引诱国家军队（这些军队本来是用以维持它们的秩序的）的手段而使其变得顺从的反叛的城市，所有这些怪物一般畸形而又有害的政策必然会加剧他们所引起的这种混乱。一定会发生流血牺牲。他们在各种武装的组建过程中以及所有种类的民事机关和司法机关设立过程中，所表现出来的常识判断的匮乏更会使这种混乱泛滥成灾。骚乱可能会在此时此地平息。但必然会在彼时彼地爆发，因为这种灾祸是根本的和内在的。要把这些反叛的士兵和这些骚动不安的公民混杂在一起的所有计划，都必然会进一步弱化士兵与其长官之间的军事纽带，同时还增加了匠人与农民战争和叛乱的胆量。要保障一只真正的军队，长官要始终不能离开士兵的视线，始终得到他的关注、服从和尊敬。这样看来，作为一名长官其首要的资格就应当是脾气好、有耐心。他们得用竞选的艺术来管理军队。他们得把自己当作竞选的候选人，而不是指挥官。但是借助这样的手段，他们可能会得到权力，因为他们赖以取得提名的那种威信就变得至关重要了。

只要你们的军队与共和国的其他组成部分之间还维持着这种奇怪而矛盾的关系，以及各个部分之间、各个部分和整体之间存在这种稀里糊涂的关系，就很难预料你们最后将会走到哪一步，而且这也就无关紧要了。你们似乎是把最初的军官临时提名权留给了国王，而把批准权留给了国民议会。那些喜欢刨根问底的人会很清楚地发现真正权力到底落于谁手。他们很快就会意识到那些拥有无限的否决权的人才拥有实际上的委任权。因此，这些军官必然会在国民议会中玩些阴谋诡计，指望以此作为他获得高升的唯一可靠门路。但是，根据你们的新宪法，他们必须先获得国王的首肯。军衔的这种双重协商机制的设计，在我看来，除了适合加剧国民议会自身内部中业已存在的与广泛的军事任免权相关的派系斗争，并继而毒害业已存在派系之争的军官团体之外，似乎也看不出还具有什么其他目的了。更何况，在军官团体中存在内讧本来对于政府的安全来说就具有更大的危险性，且不论其以什么为基础，都最终会摧毁军队本身的功能。国王提名的那些军官，如果由于国民议会的拒绝而没能获得晋升，必定会成为国民会议的反对派，并且还会在军队的心中滋生出针对国民议会统治权的不满情绪。另一方面，那些通过国民议会的利益达到目的的军官，觉得他们自己在国王的心中充其量也不过是第二位的，但是在议会那里却是第一位的，那么他们必定会怠慢那个既不能帮助，也不能阻碍其晋升的权威。如果为了避免这些弊端，你们除了论资排辈就没有别的指挥和晋升原则的话，你们拥有的只是一个形式上的军队，与此同时，它会越来越独立成为一个军事共和国。到时成为机器的就不是他们了，而是国王。废除国王不可能只废除一半。如果他不能掌控军队的一切，他就什么都不是。将一个军队既不感激也不害怕的有名无实的权力置于一个部队的首位，会有什么样的效果呢？这样一个无足轻重的人物并不适合管理所有事物中最微妙的对象——对军人的最高指挥权。他们必须由一个真正的、果断有力的、确实有效的个人权威所约束（他们的自然倾向会将他们导向他们所必需的）。国民议会自身的权威也会因为他们选择了这样一个软弱的渠道而受到削弱。军队不会长期指望议会这样一个虚假作秀和明晃晃地行骗的机构。他们也不会真正地服从于一个俘虏。他们要么鄙视这个摆设，要么同情身为俘虏的国王。如果我错得没有很离谱的话，你们的军队与国王的关系，将会成为你们政治中的一个严重的困局。

此外，还需要考虑的是，即便你们的国民议会拥有另外一个可以传达其命令的机构，那么这样的一个议会是否能够胜任强化军队的服从和纪律。众所周知，迄今为止，军队对任何参议员或元老院或者是民众权威的服从，都是极为摇摆不定的；他们更不会服从一个任期只有两年的议会。如果军官们能够对这些论辩士（pleader）的统治表现得毕恭毕敬的话，那么他们就必定会彻底丧失自己的军人特性。特别是他们发现他们需要讨好的这些论辩士还有数不清的后继者，他们的军事政策以及他们的指挥才能（如果有的话）必定跟他们短暂的任期一样不确定。当一个政权软弱无力又动荡不安时，部队的军官定会派系林立，不时发起叛乱，直到某个深谙御兵之道、具有真正指挥精神、备受万人瞩目和拥戴的将领横空出世。军队会因为其个人的魅力而服从他。在这种情况下，没有其他方法可以确保军队的服从。但是那样的时刻即便真的降临了，那个能够号令三军的人便会成为你们的主宰者——你们国王的主宰者、你们议会的主宰者以及你们整个共和国的主宰者。❶

国民议会如何能够仅凭目前手中的权力控制军队？无疑主要

❶这是柏克最有预见性的评论之一。法国人自己也非常清楚地意识到他们大革命终将被某个军事政变终结。拉法耶特（Lafayatte）和迪穆里埃（Dumouriez）早期参加竞选的职位，最终被拿破仑所获。——编译注

就是靠离间士兵与其长官的关系。他们是以极其恶劣的手段开始的。他们一下就击中了能让军队各组成部分保持安分的要害之处。他们破坏了军官与士兵之间重要的、根本的、关键性的联系——服从原则，而它正是军事服从链之始、整个军事体系的立足之本。他们告诉士兵，他是一位公民，因而享有人权和公民权。士兵被告知说，人权，首先就在于成为自己的主宰，并且唯一能接受的统治方式就是由自己选出代表进行自治。自然，在他应该对谁表示最大程度的服从这个问题上，他最具有选择权。自然，他最有可能要做的就是将眼下只能偶尔为之的事情常态化，也就是说，他至少会在推选自己的长官时行使否决权。我们知道，目前这些军官尚且还说得过去是因为其行为检点。其实，已经发生过很多起军官被自己的部队革职的事件了。他们拥有的第二项否决权就是在选择国王方面的否决权，这至少跟国民议会所拥有的其他否决权具有同等效力。士兵们早已获悉，就他们是否应当享有直接选举自己的长官，或者是部分长官权利的这个问题，已经被纳入国民议会的考虑范围了。既然这样的问题都已经在审议之中了，他们倾向于对最有利于满足自己要求的主张也就根本算不上是什么非分之想了。当与他们一道参加军民同欢、共度佳节的另一支国家的军队，被视为是自由宪政之军时，他们可无法忍受自己被视为是被俘国王之军。他们会把目光投注到另外一支更为长久的常备军，我是指城市自卫军。他们非常清楚地知道，那支军队可以自行选举他们的长官。这样，他们可能就会弄不明白，究竟是基于何种差异，为什么他们就不能选出属于自己的拉法耶特侯爵

（或者是他新的什么名头什么来着）呢？● 如果说选举总司令是人权的一部分，为什么他们没有这种权利？他们目睹了治安法官、牧师、主教、市政官以及巴黎自卫队指挥官的选举，为什么单单把他们排除在外？难道举国上下，只有法兰西的英勇之师不具有辨别军人优缺点的资质，缺少选举总司令的必要资格吗？难道是因为他们接受国家的军饷，所以就丧失了人权？他们本就是国家的一部分，领取的薪酬也是因为对国家做出了贡献。但是国王、国民议会、选举国民议会的那些代表，哪一个不是从国家领取俸禄？他们所闻所睹的，并非是因为接受了国俸就丧失了权力的例子，相反，都是因为行使了权力而获得国俸的例子。你们所有的决议、所有的行动、所有的讨论，以及你们的医生●在宗教和政治领域辛辛苦苦所做的一切，都已经落入到他们手中，你们却还指望他们在关乎他们自己的事情上会如你们所愿地践行你们的学说和模仿你们的榜样。

在你们这样的政府中，一切事物都仰仗军队，这是因为你们

● 拉法耶特侯爵：全名是玛丽－约瑟夫·保罗·伊夫·洛奇·吉尔伯特·杜·莫提耶，拉法耶特侯爵（Marie - Joseph Paul Yves Roch Gilbert du Motier de Lafayette, 1757—1834）因在美国独立战争中帮助殖民地人民一同抗击英军而名声大震，是乔治·华盛顿的密友。他是法国贵族中的开明领袖，也为其时英国的辉格党人所熟知。在1789年的大革命中担当重要角色，是《独立宣言》的主要起草人之一，巴士底狱被攻陷以后，他被任命为国民自卫军的总司令。柏克此处所指新的名头应该就是这个职位。——编译注
● 柏克将那些自诩是国家弊病和危难拯救者的革命派人士称为是医生，是在比喻意义上使用该词。——编译注

不遗余力地摧毁了所有可以支持政府的观念、成见以及你们所存的本能。所以当你们的国民议会与国家的其他组成部分发生分歧时，你们只能诉诸武力。除此之外你们就一无所有了，确切地说是你们没给自己留下任何别的东西。如您所见，根据你们军务大臣的报告，军队的部署在很大程度上是出于对内镇压的考虑。[47]你们必须以军队来维持统治，但是你们给这种赖以维持你们统治的军队以及整个国家都灌输的信念，在一段时间之后，必定会让你们作茧自缚。你们对全世界宣告：军队不能对公民开火，言犹在耳，但是国王已经召集军队来对付他的臣民了。殖民地都可以主张他们应当实施独立的宪政和开展自由贸易，但是自己的臣民却一定会遭到军队的镇压。在你们人权宣言的法典中，从哪一章他们可以找到规定说，为了他人的利益而对他们进行商业垄断和限制是人权的一部分？正如殖民地对你们奋起反抗一样，黑人也要起来反抗他们。军队再次镇压——屠杀、拷打、绞杀！这就是你们的人权！这就是肆意编造，之后却丢人现眼地予以撤回的形而上学宣言所结出的苦果！仅仅在几天前，贵国某省的农民拒绝给地主上缴某几种地租。结果，你们就发布命令，除了那些因民怨载道而废除了的租税之外，全国人民都要上缴所有的地租和税捐；❶ 他们如若不从，你们就命令国王调集军队镇压他们。你们先

---

❶封建税是于1789年8月4日废除的。但是稍后就在对领主个人有依附关系的权利和对土地所有权有依附关系的权利之间做出区分。前者直接予以废除，但是后者还需进一步观察。做出这种区分的原因就在于很多资产阶级，包括国民议会的议员本身所拥有的土地都要缴纳多种的税。——编译注

是主张能推导出普遍性后果的形而上学命题，之后却又试图以专制主义对其加以限制。现行制度下的领袖们告诉他们，作为一个人，连国民议会最起码的形式上的授权都不需要，就有权去攻打堡垒要塞，杀害卫队、逮捕国王，但在实际上，作为国家最高立法机关的国民议会却以国家的名义——当然这些领袖是在擅自命令那些在动乱中曾采取过行动的军队，去镇压那些根据他们所宣传的原理、仿效他们所首肯的榜样来做判断的人。

这些领袖们先是教导人民把所有的封建制度都作为野蛮的暴政加以憎恨和拒斥，但是之后又教导他们要对那种残虐的暴政逆来顺受到什么程度。虽然他们宣扬民怨的时候大张旗鼓，但人民发现，他们在对此加以纠正的方面却是极其吝啬。他们不仅知道，你们允许他们赎买的特定种类的免役税和人身义务（但是不给他们提供任何用于回赎的资金），相对于你们根本就没做任何明文规定的其他重负来说，根本就不值一提；他们还知道，整套的土地产权制度最初都是源于封建制的，也就是说，最初的土地所有者的财产，是由野蛮的征服者分封给他那些野蛮的工具的；而这种征服带来的所有悲惨后果中，最惨的无疑是各种地租了。

这些佃农很有可能就是这些古代土地所有权人即罗马人或者是高卢人的后裔。但是不论在何种程度上，一旦他们的资格不能满足这些古文物学家和法律从业者的原则，他们就立刻退回到人权的堡垒中。在那里他们能够发现人类的平等；他们发现仁慈而又平等的万物之母——大地，不应当被垄断起来用以培养任何人的骄奢，况且这些人就本质上而言并无什么过人之处，当他们不能自食其力的时候可能还要更逊一筹。他们发现，根据自然法，土地的占有者和开拓者是土地真正的所有人，并不存在违背自然的惯例；他们与地主之间的协定（不论是在何地达成的），都是在奴役时代签署的，是武力强制的结果；因此当人们再度重返人权社会，这些协议与旧的封建贵族暴政横行肆虐之下的其他事物一样，都是无效的。他们会告诉你们，一个佩戴帽子和国徽的懒汉与一个身着道袍或法衣的闲人是别无二致的。❶ 如果你把收租的资格归因于继承和惯例，那么他们就会根据国民议会作为通知发布的加缪（Camus）先生的讲话加以反驳说，以恶行开头的事物不会因为其成为习惯而变得有效。至于说继承而来的资格，他们会告诉你，从耕种土地的人那里继承来的，而不是从腐朽的羊皮卷以及别的愚蠢的替代物那里继承而来的才是所有权的真正来源。这些地主们享有他们的篡取之物已经太久了；如果他们允许这些俗职僧侣的慈善救济的话，他们应该对土地的真正所有者的赏赐感恩戴德，因为后者对于那些鸠占鹊巢者实在是太过慷慨了。

当这些佃农要把印有你们偶像和题字的强行发行的钱币还给你们时，你们就将其贬斥为是赃款，还告诉他们说，法兰西卫队、龙骑兵和轻骑兵将会让他们付出代价。你们借助国王——一个既没有权力保护其臣民，也无权保护自己的一个单纯的破坏工

---

❶这里是指代革命派和教士这两个群体。——编译注

具——第二手的权威来惩罚他们。好像假借他的名义就能让你们臣服。他们说：既然你们教导我们说根本就没有绅士阶层，那你们教给我们的哪条原则能让我们对一个非我们自己推选的国王俯首称臣呢？无需你们的教诲我们也知道，土地是被用以支持领主的尊贵、封建的头衔以及封建的职位的。既然你们把这个原因视为苦难加以取缔，为什么还要把更为严重的后果加以保留呢？既然现在已经没有什么世袭的荣耀、没有什么名门望族了，我们又何必要交税以供养那些你们告诉我们说不应当存在的事物呢？你们消灭了我们旧的土地贵族的所有特征，撤销了他们所有的头衔，让他们仅仅成为你们权威之下的收租人。你们曾尽力使这些收租人变得令我们心生敬意了吗？没有。你们把他们送到我们面前时，他们已经干戈尽毁，个性特征泯灭，被剥夺了财富荣耀、遭到贬斥侮辱、被弄得面目全非，成为铩羽而归的两脚直立没有羽毛的动物，连我们都认不出他们了。他们成了我们的陌生人。他们甚至都不能再沿用我们古代领主的姓氏。从生理上讲他们应该还是同一个人，但是根据你们关于个人身份的新哲学教义，我们并不确信他们是否还是同一个人。在其他方面他们也被彻头彻尾地改造了。我们看不出何以我们就不能像你们剥夺他们的荣誉、封号、特殊待遇那样，拥有拒绝向他们缴纳地租的权利。我们从未要求你们做这些，况且这只是你们假托未经授予的权力便行的诸事中的一个例子而已。我们也目睹了巴黎市民凭借他们的俱乐部、暴民、国民自卫队，为所欲为地对你们发号施令，并以你们的权威将其上升为你们的法律，进而又转变成我们的法律。经你们之手，我们的生命和财产就任由这些市民来处置了。这些飞扬跋扈的市民关于取消殊荣和头衔的要求，尽管跟我们毫无关系，你们却给予了那样的重视，我们这些勤劳的农夫对（取消）地租的所怀的愿望，对我们影响至深，你们为什么就不能给予同样的关注呢？我们发现你们对他们的异想天开的重视程度，都远甚于我们的生活必需品。向与其地位平等的人纳贡，也是人权之一吗？面对你们的这些措施，我们可不认为我们是完全平等的。我们可能会对这些旧的领主怀有更多的旧式的、习以为常的、无甚意义的偏袒之心，但是我们想不出来，你们制定的这些贬低他们的法律，除了是想要摧毁对他们的所有尊敬之外，还能出于什么别的目的呢？既然你们禁止我们待他们以旧日之礼，那今日你们又何必派兵遣将、大动干戈，苦苦以武力相逼呢？显然你们并不想让我们听从温和舆论的权威。

对于所有理性的耳朵来说，有些争论的依据是可怕而荒谬的，但是对于开办诡辩术学校以及建立无政府主义的形而上学哲学家来说，却是牢靠且有说服力的。很显然，如果只是单纯地从权利的角度考虑，国民议会的领导人至少应该毫不犹豫地将地租与头衔和族徽一同废除。这只不过是贯彻了他们的推理原则，对他们的行为进行类推而已。但是由于他们最近拥有了大量没收而来的地产，并将其投放到市场，如果他们允许农夫在他们自己深深沉醉于其中的投机买卖中发起暴乱，市场就会遭到彻底的摧毁。要想使任何一种财产得享安全保障，唯一的方法就是让他们对其他种类的财产产生贪念。除了恣意专断地决定哪种财产权是应当受到保护的，哪种是应当被颠覆的之外，他们就别无所好了。

根据他们的任何一条原理，都不能要求他们的任何一座城市有义务服从，或者哪怕是从良知上说有义务不从整体中分离并独立，或者是与其他国家建立联系。里昂的人民最近好像拒绝纳税。当然了，他们为什么不这样呢？还能有什么合法的权威能够要求他们呢？国王征收了一些税种。古老的三级议会，根据不同的等级也设定了一些古老的税种。他们可能会对国民议会说："你们一不是我们的国王，二不是我们所推选出来的三级会议，三没有按照我们选举的原则召开会议，你们算谁呀？当我们目睹那些拒不缴纳你们要求的盐务税（gabelles）❶ 的行为被你们认可之后，你们又当我们是谁？你们究竟把我们当什么人，以至于我们不能判断自己该交什么税不该交什么税，我们不能拥有你们允许他人所有的那些权力？"但对所有这些问题的回答却是："我们会派兵的。"国王最后才会考虑的手段现在却成为你们国民议会的首选。只要军队觉得军饷还在增加，这种争端裁判者的角色还能满足他们的虚荣心，这种来自军队的援助短时间内还能起到些作用。但是这个对他的雇主来说缺乏忠诚的武器，随时可能会掉链子。国民议会所开办的学校坚持不懈、有条不紊地传授着的原则和制定

---

❶盐务税：法国旧制度下征收的一种盐税。有时候高得惊人，最高的居然能达到盐价的140倍。柏克在此处借用这个词来指代一切苛捐杂税。——编译注

的规定，对一切服从精神（包括军事的和非军事的服从精神）都是具有毁灭性的，但是他们还指望通过这种努力能够使一支无政府的军队来使无政府的民众保持服从。

根据这一新的策略，城市自卫队是用来制衡国民自卫队的，如果就其自身加以考虑的话，它在组成上是再简单不过了，从各个方面看都无可争议。它是一个与王权和王国都没有任何关联的纯粹的民主机构，由军队各自所属的地区根据自己的喜好进行武装、训练以及指挥，而且组成军队的个人服役，或者是代替服役的罚款，也都是由同一个权力机构进行管理，[48] 没有比这更整齐划一的了。但是，如果考虑到它与王权、国民议会、公共法院或者其他军队的任何关系，或者是考虑到与国家其他部分的一致性和联系的话，它似乎就是一个怪物，在某些巨大的国难中一定会停止它那不可理喻的运动的。它是一种比克里特同盟（systasis of Crete）、波兰联邦（confederation of Poland）❶，或者是任何一种你能想象出来的、由一个制度组织糟糕的政府不得不采取的失败的补救措施、更为糟糕的一种一般性的宪法保护措施。

在对最高权力机关、执行机关、司法机关、军队的构成，以及所有这些机构的相互关系做了简要评述之外，我打算谈一谈你们的立法者在税收方面展现出来的能力。

---

❶克里特同盟：这是克里特各个城邦之间组成的一种松散的防御性联盟。波兰联邦是18 世纪的一种宪法安排，以涣散无力而为人熟知。——编译注

目前就他们在财政方面所做的进展而言，还没有任何蛛丝马迹表明他们具有政治判断力或者是财政才能。在召开三级议会之时，他们似乎是要雄心壮志地改善税收体系，增加税收收入，清除它的压迫性、解决其中的棘手问题，并进一步夯实它的基础。整个欧洲都对此期望甚高。法国的成败存亡就在此一举了。而且，在我看来，还正好可以借此检验一下那些控制国民议会的人的本领和爱国心。国家的税收就是国家的命脉。实际上，一切都有赖于它，不论是维持运作还是进行改革。而且每一种职业的尊严都完全取决于税收的数量以及它所发挥的功能。因为公共生活中发挥作用的所有观念的主要特征，当然并不都是苦难和消极的，并需要通过权力才能显示出它的真正面目。我几乎可以说，为了它们无可争议的存在，税收作为一切权力的源泉，在对它的管理过程中，就变成了每一种积极美德发挥作用的领域。公德在本质上讲是高尚和卓越的，是为了伟大事物而产生的，它关注重大的利益、要求有博大的视野和胸襟，是无法在重重束缚以及在经济拮据、肚量狭小以及利欲熏心的环境中发展和壮大的。税收本身就足以体现一个政治实体的真正精神和品格，因此，它所体现的集体美德，与让它拥有公平的税收，从而成为它的生命和指导原则的推动者所具有的美德一样多。正因此，不仅宽宏大量、慷慨大方、慈悲行善、坚毅不屈、深谋远虑（这些美德）以及对优秀艺术的守护能够从中获取食粮，得以成长；而且节制、克己、勤勉、警觉、节俭，以及任何能够超越欲望的观念，都没有比在公共财富的供给和分配中更能找到适合它们的环境了。是以，财政学这门必须由那么多辅助性的分支学科来协助的、综合了理论和实践的学科，受到不仅是普通人，还有大贤大智之人的高度尊崇，不是没有缘由的。由于这门学科会随着其研究对象的发展而发展，国家也会随着其税收收入的增加而日渐繁荣昌盛；只要在加强个人成就与致力于国家的共同成就之间保持平衡，并在彼此之间保持一种互惠的比例，使之能够密切关联互动，不论是财政学，还是国家都会继续发展和繁荣，而且，可能是因为岁入数量的庞大和国家所需的紧急程度，对财政制度中旧有的弊端才得以发现，它的真正特点以及合理的理论才能得到更好的理解；因此，在财富比例保持不变的情况下，在某一时间段内的一小笔的岁入可能要比另外一个时间段内的一大笔收入更让人感到棘手。由此看来，法国国民议会就会发现，在他们的岁入中，有些需要加以保留、强化并明智地予以管理，另外一些则需要进行废除和改正。即便他们自负的设想能够通过最严格的测试，但是，要想检验他们在财政方面的才能，我认为只需考虑一个普通的财政大臣所应当承担的最普通明了的责任就够了，不需要再参照任何理想完美的模型了。

那么，财政家的目标就是确保岁入的增加，以良好的判断力来平等地征税，节俭加以使用，当必要的情形迫使他必须要使用信贷时——不仅是在这种情况下，在其他任何时候——他都必须以清白和坦诚的作为、精确的计算以及稳定的资金，来稳固它的基础。通过这些条目，我们可以直观明了地看到国民议会成员中担当这个艰巨任务的人在管理过程中所做出的功绩和展现的才能。❶ 从财政委员会的韦尼耶先生（Vernier）在 8 月 2 日的报告中我发现，在他们手中，岁入非但没有任何增加，相较于大革命之前，财政收入的总额还减少了 2 亿里弗尔，也就是 8 百万英镑，占年收入的三分之一还多。

如果这就是非凡才能的杰作，那么的确没有哪种才华能以更卓著的方式，取得更惊人的效果了。任何普通的愚蠢、庸俗的无能，甚至于一般的玩忽职守、职务犯罪、腐败、贪污，哪怕是我们在现代世界所看到的直接敌对行为，都无法在这么短的时间内彻底地毁坏一国的财政，以及一个伟大王国的力量。——*Cedo qui vestram rempublicam tantam amisistis tam cito?*❷

国民议会一经召开，这些诡辩家和演说家们，就开始非难起旧的税收制度中最基本的部分来，比如政府对盐的垄断。他们指控这是一项真正愚蠢而糟糕的设计，具有压迫性和不公平性。他们不满足于将这份控诉只用作是推行某些改革计划的演讲，根据上面附有的司法判决看来，他们还以庄严的决议或者公共判决的形式对之加以公告。他们还把它在全国范围内进行分发。但是就

---

❶德奥多尔·韦尼耶，莫顿黑昂伯爵（Théodore Vernier, Comte of Montorient 1731—1818），政治家、律师，大革命期间积极的活动家。他对公共财政有巨大兴趣，倡导税收平等和公平，是累进税原则的积极倡导者，在这方面写过一些有影响力的作品，包括《关于财政和税收的新计划》等。——编译注

❷该句意思是：快来告诉我，你们是如何这么快就毁灭一个伟大的国家的。引自西塞罗的《论老年》，第六卷，第20页。——编译注

在他们严肃地通过这项法令的同时，他们却要求，在他们找到可以取代它的其他岁入之前，要征收同样荒唐、压迫且不公平的税收。如下后果不可避免。那些一直享有食盐垄断豁免权的省——其中的某些省份则是缴纳数量相当的其他课税——完全不愿意承担这种税负（平均分配用以抵消其他赋税的）的任何部分。至于国民议会，由于正忙于以一种普遍混乱的安排，在宣布人权的同时也在侵犯人权，所以既没有闲暇也没有能力去设计，也没有权威去执行任何一种相关的计划，以代替那种税收，或者是使其更为平等，或者是给有些省份以补偿，再或者是将他们的心思放到能够与那些需要减税的地区达成和解的方案上去。

那些不愿意缴纳盐税的省份的人民，对掌管他们纳税的机关给予他们的苛责，很快就忍无可忍。他们发现自己的破坏能力跟国民议会比起来毫不逊色。他们索性就免除了自己所承担的所有税负。有这一榜样的激励，每个地区或者是其下属的区域，都根据自己的感受来评判自己在盐税方面遭受的冤屈和不满，并自行予以纠正，在其他税种上也都一样。

我们接下来就看一看他们是如何规划平等税收的，如何使其与公民的财富成比例，如何将其对创造私人财富——也即公共财富的来源——的活跃资本的依赖程度减到最小的。由于不是根据一种更为平等的原则，而是由某些地区，以及每个地区的某些个人来决定旧时税收中应当予以保留的部分，一种最具有压迫性的新的不平等就产生了。纳税可以随意更改。这个王国里最恭顺有序、对共和国最具热爱之情的地区，承担了全国的全部税负。再没有什么能像一个软弱的政府这样不公平和具有压迫性的了。但是，一个丧失了权威的国家又能以什么来填补所有旧的税收的亏空以及预料中的各种新税的亏空呢？国民议会于是就号召自愿捐赠：评估一下捐赠者的捐赠物，这占了全部国民收入的四分之一。他们所得到的已经远远超过了理性的预估，但离解决他们的实际所需还相差甚远，也远低于他们的美好预期。理性的人是不会寄希望于他们这种以捐赠为伪装的税收的，这是一种不稳定的、无效的、不平等的税收，一种掩饰了奢侈、贪欲和自私，却利用正直、慷慨和公益精神，将重负抛给了生产性资本的赋税，一种对美德征收的赋税。不过最终这张虚假的面具还是被撕下来了，他们现在正在尝试以各种武力手段（鲜有成功）来收取捐赠。

这种捐赠，是软弱所生的畸形儿，离不开其同胞兄弟低能儿的支持。爱国捐赠是用来弥补爱国税捐的不足的。约翰·多伊（John Doe）成了理查·罗伊（Richard Roe）的担保。[1] 但是通过这一计划，他们从给予者手中所获的代价高昂之物，对于接受者来说却价值无几；他们摧毁了若干的行业；他们掠夺了王冠上的装饰、教会的奉献盘以及人民的个人饰品。这些幼稚的自由伪冒者的这项发明，实际上充其量不过是对腐朽的专制主义最拙劣手段的一种毫无新意的模仿。他们从路易十四陈旧的饰物柜中，找

---

[1] 在英语中，约翰·多伊（John Doe）常被用来指代诉讼中的原告，理查·罗伊（Richard Roe）则是代指诉讼中的被告。——编译注

出一件老旧而巨大的宽底假发，用来遮掩国民议会的早秃。他们所发明的这种老套的蠢行，如果需要什么明理之人用证据来证明其缺陷和危害的话，那么《圣西门公爵回忆录》❶ 对此揭示得已经非常充分了。我记得，路易十五也曾尝试过同样的图谋，却从未成功。然而，不得不发动毁灭性的战争总能为那些不计后果的计划提供某种借口。很少明智地对这种灾难给予思考。但是这却是适宜于进行长远考虑和安排部署的时机。在过去 5 年中所安享的和平，本来有望继续下去，但是他们却求助于这样一种完全不顾后果的轻浮之举。在那种危急的形势下，视财政如同儿戏，过半的账目都充斥着这种随意轻浮。比起通过尽管少得可怜，但是在其承受范围之内的临时性补给而可能提供的补偿来，前者使他们更加名誉扫地。看来实施这些计划的人，要么对自身的状况全然无知，要么对应对他们所面临的危急状况完全不能胜任。不论在这些计划中有何种美德，很显然，不论是爱国捐赠，还是爱国税捐，都不能再做指望了。大众的愚蠢这种资源，即将就要消耗殆尽了。他们岁入计划的全部目的，就是人为制造出一种国库收入已满的假象，并与此同时切断提供长久岁入的源泉。内克先生不久前完成的报告书还确定地表明前景大好。虽然他对熬过今年所采取的手段给予夸赞，但是对于接下来，他还是（他本当如此）表示出某种忧虑。由于这一预测，没有以一种适当的远见正确地

❶路易·德·鲁夫鲁，圣西门公爵（Louis de Rouvroy Duke de St. Simon，1675—1755），军人、外交官，著有多部回忆录，都是记录其所处时代即路易十四当政期的重要历史文献。——编译注

深入讨论这种忧虑的理由，从而防止出现有害后果，内克先生受到了国民议会议长的一种友好责备。

至于他们的其他税收计划，由于他们还没有对其实施，因此也不可能对其加以确切的讨论；但是，没有人会乐观地认为，他们能够填满由于他们的无能而致使岁入产生的巨大缺口的任何一个明显的部分。目前他们国库中的现金储备一天天减少，但是虚假的代表物却日益通胀。当里里外外除了纸币——匮乏而非富裕的象征、权力而非信用的创造——别无其他之时，他们可能会认为我们英格兰的繁荣状态应当归功于纸币，而不将纸币归功于我们商业的繁荣、我们稳固的信用以及在任何交易过程对所有的权力观念的彻底排除。他们忘了，在英格兰，人们对任意一先令纸币的接受，无不出于选择；他们忘了，所有的纸币都有对应的真实现金储备，只要愿意，可以在没有任何损失的情况下立即兑换成现金。我们的纸币在商业中具有价值，是因为其在法律规定中没有价值。正是它在威斯敏斯特大厅的疲软，才让它在交易所（Change）❶如此强大。一个英国的债权人在接受别人偿还他的20先令债务时，他可以拒绝英格兰银行（Bank of England）的所有纸币。我们这里也不存在任何一种公共担保，是具有靠权威来强制执行的性质的。事实上，很容易表明，我们的纸币财富，并没有减少实际的货币，而是具有让它增加的趋势；它也并非是货币的替代品，它只是便利了货币的出入和流通；它是繁荣的标志，

---

❶Change：是指伦敦的货币市场。——编译注

而非贫困的象征。现金匮乏、纸币泛滥在英国从来都不曾是受到抱怨的话题。

但是，德才兼备的国民议会毕竟是减少了挥霍性开支，并通过节俭来弥补持续多年的岁入亏空。就此而言他们至少履行了一个财政家的义务。但是，说这席话的人考虑过国民议会自身的开支吗？考虑过各市政府的开支、巴黎市的开支、两支部队日将增长的军费开支、新警务部门的开支，以及新司法部门的开支吗？甚至仔细对比过新旧养老金列表吗？这些政客历来都是残暴的，而非节俭的。将之前那个挥霍政府的开支及当时的收支关系，同如今这个新制度下（与其国库状况截然相反）的开支加以比较，我相信，不管怎么比，目前的这种都应受到更多的指责。[49]

余下来所需考虑的就是目前这些法国的管理者，为了以信贷筹措供给时所展现出来的财政才干了。说到这儿，我有点不知该怎么讲了，因为就信用而言，确切地说，他们毫无信用可言。自然，旧政府信用也并非最佳，但是他们一直都能够支配不仅是国内的，在某些情况下，还能够支配多数欧洲国家所积累的过剩资本，而且该政府的信用还在逐日改善。一套自由制度的建立无疑有望为其注入新的力量，如若真的建立起了自由制度，事实上必然能够实现这一点。但是，他们这个假冒的自由政府以他们的纸币，可从荷兰、汉堡、瑞士、热那亚以及英格兰那里得到一笔交易吗？这些商业和经济之国又怎么会同一个试图颠倒事物本末的民族，一个债权人把刀架在债务人脖子上，以此为手段偿还债务的民族，一个靠拆了东墙补西墙才能还债的民族，一个以贫穷作为本金，以破烂为利息的民族进行金钱交易呢？

他们盲目地相信对教会的掠夺是万能灵药，这致使这些哲学家忽视了对公共地产的关照。就如人们受到哲人石（philosopher's stone）❶的诱骗一样，在这种似是而非的炼金术的幻影之下，忘记了增加其财富的所有合理方法。在这些哲学财政家看来，这些由 church mummy❷制成的灵丹妙药能够包治这个国家的一切弊病。这些先生们可能并不相信虔诚敬神的奇迹，但是他们无疑对亵渎神明的奇迹却怀有不可置疑的信念。他们不是有债务压力吗？——发行指券。不是要对由于自身的职位而被抢劫了不动产的人和开除职务的人给予补偿吗？——发行指券。不是要装配一支舰队吗？——发行指券。如果强加在人民头上的 1600 万英镑的指券，依然使这个国家如之前一样万分窘迫的话，他们有人就会说，"那就发行 3009 万英镑的指券吧"，而另一个则会说，"还是发行 8000 万英镑的指券吧"。他们在财政上唯一的分歧就是，在民众承受范围内，摊派的指券数量的多与少的问题。他们都是指券方面的教授。即便是那些天生具有商业判断力和知识，且没有被哲学毁坏的人，在驳斥这种错误的时候，最后提出的建议还是发行指券。我想他们也只能说说指券了，因为除此之外的语言那

---

❶哲人石：philosopher's stone，也作 stone of the philosophers。西方传说中，一种能够将铅等贱金属转化成金或银的化学物质，有时也会被认为是长生不老药。——编译注
❷church mummy：一种用来入药的胶。——编译注

些人是听不懂的。他们所有的失败经验都不曾使他们产生丝毫的气馁。旧指券不是在市场上贬值了吗？该采取什么补救措施？——那就发行新的指券。— *Mais si maladia, opiniatria, non vult se garire, quid illi facere? assignare — postea assignare; ensuita assignare.* ❶ 只在个别词上有点变化。你们如今的治国医生的拉丁文水平或许要强于你们旧时的喜剧，但是其学识和方法手段却别无二致。他们的歌并不比杜鹃鸟的歌多出几个调子，而且，他们的声音远不如夏天和丰收的预告者之柔美，而是像乌鸦的叫声那般刺耳和不吉利。

除了那些哲学和财政上孤注一掷的冒险家以外，没有谁会想到摧毁国家固定的岁入，即公共信用的唯一担保，然后再寄希望于财产没收来使其复原。但是，如果对国家过度的热忱，会让一位备受尊敬的虔诚的高级教士❷（正如教会的一位神父所预料的

---

❶这段话的大意是：如果这些病态的想法不愿意被治愈，该怎么办？发行指券！再发行指券！发行更多的指券！此处是柏克为了幽默，故意用蹩脚的拉丁语模仿喜剧大师莫里哀的《无病呻吟》（*The Imaginary Invalid*）中的语句。——编译注

❷高级教士：此处是指塔列朗，全名夏尔 - 莫里斯·德塔列朗 - 佩里戈尔（Charles - Maurice de Talleyrand - Périgord，1754—1838），出生于法国一个显赫的贵族家庭，其父亲与法国国王路易十六是表兄弟。他于 1789 年担任奥顿区主教（bishop of Autun）一职，但他本人是一个无神论者，他不顾自己的僧侣身份，过着奢侈放荡的生活，曾因公开拜访无神论者伏尔泰而触怒宗教界人士。法国大革命期间，他预感波旁王朝回天无力，革命势头不可阻挡，于是投靠革命。在 1789 年的制宪会议上，他建议把教会土地收归国有，还拿出了事先准备好的有关法律草案，慷慨陈词，强调指出：教会财产与世俗人的私有财产不同，它本来就是属于全体信徒，也就是属于国民的，所以国家有权收回。制宪议会以多数票通过了"教会土地由国家处理"的决议案，他也因此在巴黎民众中取得了极高的威望。——编译注

那样）[50]去掠夺自己所属的阶层，并为了教会和人民的利益，而让自己成为一名专管没收的大财政家，登上亵渎神明的审计官的高位，那么，在我看来，他和他的助理们随后一定会以行动来表明他们对自己所担任的职务的职责是有所了解的。既然他们决意要将他们所征服的国家的相当一部分地产留给国库，那么如何使他们的银行拥有一笔真正的信用基金（只要这样的银行能做到这一点），就是他们自己需要操心的事了。

不论在何种情况下，要以土地银行为基础建立货币流通信用，迄今为止都已经被证明是很困难的。❶ 这种尝试往往以破产宣告结束。但是如果议会从对伦理的轻视，进而发展到无视经济原则时，就不必指望他们能够尽其所能地去减少这种困难，或者是阻止情况向破产恶化了。可以想象，为了让你们的土地银行能够被容忍，你们需要动用一切手段公开坦诚地对你们的抵押加以说明，需要利用一切可以帮助恢复需求的东西。从最有利于事物的角度来看，你们的情况就如同一个为了偿还债务及支付某种服务开销，而需要出售其大宗地产的人。但是由于一时卖不出去，你们就希望能够抵押出去。一个有着公平意图和清醒理解力的普通人在这种情况下会怎么做呢？他难道不应该是先总体评估一下地产的价值、管理和处理它所需之费用，以及可能会对它产生永久性或暂时影

---

❶英国的威廉三世在位期间，就做过同样的尝试，但以惨败而告终。——编译注

响的产权负担❶，然后得出一个净剩余，以计算该抵押的合理价值吗？在将这个净剩余（这是债权人唯一的担保）做出了明确的评估并妥当转交给信托人之后，他就应当标明拟出售的地块、出售时间以及出售的条件。在这之后，他可以选择让公共债权人认购他的股份到这个新的基金（即土地银行）中，或者接受那些能够提供预付款的卖家用指券购买这一抵押物的建议。

这样才像一个实干之人所行之事，合理而有条不紊地遵照公共和私人信贷中的唯一原则。如此，交易一方才知道自己所购买的究竟是什么，而他心中唯一的顾虑就是，可能某一天，会因为他们无辜同胞被拍卖地产的潜在买主——一群无耻之徒亵渎神明的抱怨，而将他们的所斩获的土地收回，届时说不定还会有额外的惩罚。

对拟出售地产的明确价值、时间、条件及地点都公开给予准确的说明，对于尽可能地洗清印在每种土地银行上的污点是完全必要的。此外，还有一项原则也变得非常必要，那就是由于对之前所做承诺的诚信，在不太稳定的事务中，他们未来的诚信可能就建立在他们对第一个承诺的遵守之上。当他们最终决定要以对教会的掠夺来作为国家的财源时，他们于1790年4月14日就这一问题做了庄严决议，并对他们的国家承诺"在每年公共开支

---

❶产权负担：也称不动产上的负担，意指不动产所有人以外的人对于此一土地所拥有的任何权利或利益，虽不足以改变产权，却会对产权产生影响，例如按揭、租约、法庭判决、抵押契约、担保契约、信托契约、不动产税等。——编译注

的报告中，都应当有一笔充足的款项用于支付罗马天主教的开销，用来支持教坛牧师、救济穷人以及拨付圣俗男女神职人员的津贴，以便于由国家支配的地产和财物没有其他任何费用，并且由国民议会的议员或者是立法机构用在国家最重大最紧急的事情上"。在同一天他们还进一步约定要立即决定 1791 年的必要数额。

在这项决议中，他们承认他们有义务清楚地说明上述项目的开支，而且，根据他们之前的其他决议，他们承诺说要将此排在第一位。他们还承认应当说明地产已经结清，没有其他任何费用了，而且还应当立即给予说明，但是他们当下，或者之后给予说明了吗？他们曾经做过一个不动产的租金账簿，或者是为他们的指券，提供一个没收动产的财产清单吗？既然没有确认地产的价值以及各类支出的数额，他们又能以什么手段实现"以没有任何其他费用的地产"为公共服务的承诺呢？我就把这个问题留给他们的英国仰慕者们去解释吧。他们就是根据之前没有任何步骤能够保证其成功的担保，基于这样潇洒宣布的信用，立即发行了1600 万英镑的纸币。这倒很是豪迈。见识了这样高超的手腕儿，谁还会怀疑他们的财政能力？不过，在发行任何其他这类财政的赎罪券❶之前，他们至少应当信守最初的承诺！他们是否曾经对地

----

❶赎罪券：起源于教皇乌尔班二世（Pope Urban II），他于 1095 年，发动第一次十字军运动，为了让十字军战士加强其宗教信仰，教皇宣布所有参军的人，可以获得减免罪罚。并为每一位十字军人发放赎罪券。到了 16 世纪，教皇利奥十世为了敛财而大肆兜售赎罪券，从而使赎罪券变得臭名昭著。——编译注

产的价值，或者对其上的产权负担数额做过评估，我也不知道。我从来都没听说过。

最终他们还是大胆承认了，把教会土地作为偿还债务还是支付何种服务的抵押到头来不过是可恶的骗局。他们进行掳掠不过是为了行骗，但是很快他们掠夺和欺骗的目的便都失败了，因为他们列出的账目显示他们的目的在于别处——扩充他们全部的武力装备和行骗的行头。我在此要感谢卡隆先生，他提到了一些可以证明这一惊人事实的、我之前却未能接触到的材料。他们对1790年4月14日所发布的公告的违背（已经昭然若揭），我没有必要再加以断言了。他们委员会的一份报告显示，用以维持缩减了的教会机构的费用和其他宗教服务人员的费用，以及维持男女神职人员（包括在职的和退休的）费用和其他这类相关的费用——这笔费用是因他们制造那场财产权的大动乱产生的——除了从地产中获得的每年200万英镑的巨额收入以外，竟然还有700万英镑的债务。这便是这些骗子的算计本事！这就是哲学财政学！这就是误导一个悲惨的民族投身于叛乱、谋杀、亵渎神明，并充当毁灭自己国家的便捷狂热工具的后果！不论在何种情况下，从未有过哪个国家是靠没收自己公民的财产而富足的。这次新的实验步了以往其他的这种实验的后尘。每一个正直的心灵，每一个自由和人道的真正热爱者都会欣慰地发现不义永远都不是通向富裕的好途径，更非实现它的捷径。我也很高兴在此附加一个注释，即卡隆先生对这一话题所做的颇有见地而又酣畅淋漓的评论。[51]

为了使世人相信没收的教会财产是取之不尽的财源，国民议会就对其他公职人员的不动产也进行了没收。对地产这样的大肆没收，没有补偿的话，以任何普通的幌子都是无法进行的。他们于是给这笔资金即扣除了所有费用之后的剩余，又多加了一笔费用，那就是付给被解散的整个司法机构以及所有被取消了职位和没收了地产的人的补偿费。这笔费用我还不能确定，但是其数量无疑多达数百万的法国货币。此外还有一笔新的费用，一年是48万英镑，是第一批指券的利息，需按日支付（如果他们还愿意兑现的话）。他们可曾劳驾自己清楚地说明过管理教会土地的开支？他们将土地交到了各自治市及他们手下大量无名小卒的手中，他们选择这些人来负责没收的不动产，完全依赖于他们的照料、技能以及勤勉，至于这会产生怎样的后果，南希主教❶已经很好地指出了。

不过没有必要再纠缠于这些明了的产权负担的条目了。他们可曾清楚地对所有这些重大的产权负担做过清点吗——我指的是包括全国及地方机构的各类产权负担——可曾将之与固定的岁入做过比较吗？在债权人能够将他的白菜种到教会的土地上以前，

---

❶南希主教：是指安－路易－亨利·德·拉法尔（Anne－Louis－Henri de La Fare，1752—1829），他于1787年12月担任南希教区的主教，1789年4月作为南希地区僧侣阶层的代表参加三级会议，由于反对法国大革命，于1791年移民国外，于1823年成为天主教红衣大主教。——编译注

们拒绝这些作为他们护身符的指券，或者是有任何程度的不支持，就势必摧毁他们唯一财产来源的信用。他们看来已经做出了选择，那就是通过使用它而赋予其一些信用；与此同时，他们还做了一通唬人的公告，我认为这已经超出了他们的立法权限。他们说金属货币与他们的指券没有任何区别。谁愿意相信就相信吧，反正犹太人阿培拉（Apella）是不会信的。❶ 这是一个由这些哲学的宗教会议上那些可敬的神父，以诅咒宣读的美好而勇敢的信条的证明。

当得知人们把他们在财政方面的魔术灯之秀与劳先生❷的欺诈

---

❶柏克在此处稍加修改，原句是，"让阿培拉去信吧，我反正是不信。"引自贺拉斯的《讽刺诗》，第一卷第五章第 100 行。犹太人阿培拉通常用来代指任何一个轻信的人。——编译注

❷劳先生：即前文所提的密西西比泡沫事件中，密西西比公司的发起人约翰·劳（John Law，1671—1729）。他于 1716 年获得法国政府特许，建立了一个可以发行纸币的私人银行，经营期限 20 年，拥有发钞权，不过最初规定该银行所发钞票必须以固定价格与黄金和白银铸币兑换。该银行经营成功，纸币币值稳定，于 1718 年改为皇家银行，并于 1719 年宣布钞票价值与白银价值脱钩，不再保证兑换。同时，劳创立的密西西比公司垄断了美洲密西西比河流域和路易斯安那州的贸易，以及法国在东印度群岛、中国、南太平洋诸岛以及柯尔伯的贸易，由于公司获利丰厚，股票票值飙升。于是约翰·劳决定运用皇家银行的纸币发行能力和密西西比公司的股票实力实践其刺激经济和解除政府国债负担的设想，以发售股票的收入来偿还国债。股票一上市就被抢售一空，最狂热的记录是半年内股价从 500 里弗尔被炒到 18000 里弗尔。随着股票买卖的投机气氛越来越浓厚，投机活动的盛行增加了对货币的需求。于是，每当公司发行股票时，皇家银行就跟着增加纸币的发行量。由于纸币发行量的大增引发了通货膨胀，动摇了民众的信心，他们纷纷涌入皇家银行要求把纸币兑换成黄金，同时开始抛售公司股票。约翰·劳的"密西西比开发计划"成为泡影，股票变成废纸，法国金融体系因此崩溃，经济陷入长期萧条。公司破产后，约翰·劳逃离法国，1729 年在威尼斯于贫病交加中死去。——编译注

表现相提并论时，你们深受欢迎的领袖们内心顿时义愤填膺。他们不能忍受将劳先生建立在流沙之上的密西西比公司与他们建立在坚如磐石的教会土地上的制度相比。不过，在他们能够向全世界证明他们的指券（*which they have not preoccupied by other charges*）究竟是建立在何种坚实的基础上之前，还是先克制一下这种荣耀的精神吧。把那场伟大骗局的原型与他们之后拙劣的模仿相提并论才是对前者的不公允。而且说劳是把密西西比公司仅仅建立在投机的基础上也并非事实。他还有东印度的贸易、非洲的贸易以及法国所有的农业税收。毫无疑问，所有的这些加起来也不足以支撑公众的热情而非他本人要以此为基础建立的那种构架。尽管如此，相比而言这都是光明正大的欺骗。他们的预期目标在于促进法国的贸易。他们为它打开了东西两个半球的全部领域。他们没打算以自己的资产来喂养法国。在贸易世界里纵横，宏伟的想象可以用来捕获某些东西。那就是用足够的资金使鹰之眼感到眩晕，而不是像你们那样，用它来诱惑把自己整个都埋进地母的鼹鼠的嗅觉。那时的人的自然之维还没有被与眼下这种低俗的骗术相般配的卑鄙堕落的哲学所缩减。总之是要谨记，要想行骗，当时那个制度下的管理者们需要对人的自由给以赞扬。在他们的骗局中并没有掺杂暴力。暴力被留给了我们的时代，用以熄灭可能划破这个启蒙时代沉重黑暗的、微弱的理性之光。

回想起来，对于能够显示出这些先生们才华的，却最终并未被国民议会采纳的华而不实的财政计划，我还未置一词。这是为了帮助稳固纸币通货的信用而提出来的，并且还大谈特谈其实用性和高雅之处。我指的是他们要把备受压制的教会的钟用来铸造钱币的这一宏伟计划。这便是他们的生财之道。这实在是太过愚蠢了，太荒谬绝伦了，没法继续加以讨论了，这除了让我们感到恶心以外还能有什么想法呢，因此我不打算再对此浪费口舌了。

根本就不值得再进一步评论他们为了推迟他们通货的罪恶之日的到来而做的计划以及调整，还有在国库收入与贴现银行之间所玩的把戏，以及所有这些古老的、业已失败了的把商业欺诈拔高成了现行国策的诡计。但是岁入却不能等闲视之。买饼干或者是一磅火药的时候，空谈人权以作为支付是没有人会买账的。到那个时候这些形而上学家们就会从不切实际的思辨中回归，诚挚地效仿其榜样来。是什么样的榜样？破产的榜样。当他们的呼吸、力量、创造、想象都抛弃了他们，他们被击败、受到挫折、受到羞辱的时候，他们的信心依旧坚如磐石。当他们的能力显然不济之时，他们就把信贷当作他们的仁慈。当岁入在他们手里败光之时，他们还假想，是自己近来的行动，给了人民以救济。他们并没有缓解人民的疾苦。如果他们真有此意，为什么他们还要征收可恶的税收？是人民自己救济了自己，而不是国民议会。

就算姑且不论所有关于党派的言论，但是那些主张对这种虚假的救济有功劳的人，真的对任何一类人给予任何种类的救济吗？

巴伊（Bailly）先生❶是这种纸币通货的大经纪人，他自会带你们看清楚这种救济的本质。他曾在国民议会慷慨陈词，长篇累牍地高度赞扬了巴黎居民在忍受悲惨和苦难时所表现出来的坚忍不拔和不可动摇的决心。好一幅国泰民安、幸福昌盛的美好景象！什么！忍受救济和各种小恩小惠的巨大的勇气和不可征服的坚强意志！这位博学的市长大人的演讲会让人以为，在过去的一年里，巴黎人经受了某种可怕的封锁，亨利四世已经切断了所有的供应渠道，苏利正雷霆震怒地在巴黎城楼上发布他的命令。但实际上围攻他们的敌人不是别人，正是他们自己的疯狂和愚蠢、他们的轻信和冥顽不灵。但是巴伊先生融化完大西洋地区永久性冰川的速度，也比恢复巴黎的集中供热系统更快，更何况巴黎还在遭受一种错误冷血的哲学的"冷酷僵硬的石化权杖的打击"。❷在这次演讲过后的一段时间，也就是八月十三日，就是这同一位长官，在同一个议会的演讲台上做政府报告时说："在 1789 年 7 月（那是一段永载史册的日子），巴黎市里的财政状况还运行良好，收支平衡，那时银行里还存有 100 万里弗尔（4 万英镑）的存款。但在大革命之后，她不得不承担的支出多达 250 万里弗尔。由于这些支出，以及免税产品生产的大幅下降，出现了并非暂时的，而

---

❶让·西尔万·巴伊（Jean Sylvain Bailly, 1736—1793），法国大革命的早期领袖人物之一。1789—1791 年任巴黎市长，因驱散群众示威而引发练兵场惨案，因此被免职，最终在恐怖统治时期被推上了断头台。在天文学方面，他因计算哈雷彗星轨道（1759）和研究当时已知的木星四颗卫星而闻名。——编译注

❷引自弥尔顿的《失乐园》第五卷，第 293—294 行，原文是 Death with Mace Petrific, cold and dry。——编译注

是全面的货币短缺。"就是为了供养巴黎，从去年开始，从法国各地抽调来的（严重打击了各地的生机）数额巨大的款项，都被消耗殆尽。只要巴黎一天处在古罗马的地位，周边的省份就得供养她一天。这就是绝对民主共和国统治下不可避免的弊端。当它发生在罗马时，它可能比那个催生了它的共和国统治还存活得长久。在那种情况下，专制本身必定会屈服于大众的邪恶。皇帝统治下的罗马，把所有制度的弊端都结合在一起，这种反常的组合成为它覆灭的一个主要因素。

告诉人们他们的境况会因为公共地产的瓦解而得以改善，这是一种残酷而无耻的欺骗。政治家们，在摧毁他们的收入并以他们的救济人自居之前，就应当首先仔细考虑这个问题的解决办法——究竟是让百姓多劳多得好呢，还是虽然免除一切捐税却几乎一无所得好呢？我内心肯定支持第一种方案。对此我有经验，而且我也相信我有最佳见解。一个真正的政治家最基本技艺的一部分，就是要在民众应该获得的权力和他更应当承担的义务之间保持平衡。但是获得权力的方法在时间和安排上应当是优先的。好的秩序是一切良善事物的基础。人民要想获得权力，既要顺从、服从管理，又不能奴颜婢骨。官员应当有威望，法律必须有权威。人民这一个主体不能把自己头脑中想象的服从原则作为自然的服从原则。他们必须尊重他们无法拥有的财产。他们必须通过劳动，去获得可以经由劳动获得的一切。如他们通常所发现，在成功和付出总是不成比例时，就应当教导他们从永恒的正义中获得属于他们的那一份终极慰藉。谁剥夺了他们的这种慰藉，就等于扼杀他们的勤劳和打击他们所能收获和保全的所有东西的根基。做这件事的人，是一个残酷的压迫者，是穷困潦倒者无情的敌人，与此同时，通过他恶毒的设想，他把辛劳所取得的成果和积累的财富都暴露在没有责任心的、失意的落魄的抢劫者面前。

太多的专业金融人士，总是很容易看到，除了银行、通货、生活年金、唐提式养老金（Tontines）❶、长期租金、商店中的商品之外，国家就再无其他收入来源了。在一个秩序稳定的国家，这些东西并不会受到轻视，这其中所包含的技巧也不是可以等闲视之的雕虫小技。这些本来是有益的，但是只有当它们是建立在一个稳定秩序的基础上它们才是有益的。当人们认为这些雕虫小技可能会为破坏公共秩序的基础以及对产权原则的颠覆而带来的恶果提供资金来源时，他们会在自己国家的废墟上，留下一座令人无限哀思的永恒纪念碑，以纪念这种荒谬的政治学和鼠目寸光、心胸狭隘的智慧。

在某些人身上，我的确看到了伟大的自由精神，但在许多人身上，如果不是大多数的话，我看到的是一种让人难以忍受的、辱没人格的奴性。没有美德和智慧的自由，又能算是什么自由呢？

---

❶Tontines：即联合养老金制，是 17 世纪意大利银行家 Tonti 倡导的一种集资办法，所有的参加者共同使用一笔基金，每当一个参股者死后，剩下人得到一份增加的份额，最后一个活着的人或过了一定时间依然活着的人获得剩下的所有金额。它是一种寿险和赌博的混合物。——编译注

那将会成为所有可能的罪恶中最大的恶，因为它是愚蠢、邪恶、疯狂、没有受到过教导和约束的自由。凡是知道这种高尚自由的人，都不能眼睁睁看着它因无能之人冠冕堂皇的言辞而使它蒙羞。我肯定我并不鄙视伟大强烈的自由情操。它可以暖化人心、开阔我们的心灵；在战乱纷争的年代激发我们的勇气。我活到现在这把年纪，依然还能从阅读卢坎（Lucan）和高乃依（Corneille）❶的作品中获得审美愉悦。但是我也不会谴责下里巴人的大众艺术和把戏。这可以促进时下许多观点的传播，可以把民众团结起来，促进他们观念的更新。这能够在道德自由凝重而紧锁的双眉间撒下短暂的欢愉。每一个政治家都应当献身于宽厚仁慈，并让顺从之中带有理性。目前在法国，所有这些辅助性的情感和手段都被视为是无用的。组建一个政府居然不需要有多少谨慎。安排好权力的交椅、教会人们服从，他们的工作就算做完了。至于给予更多的自由，那就是更加简单的工作了。没有必要进行任何引导，唯一的要求就是放开缰绳。而要成立一个自由的政府，是要将自由的各种相反的因素约束调和到一个统一的作品中，这需要更多的考虑、更深刻的反思和一个睿智、强大而包容的头脑。但是我没有在国民议会的领导者身上看到这些。也许他们并没有表面上

❶卢坎（Marcus Annaeus Lucanus，39—65），生于西班牙的古罗马诗人。他最著名的著作是史诗《法沙利亚》（*Pharsalia*），描述恺撒与庞培之间的内战。这部史诗虽是未完成作品，却被誉为是维吉尔《埃涅阿斯》之外最伟大的拉丁文史诗。

皮埃尔·高乃依（Pierre Corneille，1606—1684），17世纪上半叶法国古典主义悲剧的代表作家，法国古典主义悲剧的奠基人，与莫里哀、拉辛并称法国古典戏剧三杰。主要作品有《熙德》《西拿》《波利耶克特》和《贺拉斯》等。——编译注

看来这样不济，我宁愿相信这是实情。否则的话他们的领悟力就达不到普通人的水准了。但是当这些领导者决意将自己变成名气拍卖会上的投标人时，他们在建设一个国家方面的才华，就没有什么用武之地了。他们不再是人民的立法者和引领者，而是奉迎者和工具罢了。如果他们中有谁恰好要提出一个以合理的标准来清晰限制和界定自由的计划，他一定立即会被一个能够炮制出通俗花哨玩意儿的竞拍者所击败。这就会动摇他对自己事业的忠诚。温和节制被污蔑为懦夫的德行，而妥协则被视为是叛徒的谨慎，于是为了保住让他能在某些情况下起到缓和与节制作用的信用，大众领袖不得不积极宣传学说、巩固权力，但这一切，必将在此后挫败他所有本想实现的清醒的目的。

然而，难道是我失去理智了，认为这个国民议会不知疲倦的工作中就没有什么是值得称道的了吗？我并不否认，在数不清的暴力和愚蠢的行为中，也确实做了一些好事。那些摧毁一切的人必定也会铲除一些冤屈不平。那些新建一切的人必定也会建立一些有益的东西。除非是在不制造一场这样的革命而完成了同样的事情，不然的话是无法对他们凭篡夺所取得的权威所行之事给予信任，也无法原谅他们借以获得的权力所犯的罪恶。几乎可以肯定他们一定会的，因为在他们所制定的每一项规定，并非都是模棱两可的，它们不是在国王让权、各等级在会议中自愿达成的，就是出于所有等级的共同指示。有些惯例被以正义之名废除了，但是惯例有这样的特点，它们即便是永久都存在，也几乎不会减损任何一个国家的福祉和繁荣。国民议会所做的改善是表面的，而他们的错误却是根本性的。

不管他们怎样，我都更希望我们的国人能将英国宪法作为榜样推荐给我们的邻邦，而不是学习他们的模式以改善我们自己的。通过前一种，他们已经获得了无价之宝。我认为，他们并不是没有担忧和抱怨的理由，但是对此，他们不应归咎于他们的宪法而是应归因于自己的行为。我觉得我们的幸福的境况要归功于我们的宪法，而且要归功于它的全部，而不仅仅是某个部分，在很大程度上要归功于在多次修改和改革之后还留下来的以及我们修改和增加的东西。我们的人民会发现充分运用一种真正爱国的、自由的、独立的精神，就足以捍卫他们的财产免于不法侵害。我并不排斥改变，但即使是变革，也应当是为了传承。应当是一种巨大的冤屈和不满引导我进行补救。在我进行变革的过程中，我还应该遵守祖先们的先例。我在对大厦进行修补的时候会尽量保持这个建筑旧有的风格。在我们祖先的多数果断的行为中，起主导作用的原则是一种政治上的谨慎，一种周详的审慎、一种道德上而非表面上的怯懦。没有被法国的先生们所告诉我们的，他们已经在充分享受的光明所照亮，他们是依据人类无知的和易于犯错的强烈感观来行动的。使他们这样易于犯错的衪，补偿给他们的是让他们拥有与其本性更为相称的行为。如果我们想配得上他们的财富或保留他们的遗产，就让我们学习他们的审慎吧。如果我们愿意，就让我们继承并发扬他们所留给我们的吧。站在英国宪法坚实的基础上，只要进行欣赏就可以让我们满足了，就不要再试图追随法国的航天员去进行孤注一掷的飞行吧。

我已经对您坦言了我的所有想法。不过我不认为它们能够改变您的想法。我也不知道是否应该去改变您的想法。您还年轻，尚不能引导自己国家的命运，但是必须跟随您的祖国的命运而沉浮。不过这些想法在贵国采用某种其他的形式之后，可能对您多少有些用处。在眼下它是很难保留下来的，不过在其最终确立之前，它应当如我们的一位诗人所说的"经各种各样没有经验的存在者" ❶ 而传承下来，在其所有的轮回中经血与火的洗礼而得以净化。

我个人的看法不值一提，推荐给您的，都是基于长期的观察和无偏的公正。它们来自一个不阿权贵、不做权力工具的人；它们来自一个不愿意晚节不保而辜负自己人生宗旨的人；它们来自一个将自己全部公共生活都用于为他人的自由而斗争的人，他的内心从来没有被持久而猛烈的愤怒所点燃，只被他所视作是独裁暴政的东西激怒过，每当善良之人竭尽全力对法国事务中所存在的重大压迫进行质疑时，他总是从自己的事务中分出一些时间用在贵国的事务上，他这样做，并不认为自己不务正业；它们来自

---

❶出自约瑟夫·艾迪生（Joseph Addison，1672—1719）的《加图》，第五卷，第一章，第11行。艾迪生是英国散文家、诗人、剧作家以及政治家。艾迪生与理查德·斯蒂尔（Richard Steele）是英国历史上著名的杂志《闲谈者》（Tatler）与《旁观者》（Spectator）的创办人。——编译注

一个对功名利禄没有多少渴望，可以说是完全不以为意的人；他不藐视社会名望，也不惧怕诋毁谩骂，尽管他也会大胆发表意见，却避免争论；他希望保持言行一致、表里如一：他希望通过不同的方法确保他目的的完整，从而实现这种一致性。而且，当他所驾驶的帆船因为一侧超载而使另一侧失去平衡、面临危险时，将一小部分的重量搬到船的另一侧以保持平衡，也是可取的。

原文注解

[1] 选自《旧约·诗篇 149 章》。

[2] 引自理查德·普赖斯《论爱国》，1789 年 11 月 4 日，第三版，第 17—18 页。

[3] "那些不喜欢公共权威所规定的礼拜方式的教徒，如果在教会中不能发现他们所认同的礼拜仪式的话，可以自行单独设立他们自己的礼拜仪式；这样一来就提供了一个理性的、阳刚的宗教仪式，有地位、有修养的重量级人物，就能为社会和世界提供更好的服务。"选自《普赖斯博士的布道》第 18 页。

[4] 参见玛丽女王第一号法案，第三编，第一章。

[5] 詹姆士二世肆意破坏英国宪法，违背国王与人民之间的原始契约，接受耶稣会信徒和其他一些阴险小人的建议，违反基本法。他逃离英国，放弃了统治，因而王位出现空缺。

［6］见该布道第22—24页。

［7］请参见布莱克斯通的《大宪章》，牛津出版社，1759年。

［8］《传道书》第38章第24—25节："一个有学问的人的智慧来自有闲的机会；没有什么事情要做的人，就会变得有智慧。一个扶着犁，因手持赶牛棒而洋洋得意的人，一个赶着牛忙于活计并且谈论着牛的人，怎么能变得有智慧呢?"

第27节："所以每一个日夜劳动不息的木匠和工匠……"

第33节："在公共讨论之中将不会去征询他们，他们也不会高坐在会议席上；他们将不会坐在审判官的席上，也不会理解判决书；他们不能宣布审判和判决，并且在讲道的地方也找不到他们。"

第34节："但是他们将维持世界的现状。"

我不确定《传道书》是否如法国天主教会直到最近都认为的那样，是正典圣经，或者如英国这里所认为的它是伪经，但我敢肯定的是它包含很多有意义的真理。

［9］《爱国论》第三版，第39页。

［10］这些可敬的先生中，另一位目睹了巴黎最近所上演的一些场景的先生❶是这样描绘他的所见所闻的："国王被征服了他的臣民拖拽着，顺从地跟着凯旋的游行队伍，这样的盛况在对人类事务的预期中还是极为罕见的。而且，我在有生之年，每当回想起这一幕，我都会满怀

---

❶柏克此处所指的是皮埃尔·路易·杜蒙（Pierre étienne Louis Dumont，1758—1829），他是一名日内瓦牧师，波伍德圈子的一位访客，普赖斯和波伍德圈子都对他很熟知。——编译注

惊奇和感激。"这些先生们在感情上倒是惊人的一致。

[11]《国家审判集》卷2，第360—363页。

[12] 被称作美好的一天是指1789年10月6日。

[13] 我认为此处适合提一下一位法国革命见证人❶就该话题所写的信。这位亲历者是国民议会中最正直、智慧并雄辩的议员之一，是国家改革者中最积极和热情的。但他却被迫从国民议会退出；在经历了这场虔诚的狂欢中的种种恐怖行为以及对获罪者的处置（这些人是由于在公共事务中承担的领导角色，并不是其自身而获罪）之后，从此志愿成为一名流亡者。

这是托勒达勒先生写给一位朋友的第二封信。原文是法语，内容如下：

"Parlons du parti que j'ai pris; il est bien justifie dans ma conscience. — Ni cette ville coupable, ni cette assemblee plus coupable encore, ne meritoient que je me justifie; mais j'ai a coeur que vous, et les personnes qui pensent comme vous, ne me condamnent pas. — Ma sante, je vous jure, me rendoit mes fonctions impossibles; mais meme en les mettant de cote il a ete au-dessus de mes forces de supporter plus long-tems l'horreur que me causoit ce sang, — ces tetes — cette reine presque egorgee, — ce roi, — amene

----

❶确切地说，德·拉利·托勒达勒先生即格哈德·德·拉利·托勒达勒侯爵（Trophime-Gérard, Marquis de Lally-Tollendal, 1751—1830），是一个温和的保皇党领袖，因柏克说他放弃职守，曾写过两本小册子为自己辩护，这两个册子分别是《致尊敬的埃德蒙·柏克的一封信》（Lettre écrite au trés honorable Edmund），伦敦，1792年，以及《致柏克先生的第二封信》（Second Lettre à M. Burke），伦敦，1792年。——编译注

esclave, — entrant a Paris, au milieu de ses assassins, et precede des tetes de ses malheureux gardes. — Ces perfides jannissaires, ces assassins, ces femmes cannibales, ce cri de, TOUS LES EVEQUES A LA LANTERNE, dans le moment ou le roi entre sa capitale avec deux eveques de son conseil dans sa voiture. Un coup de fusil, que j'ai vu tirer dans un des carosses de la reine. M. Bailly appellant cela un beau jour. L'assemblee ayant declare froidement le matin, qu'il n'etoit pas de sa dignite d'aller toute entiere environner le roi. M. Mirabeau disant impunement dans cette assemblee, que le vaisseau de l'etat, loin d'etre arrete dans sa course, s'elanceroit avec plus de rapidite que jamais vers sa regeneration. M. Barnave, riant avec lui, quand des flots de sang couloient autour de nous. Le vertueux Mounier echappant par miracle a vingt assassins, qui avoient voulu faire de sa tete un trophee de plus.

"Voila ce qui me fit jurer de ne plus mettre le pied dans cette caverne d'Antropophages ou je n'avois plus de force d'elever la voix, ou depuis six semaines je l'avois elevee en vain. Moi, Mounier, et tous les honnetes gens, ont le dernier effort a faire pour le bien etoit (sic) d'en sortir. Aucune idee de crainte ne s'est approchee de moi. Je rougirois de m'en defendre. J'avois encore recu sur la route de la part de ce peuple, moins coupable que ceux qui l'ont enivre de fureur, des acclamations, et des applaudissements, dont d'autres auroient ete flattes, et qui m'ont fait fremir. C'est a l'indignation, c'est a l'horreur, c'est aux convulsions physiques, que se seul aspect du sang me fait eprouver que j'ai cede. On brave une seule mort; on la brave plusieurs fois, quand elle peut etre utile. Mais aucune puissance sous le Ciel, mais aucune opinion publique ou privee n'ont le droit de me condamner a souffrir inutilement mille supplices par minute, et a perir de desespoir, de rage, au milieu des triomphes, du crime que je n'ai pu arreter. Ils me proscriront, ils confisqueront mes biens. Je labourerai la terre, et je ne les verrai plus. — Voila ma justification. Vous pouvez la lire, la montrer, la laisser copier; tant pis pour ceux qui ne la comprendront pas; ce ne sera alors moi qui auroit eu tort de la leur donner."

"我来谈谈我所采取的立场吧，我的良知会为它辩护的。不论是这个罪恶的城市，还是这更罪恶的议会，都没有权利让我来为自己辩护；但是，我希望的是您，及跟您有同样想法的人，不应该谴责我——我跟您发誓，是由于我的健康状况，使我无法再尽我的公共职责了；但是这一点姑且不论，很长一段时间以来，我都已经无法忍受这些恐怖景象了：这淋漓的鲜血——那些被砍的头颅——险遭杀戮的王后——而国王——像个奴隶一样——被带到了巴黎，他的周围净是想谋杀他的人，他可怜的侍卫的头颅（被举着）在前面给他开路。——这些背信弃义的卫兵，这些杀人犯、这些灭绝人性的妇女，在国王与他御前会议的两位主教乘马车进入巴黎时，要求把"所有主教都送上断头台"的叫嚣，都让我无法承受了。我还看见有一把来复枪向王后的一辆马车开火。巴伊（Bailley）先生居然把这称作是"美好的一天"。那天早上，议会冷酷地宣称，以一个机构的名义来保护国王是有损威严的。米拉波❶先生在议

---

❶米拉波即奥诺雷·加百列·里克蒂，米拉波伯爵（Honoré Gabriel Riqueti, comte de Mirabeau，1749—1791），在法国大革命以前因私生活放荡而臭名昭著。他本出身贵族，但在大革命期间以第三等级身份加入国民议会，成为大革命早期最有影响力的革命派人物之一，同时，在1790—1791年他又接受路易十六的聘任，秘密担任他的顾问。总体而言，米拉波还算一个温和派，为了结束国民议会混乱无序的议事状态，他曾积极推荐引用英国的议会议事规则，但是没被激进的国民议会采用。——编译注

会中放肆无礼地说，这艘国家之舰，并非在其航道上停滞了，而是以前所未有的速度在进行整修。尽管我们的周围血流成河，但巴纳夫（Barnave）先生却能和米拉波一起开怀大笑。而德行高尚的穆尼耶先生，居然奇迹般地躲过了二十次暗杀，他可能还想让他的脑袋再次成为猎杀的对象。

"这就是我为什么发誓再也不会踏足国民议会这个食人魔窟的原因了。在那里，我已经没有力量发声了，在过去的六个星期里，我一直都在徒劳无功的呼吁发声。我、穆尼耶以及所有正直的人都认为，我们能为公共利益所尽的最后一点绵薄之力就是离开那里。没有什么建议是我所害怕的。如果我会为遭受了这样的谴责而进行辩护，我自己都会脸红的。一路走来，我还接受过人们——即比起那些被愤怒所淹没的人来不那么罪恶的人——的掌声和喝彩。这些喝彩对有些人来说是恭维，但只会让我战栗。我只会对愤怒、恐怖以及由于看见鲜血而引起的生理上的痉挛而放弃。一个人只能经受住一次死亡，但是当这能带来好处时，就可以经受好几次。但是朗朗乾坤，世上还没有什么权力、也没有什么私人的看法或是公众的舆论有权利来谴责我应当每分钟经历一千次无意义的谋杀，并且在绝望和愤怒中麻木地对待我无力制止的、在胜利大狂欢中所犯下的累累罪恶。他们会剥夺我的公权、没收我的财产。我再也见不到我所耕作过的土地了。——这就是我为自己的辩护。你可以复制并传阅它。如果人们对此不能理解的话那就太糟糕了，不过将之给他们就不是我的过错了。"

这位军人可不像旧犹太地区这些温和的先生们那样有魄力。请参见

《穆尼耶先生口述法国巨变》。穆尼耶❶先生是一位正直的、品行良好的、有才华的人，因而也是一位逃亡者。

[14] 请参照巴伊和孔多塞的命运，我在此处特别想引他们的例子。将前者被处决和审判时的情形与此处的预言对比一下。

[15] 我认为，一位被认为是非国教教徒的先生在报纸上所刊登的一封信，对英国人作了不实的描述。在他给普赖斯博士的一封信中，论及目前在巴黎流行的精神时写道："这片土地上的人民，已经从精神上清除了国王和贵族强加给他们头脑中的所有傲慢的荣耀，不论他们在说到国王和贵族还是说到教士，在英国人当中，他们所使用全部语言都是最为开明和自由的。"如果这位先生意在用开明和自由这两个词限定在某些英国人身上，可能是正确的，但用于全体就不正确了。

[16] "Sit igitur hoc ab initio persuasum civibus, dominos esse omnium rerum ac moderatores, deos; eaque, quae gerantur, eorum geri vi, ditione, ac numine; eosdemque optime de genere hominum mereri; et qualis quisque sit, quid agat, quid in se admittat, qua mente, qua pietate colat religiones intueri; piorum et impiorum habere rationem. His enim rebus imbutae mentes haud sane abhorrebunt ab utili et a vera sententia." Cic. de Legibus, 1. 2.

"因此从一开始，就必须要让公民相信，诸神是万物的统治者和主宰，他们的一切所作所为全凭自己的意志和权威；诸神还是人类的伟大

---

❶让·约瑟夫·穆尼耶先生（Mounier，1758—1806），是保皇党的代表。柏克此处可能指的是他两部作品中的一部。让·约瑟夫·穆尼耶先生当时是国民议会的发言人，在1789年10月以后就退出了国会，从那以后虽然被迫过着流亡的生活，但他是自由最坚定的捍卫者。——编译注

恩主，他们观察每个人的性格，他所行的每件事，他所犯的过错，以及他在履行宗教义务时所怀的意图及其虔诚的态度；他们记住了虔诚的与不虔诚的。可以肯定地说，那些渗透了这类观念的心灵不会不形成有益而真实的观念。"引自西塞罗《法律篇》第二卷，第15节。

［17］Quicquid multis peccatur inultum. 引自卢坎《内战记》，法不责众之意。

［18］此处（一直到下一段的第一句话结束，）还有文中不时有其他部分，都是我已经过世的儿子❶在阅读我手稿时所添加的。

［19］我不想引用他们粗俗、龌龊而又渎神的语言而使我们有德行的读者感到震惊。

［20］他们与杜尔哥❷以及几乎其他所有的金融界人士都有来往。

［21］他们的财产后来也都接连被没收了。

［22］并非是他的兄弟，也不是什么近亲，但是这一错误并不影响论证。

［23］本诗其余的部分是：

他将王位的财富挥霍一空，

谴责他人的骄奢以满足自己。

---

❶柏克的独子理查德·柏克，死于1794年8月。——编译注
❷杜尔哥：安－罗伯特－雅克·杜尔哥（1727—1781），是一个哲学领袖，同时也在旧政府最后几年中担任部长，与对政府债务的管理者有着密切关系。因此，他本人成为柏克所说的政治文人，同时又是投资者和股票经纪人的朋友的绝佳例子。——编译注

但是用来粉饰自己的渎神行为只能假虔诚之名。

从未有过这样妄为的罪行；

会被理解为是真正的善行，哪怕是在表面上，

不怕行恶者，亦惧怕落下恶名；

尽管无视良知，但仍为名誉之奴仆。

因此他对教会的保护，就是对它的破坏；

王者之剑要比他们的风度更锋利。

如是改变了过去的岁月，

慈善毁了，信仰在辩护。

于是宗教就栖身于慵懒的斗室，

在虚无缥缈中冥思；

如木头一般，一动不动地躺着。

而我们，如过于好动的贪吃的鹳鸟。

难道没有温和之地，

介于他们的冰冷，与我们热烈的二重天之间吗？

难道我们不能从那场沉沉的梦中醒来，

只能在一个更可怕的极端不得安宁吗？

难道那场昏睡无药可救，

可能任由恶化为热病？

难道知识没有边界，只能前进

如此之遥，竟让我们渴望愚昧？

甚或宁愿在黑暗中摸索我们的出路，

也不愿由错误的向导，

在青天白日之下，领我们走向错误？

目睹这片狼藉者，无不询问，

是哪个野蛮的侵略者洗劫了这片土地？

但当他听到，不是哥特人，不是土耳其人带来的

这片荒芜，而是一位基督徒国王；

当除了热忱之名外，再无其他，出现于

我们最好的与他们最坏的行为之间，

他们可否会宽恕我们的牺牲，

当我们的投入取得这样的效果？

选自约翰·德纳姆的《库珀山》。

[24] "先生们，哪一个国家能够在不增加税收的情况下，以简洁而不引人关注的目标，填平一项能在整个欧洲引发轰动的赤字？"见《法国财政总监的报告》，该报告是根据国王的命令，于1789年5月5日在凡尔赛宫做出的。

[25] 在斯图亚特王朝统治苏格兰时期的宪法规定，在准备通过法案时需要有一个委员会坐镇；任何一项法案的通过，都必须由他们事先加以批准，否则他们就不通过任何法案。所以这个委员会被称为文件审查老爷。

[26] 我在此处的引用全靠本人的记忆，现在距我读到那段话的时候已经过去很多年了。我一个富有学识的朋友帮我找到那段话了，如下所附：二者伦理的特性是相同的，都对公民中最优秀的阶级实行专制主义，一个是用法规，而另一个是用命令和裁决。煽动家和宫廷佞幸往往

是一种人，经常是十分相像的，这些人在他们各自的政体形式内拥有主要的权力：佞幸是和专制君主一起，而煽动家是和我所描述的那种人民一起。

［27］参见内克先生所著的《论法国的财政管理》，卷1，第288页。

［28］参见内克先生所著的《论法国的财政管理》。

［29］世人都应该感谢卡隆先生❶为了驳斥对王室支出上的丑化夸大，以及对各种王室补贴的虚假陈述而做出的努力。这些夸大和捏造的恶毒目的就在于煽动群众去犯罪。

［30］卡隆先生认为巴黎人口下降得其实要更严重。这很有可能，在内克先生推算以后的这段时期，可能已经又下降了。

---

❶卡隆（Charles – Alexandre de Calonne，1734—1802），曾于1783—1787年担任路易十六的财政总监。自从1787年逃亡英国后，写了一系列关于法国政府财政状况的书。——编译注。

[31]

	里弗赫		英镑	先令	便士
为了解决巴黎及外省的失业率而进行的工程款	3866920	折合	161121	13	4
为了消除流浪和行乞而支出的款项	1671417		69642	7	6
谷物进口补贴	5671907		236329	9	2
生活必需品支出追回欠款所损失的款项	39871790		1661324	11	8
合计（里弗赫）	51082034	折合	2128418	1	8

当我把本书交付出版时，我对上述的最后一项的性质和范围持有一定的怀疑，因为它只有笼统的一项，而没有任何细目。但在那之后我看到了卡隆先生的作品。我不得不说早些时候没有条件看到他的作品对我来说真是一个极大的损失；不过由于他也没法弄清楚在谷物的价格和售价之间何以会维持多达166.1万英镑的差额，他似乎把这笔巨额支出划到革命期间的秘密花销那一目里去了。对此我也无法进行任何的肯定。读者自己有能力根据这些巨额费用的总数，对法国的状况和条件以及那个国家所采用的公共经济制度作出判断。国民议会没有对上述这些账务科目进行过任何的质询或者是讨论。

[32] 这个故事有真实的事实根据的，他当时并不在法国。此名字可能被误当作是彼名字。

［33］是指多马❶（Domat）。

［34］引自加缪先生❷根据国民议会的指示所做的演讲。

［35］下面的描述严格说来我并不知道确切与否，但是出版人为了鼓舞他人，把这当作是真事。在他们的某份报纸刊登了来自杜勒（Toul）的一封信中描述那个地区人民的情况，内容如下：

"Dans la Revolution actuelle, ils ont resiste a toutes les seductions du bigotisme, aux persecutions, et aux tracasseries des ennemis de la Revolution. Oubliant leurs plus grands interets pour rendre hommage aux vues d'ordre general qui ont determine l'Assemblee Nationale, ils voient, sans se plaindre, supprimer cette foule detablissemens ecclesiastiques par lesquels ils subsistoient; et meme, en perdant leur siege episcopal, la seule de toutes ces ressources qui pouvoit, ou plutot qui devoit, en toute equite, leur etre conservee; condamnes a la plus effrayante misere, sans avoir ete ni pu etre entendus, ils ne murmurent point, ils restent fideles aux principes du plus pur patriotisme; ils sont encore prets a verser leur sang pour le maintien de la Constitution, qui va reduire leur ville a la plus deplorable nullite." （在目前的革命中，他们抵制住了顽固偏见的引诱，以及革命敌人进行迫害和制造混乱的图谋。为了忠诚于支配国民议会的普通善良阶层的意愿，而将

❶让·多马（Jean Domat, 1652—1696），法国法学家，著有《民法的自然法秩序》（*Les Lois Civiles dans leur Ordre Naturel*）一书。——编译注
❷阿尔芒－加斯·加缪（Armand－Gaston Camus, 1740—1804），是大革命期间国民议会中做过演讲最多的人。主笔起草《神职人员民事组织法案》（*Civil Constitution of the Clergy*）。他积极鼓吹国家有权管制宗教事务的方方面面。——编译注

自己个人的最大利益置之度外。他们目睹了他们赖以为生的大量教会机构受到压迫而没有怨言；他们甚至甘愿放弃自己的主教身份，而这是根据所有的正义标准，所仅能为他们所保留的了；被判处沦于最可怕的贫困而不为人所知，亦不能诉说，但他们都毫无怨言，依然保留着对最纯粹的爱国主义原则的忠诚；他们随时准备为了维护那个打算将他们的城镇最令人扼腕地化为乌有的宪法而抛洒自己的热血。）

　　本不该让这些人为了争取自由而遭受这些苦难和不公，因为这种表述同样也真正说明他们本来一直都是自由的；他们在赤贫和毁灭状态下的隐忍、他们遭受的苦痛、他们的不反抗以及臭名昭著的公然不义，如果这些都是真的，那么这只能是这种可怕狂热病的结果。整个法国有很多人就已经处于相同的状况，具有同样的脾气。

　　［36］ 请参见南特同盟（Comfederation of Nantz）❶ 的活动。

　　［37］ "Si plures sunt ii quibus improbe datum est, quam illi. quibus injuste ademptum est, idcirco plus etiam valent? Non enim numero haec judicantur sed pondere. Quam autem habet aequitatem, ut agrum multis annis, aut etiam saeculis ante possessum, qui nullum habuit habeat; qui autem habuit amittat? Ac, propter hoc injuriae genus, Lacedaemonii Lysandrum Ephorum expulerunt: Agin regem（quod nunquam antea apud eos acciderat）necaverunt: exque eo tempore tantae discordiae secutae sunt, ut et tyranni existerint, et optimates exterminarentur, et preclarissime constituta respublica dilaberetur.

---

❶1790 年 8 月 23 日到 11 月 4 日，在南特地区举办了英法欢庆，他们的雅各宾俱乐部与伦敦的革命协会还通了信。南特的一个代表团于 1790 年 9 月到访伦敦。——编译注

Nec vero solum ipsa cecidit, sed etiam reliquam Graeciam evertit contagionibus malorum, quae a Lacedaemoniis profectae manarunt latius". — After speaking of the conduct of the model of true patriots, Aratus of Sicyon, which was in a very different spirit, he says, "Sic par est agere cum civibus; non ut bis jam vidimus, hastam in foro ponere et bona civium voci subjicere praeconis. At ille Graecus (id quod fuit sapientis et praestantis viri) omnibus consulendum esse putavit: eaque est summa ratio et sapientia boni civis, commoda civium non divellere, sed omnes eadem aequitate continere." Cic. Off. 1. 2.

　　"如果因为这种错误的行为而获得财产的人，多于被非法剥夺财产的人，他们就会拥有更大的影响吗？不会！因为判断这些事情不是根据人数量，而是根据他们的分量。让一个以前一无所有的人把别人多年拥有的甚至是数代传下来的土地据为己有，从而让人家不得失去所有权，这算什么公平？的确，正是由于这种不义行径，斯巴达人放逐了他们的五长官之一莱珊德，处死了国王阿吉斯，这真是前所未有的行为。从那以后，开始了激烈的纷争，僭主粉墨登场、贵族阶层遭到放逐，建设得如此辉煌的国家走向衰亡。但衰亡的不仅仅是斯巴达，这种像瘟疫一样蔓延的邪恶，最初肇始于斯巴达，但是很快就波及甚广，其余的希腊国家也跟着她覆灭了……这才是对待公民的合理方式；而不是像前两次我们见到的那样，把长矛插在广场上，拍卖掉公民的财产。但是那位希腊人却认为，关心所有人的利益才是一个大贤大智之人的特质；这才是一个好公民所应秉持的最佳原则和应当拥有的最高智慧，不是暴虐地在公民之间引发利益纷争，而是以一种公平的正义原则将所有人都团结起

来。"引自西塞罗《论义务》，第一卷，第二节。❶

[38] 可参看两本书，分别是《光明会的若干原始文稿》（*Einige Originalschriften des Illuminatenordens*）以及《光明会的体系和影响》（*System und Folgen des Illuminatenordens*）❷，慕尼黑，1787 年。

[39] 国民议会的一名议员领袖拉伯·圣艾蒂安（Rabaud Saint - Etienne）❸ 先生，对他们行动的原则进行过清楚无误的阐述。简洁得不能再简洁了："法国现存的一切制度使人民处于水深火热之中；要想使他们过得幸福就必须改造他们；要革新观念、改造事物、改变语言……要摧毁一切，因为百废待兴。"这位被推选为主席的先生所在的议会，既不落座在三百人医院❹，也不落座在小房子❺里，而是由一群自称是理性存在者的人所组成的；但是他本人不论是观念和语言，还是行为，都与国民议会里里外外那些主导目前正在法国运行的机器的人所具有的言谈、思想及行为没有丝毫的差异。

[40] 议会在执行其委员会计划的时候，做了一些调整，在这些分级当中去除了第一步；这减少了一部分缺陷，却是主要的缺陷，例如，

---

❶ 柏克此处的引文与我们当代的编排有所出入，在当今的版本中，是引自《论义务》的第二卷第 22 节至 23 节。——编译注

❷ 这两本书都是关于光明会的，又称光照会，该派主张秘密结社，强烈反对教权主义。——编译注

❸ 拉伯圣艾蒂安，是指让 - 保罗·拉伯·德·圣艾蒂安（1743—1793），新教牧师，经常在国民议会就宗教问题发表意见。——编译注

❹ 三百人医院（Les quinze - vingts）是由 13 世纪的法国国王圣路易所创建的专门收容巴黎穷苦盲人的医院。——编译注

❺ 小房子：法国巴黎有一家精神病院名叫"小房子"（Les Petites Maisons），久而久之，这个词引申出精神不正常的意思。——编译注

初级选民与其立法代表之间没有任何关联这样的问题依然存在。还做了其他一些调整，某些可能会对情况有所改善，有些则肯定是雪上加霜。不过对于笔者本人来说，当整个设计本身在根本上就是荒谬错误的，这些小修小改的优劣得失是无足轻重的。

［41］Non, ut olim, universae legiones deducebantur cum tribunis, et centurionibus, et sui cujusque ordinis militibus, ut consensu et caritate rempublicam afficerent; sed ignoti inter se, diversis manipulis, sine rectore, sine affectibus mutuis, quasi ex alio genere mortalium, repente in unum collecti, numerus magis quam colonia. 选自塔西佗《编年史》第 14 卷，第 27 章。所有的这一切也适用于在这场荒唐无稽的宪法制定中，毫无关联、更迭往复的、两年一次的国民议会。❶

［42］选自卡隆的《论法国的现状和将来》，第 363 页。

［43］把各省的共和制度也计算在内的话，实际上是有三套。

［44］有关所有的司法以及调查委员会的问题，请参见卡隆先生的著作。

［45］Comme sa Majeste y a reconnu, non une systeme d'associations particulieres, mais une reunion de volontes de tous les Francois pour la liberte

---

❶该段拉丁文的意思是"整个军团——各个百人队中的护民官、百夫长、士兵——被这样迁移过来，以他们的一致同意、亲密友谊创建成小共同体的时代已经一去不复返了。这些殖民者，现在不过是置身于陌生人中的陌生人；这些人完全来自不同的连；他们群龙无首，彼此漠不关心；忽然间，在这世上，他们除了聚在同一个地方组成一个集合而不是一个殖民地以外，连士兵都不是了。"

et la prosperite communes, ainsi pour la maintien de l'ordre publique; il a pense qu'il convenoit que chaque regiment prit part a ces fetes civiques pour multiplier les rapports et reserrer les liens d'union entre les citoyens et les troupes.（国王陛下本人已经认识到，这一体系并不是个体组成的社团组织，而是所有法国人为了他们的共同自由和繁荣而结成的意志联合体；他认为让每个军团加入到这些民众的节日和宴会以增进军民间的鱼水之情和紧密团结是合适的）——我在此处引用了允许军队与民众社会组织共同欢庆的话，是为了以防读者的质疑。❶

［46］这位军务大臣在那以后就离职了，也从（那些新人权理论的）学校里退学了。

［47］参见国民议会的《弗朗索瓦快讯》（Courier François），1790年7月30日，第210期。

［48］从内克先生的描述中我得知，巴黎国民自卫队从本市的公共财政中获得了有大约145000英镑的拨款，这已经超过了本市征收的税额。至于这是他们成立9个月以来的实际支出，还是一年的预估费用，我就不太清楚了。不过这也无关紧要，因为可以肯定，他们是可以随意支取的。

［49］读者会注意到，我已蜻蜓点水地对法国的财政状况及其相关需求做过一些分析（我本也没打算做深入探讨）。如果我之前真的曾打算详细讨论这个问题的话，手头的资料对于这样一项任务来说，是远远不够的。就这一主题，我推荐读者们参考卡隆先生的作品。他已经揭示了，由于愚蠢和无能，以及自以为是的善心，而对法国公共地产和各项

---

❶所引的法文选自《德·拉图·杜·潘先生的演讲》（巴黎，1790年）。——编译注

事务所造成的惊人浩劫和破坏。这些原因总是能导致这样的后果。以严格甚至苛刻的眼光去看待这篇报告，去除其中可能让一个金融家——他的政敌认为他想最大化地利用他的事业——不能胜任的任何部分，我相信可以得到比法国付出的代价所能提供的更有益的教训，那就是要对发明家的无畏精神给予高度警惕，之前还从来没有对人类提醒过这一点。

［50］波舒哀（Bossuet）的拉布吕耶尔（La Bruyere）。❶

［51］"Cen'est point a l'assemblee entiere que je m'adresse ici; je ne parle qu'a ceux qui l'egarent, en lui cachant sous des gazes seduisantes le but ou ils l'entrainent. C'est a eux que je dis: votre objet, vous n'en disconviendrez pas, c'est d'oter tout espoir au clerge, & de consommer sa ruine; c'est-la, en ne vous soupconnant d'aucune combinaison de cupidite, d'aucun regard sur le jeu des effets publics, c'est-la ce qu'on doit croire que vous avez en vue dans la terrible operation que vous proposez; c'est ce qui doit en etre le fruit. Mais le peuple que vous y interessez, quel avantage peut-il y trouver? En vous servant sans cesse de lui, que faites vous pour lui? Rien, absolument rien; &, au contraire, vous faites ce qui ne conduit qu'a l'accabler de nouvelles charges. Vous avez rejete, a son prejudice, une offre de 400 millions, dont l'acceptation pouvoit devenir un moyen de soulagement en sa faveur; & a cette ressource, aussi profitable que legitime, vous avez substitue une injustice ruineuse, qui, de votre propre aveu, charge le tresor public, & par consequent le peuple, d'un

---

❶杂文家让·德·拉布吕耶尔（Jean de La Bruyere, 1645—1696）曾引用过莫城主教雅克-贝尼涅·波舒哀（Jacques-Bénigne Bossuet, 1627—1704）的这种说法。——编译注

surcroit de depense annuelle de 50 millions au moins, & d'un remboursement de 150 millions.

"Malheureux peuple, voila ce que vous vaut en dernier resultat l'expropriation de l'Eglise, & la durete des decrets taxateurs du traitement des ministres d'une religion bienfaisante; & deformais ils seront a votre charge: leurs charites soulageoient les pauvres; vous allez etre imposes pour subvenir a leur entretien!"

"在此，我并非是针对整个国民议会，我只是针对那些包藏祸心，把议会引入歧途的人。我要对他们说的是：你们不能否认的一个事实就是，你们的目的意在夺走教士的所有希望，并将他们推向毁灭。尽管人们并不怀疑你们怀有贪婪的阴谋，但这的确是你们的目的。为了这个目的，你们根本不管它会对日常生活产生什么样的影响。我们相信你们心中想的就是如何可怕地实施这些目的；而且这已经产生了结果。但是你们所代表的人民的利益呢，他们能够从中得到什么好处？你们无休止地利用他们，但是你们又为他们做过什么？什么都没做过，绝对是什么都没做过。相反，你们的所作所为只是给他们增加了他们难于承受的新的负担。你们还损害他们的利益，拒绝了一笔4亿的捐献，而接受的话，这是可以用来帮助他们的。你们不接受这种有益且合法的帮助，而是允许以一种毁灭性的不正义，为国库，结果也就是为人民，每年增加了至少5000万的开支以及1.5亿的债务。

"不幸的人民啊！这就是这最后一招——没收教会的土地带给你们的好处了。严酷的征税法令代替了一个仁慈宗教的牧师们的关怀。从此，你们就要养活他们了，他们的善款救济了穷人，而你们则是交税来养活他们！参见《论法国现状和前景》第81页及92页以后部分。